中国教育科学研究院基本科研业务费
专项资金项目(GYI2020013)成果

数字化转型中的未来学校实践路径

中国未来学校实验室　著

西南大学出版社
SWUP 国家一级出版社 全国百佳图书出版单位

图书在版编目(CIP)数据

数字化转型中的未来学校实践路径 / 中国未来学校实验室著. -- 重庆 : 西南大学出版社, 2022.12(2024.3 重印)
ISBN 978-7-5697-1503-3

Ⅰ. ①数… Ⅱ. ①中… Ⅲ. ①学校教育 - 教育改革 - 研究 - 中国 Ⅳ. ①G52

中国版本图书馆 CIP 数据核字(2022)第 245057 号

数字化转型中的未来学校实践路径

SHUZIHUA ZHUANXING ZHONG DE WEILAI XUEXIAO SHIJIAN LUJING

中国未来学校实验室 著

策　　划:王　宁　时曼卿　周万华
责任编辑:张　琳
责任校对:曹园妹
装帧设计:汤　立
排　　版:王　兴
出版发行:西南大学出版社(原西南师范大学出版社)
　　　　　地址:重庆市北碚区天生路 2 号
　　　　　邮编:400715
　　　　　市场营销部电话:023-68868624
印　　刷:重庆新生代彩印技术有限公司
幅面尺寸:170 mm×240 mm
印　　张:22.75
字　　数:370 千字
版　　次:2022 年 12 月　第 1 版
印　　次:2024 年 3 月　第 2 次印刷
书　　号:ISBN 978-7-5697-1503-3
定　　价:59.00 元

前 言

未来学校建设是新时代教育的重大命题，也是教育发展的永恒主题，更是教育科学研究的崭新课题。2013年4月，习近平总书记在致清华大学苏世民学者项目启动仪式的贺信中强调，“教育决定着人类的今天，也决定着人类的未来。人类社会需要通过教育不断培养社会需要的人才，需要通过教育来传授已知、更新旧知、开掘新知、探索未知，从而使人们能够更好认识世界和改造世界、更好创造人类的美好未来。”尤其是在国家数字化转型和教育部推进国家教育数字化战略行动背景下，教育数字化转型成为未来学校发展的重要创新内容，在充分挖掘新技术潜能的同时，也要防止技术主导，坚定技术服务教育教学的基本立场。

从国际趋势上看，未来学校发展从技术主导走向以人为本。回顾21世纪之初，不难发现社会上对技术的态度更为乐观，数字技术被视为改造世界的灵丹妙药，在教育领域更是寄望通过教育信息化提升教育品质，提高教育效率，促进教育公平。然而，技术在改造社会生产生活的同时，格雷厄姆在《重新想象学习：互联社会的学习变革》一书中指出，数字经济对实体经济的持续破坏并取代实体经济的同时，实体经济将会经历一场复兴以应对数字主宰的世界。在未来学校的发展过程中，在美国微软协办的第一所以未来学校命名的学校充满了数字气息，如今在世界青睐的创新学校名录已难觅身影；日本在21世纪初开始推行的信息技术主导的未来学校推进事业也已停止。在当前备受关注的创新性学校，比如印尼绿色学校、芬兰南塔皮奥拉高中、美国深泉学院、美国高科技高中（HTH）、美国辛克全球学校（Think

Global School）、美国超新星学校（Astra Nova），以学生为中心，通过更加个性化的学习指导，关注培养学生整体素养、创新创造能力、问题解决能力、合作沟通能力、社会情感技能等关键能力和品质，培养未来社会的贡献者和创造者。

顺应国际教育发展趋势，落实习近平总书记重要论述中的教育精神，我们展开了近十年对未来学校的研究和探索，从未来学校1.0迈入未来学校2.0。在未来学校1.0阶段，中国教育科学研究院2013年启动中国未来学校创新计划，2014年成立未来学校实验室，组建"中国未来学校联盟"，2016年发布《中国未来学校白皮书》。在未来学校1.0阶段，立足中国未来学校联盟，坚持扎根中国、面向世界的原则，围绕立德树人根本任务，加强与一线学校的紧密合作，充分发挥示范校的引领创新作用，通过未来学习空间设计、未来学习方式变革、未来课程体系再造、未来学校组织创新等四大重点项目实验，深入探索"云教育+实践场"的未来学校形态，得到了全国各地中小学校的热烈响应和广泛支持。在未来学校2.0阶段，回应新时代学校面临的新机遇和新挑战，2018年11月发布《中国未来学校2.0：概念框架》，对"学校""学习""课堂""学习路径"等核心概念进行了全面审视。2020年1月发布《中国未来学校2.0创新计划》，深入推进对未来学校的研究，旨在及时廓清认知困惑，解决面临的深层次问题，服务国家和地方教育决策。

为进一步发挥示范校的引领创新作用，增进联盟学校的协作与交流，提升未来学校创建的综合应用效益，中国教育科学研究院国际与比较教育研究所专门设立所级部门课题，历时两年时间，全面梳理未来学校发展历程，深入研究未来学校理念和图景，反复打磨未来学校创新案例，最终形成这一研究成果，美芹之献，以往鉴来。

本研究主要采用了案例研究、比较研究、访谈和焦点小组等研究方法。在比较研究中，选择了美国、俄罗斯、新加坡、芬兰、印度、印度尼西亚、葡萄牙、匈牙利、瑞典、意大利、丹麦等国家和欧盟、欧洲跨国STEM联盟、世界经济论坛、联合国教科文组织、经济合作与发展组织等地区与国际组织。在对国内学校的研究中，综合采用了访谈、焦点小组和案例研究方法，立足未来学校联盟学校面向全国广泛征集案例，兼顾四大主题、学校层级、地域分布，经过层层筛选和协作研究，最终完成了学校案例的研究工作。

在内容和结构上，本书分为上下两篇。上篇为未来学校图景，包括第一至三章，对未来学校发展的时代挑战、发展历程、主要特征、实践路径、国际探索，未来学校的丰富与完善等方面进行了全面分析。下篇为未来学校案例，包括第四至七章，涵盖了组织管理、未来课程、学习方式和学习空间四个方面，共计14个未来学校案例，对案例学校项目参与概况、改革理念与目标、实践路径、实施成效和未来展望等方面进行了系统梳理。这些学校在教育信息化发展的进程中，充分利用新技术赋能教育教学，从组织管理、学习空间、课程体系、学习方式和评价方式等方面推动学校系统变革，为教育数字化转型中学校的改革和发展提供实践路径和经验教训。

第四章组织管理类选入三个案例，涵盖小学、中学和集团校不同类型和规模。未来学校组织管理通过数字化管理，呈现虚拟化、网络化、智能化和扁平化等特征。虚拟组织成为未来组织管理常态，以现代信息技术为支撑，通过网络环境实现人机一体化，以现代通信技术、信息存储技术、智能产品为依托，超越时空限制。网络技术为学校搭建了即时性、个性化、互动式的管理平台，实现管理内容的数字化。综合运用新兴信息技术，构建智能校园环境，将学校物理空间和数字空间有机衔接。学校组织构架由纵向垂直模式转向多向交叉的互联模式，并呈现扁平化趋势。

人大附中西山学校将“数字化引领学校发展”作为一项系统工程，整合管理团队、教师、技术人员、家长等多方力量，从团队建设、方案制订、环境建设、师生培训、家长体验式工作坊等多个维度，持续建设更包容技术生存发展的整体文化，搭建更加智慧的校园软硬件环境，将信息技术与课堂教学深度融合，开发数字化环境的育人价值，不断探索培养适应未来社会需求的时代新人的教育创新路径。

北京一零一教育集团，在基于智能辨识系统实现智能化日常管理的基础上，通过精准多元的教学方式、泛在灵动的学习途径、丰富共享的资源生态、联动便捷的管理服务、全面个性的评价系统，为大规模集团学校的师生构建了生态、智慧、开放、共享的智慧管理平台，通过扁平化矩阵型管理提高了大规模集团学校内部管理的效率和效能。

树人景瑞小学将教育信息化建设与学校长期发展目标相结合，促进信息技术与课程、教学、评价、管理、研修的深度融合，将网络学习空间作为社会、学校、教师、学生和家长等多元主体的关系纽带，通过构建智慧管理空间，培育智慧管理生态，力求学校管理中数据无缝整合、空间智能运维、个性智能服务、资源合理管理、数据分析及时、管理路径科学、网络安全可靠，探索基于未来人才培养需求与人工智能技术深度融合创新的新形态育人场域。

第五章学习空间类选入三个案例，涵盖新建和改造、现实环境和虚拟空间、南方和北方不同程度、维度和地域。未来学校空间建设随着时代的发展、社会的变迁和教育理念的巨变，也将发生巨大变化，并体现人文、绿色、智能等特征。学校建筑设计要充分考虑学校资源与社会资源的开放利用，体现出对学生的人本关怀，以方便学生多样化的学习、交流、游戏、生活需求为出发点，把户外空间与学生的课程密切结合起来，让绿化成为教育资源，让空间成为学习的生长空间，将绿色环保、新能源、智慧科技应用于学校建筑并成为学校教育的学习资源。

在案例学校中，作为一所基于未来学校理念整体设计的新建校，潍坊未来实验学校以技术支持下的多样态学习空间建设为抓手，将学习空间与学校课程建设和学习方式变革相融合，遵循联结课程、支持学习、促进发展、契合学校、融合美学的基本原则，学习场景相互融通，学习方式灵活多元，空间组织结构富有弹性，关注学生生活和情感需求，促进校园设施资源的社会化共享，探索促进学生个性化成长和智慧学习生态的空间建设路径。

位处作为人口高密度城市的深圳，学府中学则是发挥单位面积的最大效能，在学校整体空间的规划中，在场地设计上体现跨学科使用、多种类复用特点，在有限空间内实现尽可能多的教育内容，通过“开放式·无边界”阅读中心、未来教室、创客学习中心、数字化实验中心与泛在物理实验室等未来学习空间建设，关注人、自然环境、科学管理及未来发展等因素，打造绿色、生态、智慧、自由、开放的创新型学习场所，为学生创造自由幸福的学习空间。

北京市十一学校龙樾实验中学基于“互联网+”思维，实体空间与虚拟空间相结合，在实地空间建设中融入育人价值和教学变革，将育人价值、教学变革等融入其中，从小镇场景、百科全书和社区的学校等方面把学校打造成一座“未来小镇”，进而搭建相应的龙樾云空间，师生可以用小镇ID通行云端龙樾，在自适应学习社区，方便教师们互相学习，协同解决教学问题。从协同备课到课前预习、课后学情分析，从听评课到各类教科研活动等日常全流程都有覆盖，且在此过程中，资源会自动收集沉淀，并可生成教师们的个性化成长档案，助力教师的专业发展。

第六章学习方式类选入三个案例，涵盖小组合作学习、项目式学习和混合式学习等不同学习方式。未来学习方式强调基于项目的主动学习，面向真实的深度学习，基于证据的智慧学习和突破校园的无边界学习。倡导项目式学习，鼓励跨学科教学，让学生基于项目任务，使用多学科知识解决问题，更好地实现书本知识向实践能力的转化。通过主题式教学设计，面向真实问题重组教学内容，采用主动性的、探究式的、理解性的学习方式，培养学生应对复杂情境和解决真实问题的能力。云海学校以幸福教育为目标，通过一站式服务的智慧校园营造处处皆可学的泛在学习环境和处处皆教育的育人环境，探索以小组合作学习、深度学习为要义的高阶思维课堂、项目式学习和基于教育戏剧的表现性学习为代表的“GOOD”模式（G for Group Co-operation, O for Higher-Order-Thinking, O for Project-Based-Learning, D for Drama in Education），结合云海学校学业质量评价改革，夯实学习方法变革内涵，保障学习方式的变革有序推进。

花地中学利用学校小班教育的优势，以《可爱的中国》为主题，构建了项目式学习课程体系，通过“主题+项目”“学科+融合”“导师+学员”“导学+研学”“必修+自选”“体验拓展+综合展示”等方式全学科、全员推进，通过统整的、项目的、综合的、跨界的学习方式，促进学生的多元发展和素养提升。

北京二十一世纪国际学校变革学生学习方式，开展混合式学习，从学生的学习需求、数字资源建设、混合式教学模式入手，运用数字化手段助力学情分析，为每位学生制订个性化混合式培养方案；在数字软硬件环境和资源库建设基础上，优化各教学环节，使学习过程更加动态、有趣；数字助力及时的过程评价，助力教师实施精准教学，实现“因材施教”，促进教师发展和学生成长。

第七章未来课程类选入五个案例，围绕未来人才培养和学科育人，涵盖科教协同、民族特色、创客教育、数字资源、生活融合等不同方面。未来学校的课程与信息技术深度融合，体现出契合、融合和联合三大特征。未来学校的课程要契合学生个体认知、性格、情绪等特点，满足学生个性化发展需要；契合区情和校情，彰显地方文化特色和学校价值主张；契合未来社会对人才培养的需要，培养未来社会各行各业所需要的人才。未来学校的课程要实现与信息技术的深度高质融合；要实现学科之间的融合，使知识由分裂、封闭、单一，走向整合、开放、多元。未来学校的课程要实现校内校外课程资源的联合；要实现知识与生活、知识与社会实践的联合，增加学生动手实践和体验感悟的机会，加强学生与自然、与社会、与个体生活的密切联系。

中关村中学依托得天独厚的地理优势和丰富的科教人文资源，综合使用校内、校外多种资源，优化升级传统文化课程群，创生科学特色课程群，增加研学游课程群，科学与人文并重，实现学生全面有个性的发展，其中与中国科学院大学合作开办的“国科大科学实验班”，依托中科院资源，联合打造系列课程，形成了“科教协同，共育英才”的科学创新后备人才培育模式。

保定师范附属学校基于人工智能时代对学校价值定位的思考，将课程变革作为学校教育变革的关键环节，以“互联网思维”革新教育理念和重塑学校形态，"跨界融合、开放体验、数据决策"，构建数字时代的新型开放融合的教育生态，探索未来课程的形态，建设高品质未来学校。

为了适应未来教育发展的需要，鹅公岩小学积极实践"互联网+创客教育"，全面实施创客教育，系统建设创客学习空间，着力打造创客精品课程，促进学生和教师的共同成长。

昆明金岸小学依托云南地理位置优势，以丰富的少数民族文化资源为载体，深入挖掘民族文化价值，通过研究性学习和旅行体验相结合的方式，研发系列民族文化主题课程，培养学生的民族团结情感，落实立德树人的教育目标。

玉带山小学以马克思主义实践观、陶行知"生活教育"理论和人本主义哲学思想为依据，将国家课程校本化和校本课程特色化，构建课程走向生活、生活走进课程的"生活•融合"课程体系，形成发现、体验、创新、展现、共享美好生活的课程实施路径。

近年来国家出台了一系列政策，为教育数字化转型提供了明确指引和有力支撑。学校作为学生成长的主阵地，必须抓住数字时代赋予的机遇，关注国际未来教育发展趋势，充分发挥数字技术赋能教育的新力量，实现学校深层系统变革，通过优质教育资源和服务的广泛传播，促进教育优质、均衡、个性化发展，培养适应新时代未来社会发展需求的创新人才。

我们深知，受制于评价、师资、管理、制度和时间等因素，未来学校的研究和探索不得不在传统评价语境和未来教育认知中砥砺前行，在应然之道和实然之境中反复权衡，因而在理念建构和实践探索中都存在未尽之处，距离国际一流学校还有很大差距。不足之处敬请大家批评指正。

目录

Contents

上篇 未来学校图景

下篇 未来学校案例

上篇
未来学校图景

第一章 未来学校发展背景分析

一、时代发展对学校的挑战

从历史的角度看，学校教育经历过三次转型：以古代学校的产生为标志，开启了学校的1.0时代，这种原始的个别化教育形态持续近千年，学校的主要教学活动包括自由讲学、思想辩论、问难论疑、读书指导等，学校的组织形式也相对松散；随着第一次工业革命的兴起，工业社会塑造出现代的公立学校，学校开始进入2.0时代，它以班级授课制、分科教学、科层制管理为标志，学校教育逐渐走向标准化、系统化和统一化；进入21世纪以来，特别是"互联网+"时代的全面到来，云计算、大数据、人工智能等新技术给学校带来新的可能，教育的空间与机会得到极大拓展，以个性、体验、跨界为特征的学校组织形态深入人心，今天的教育已经与强调整齐划一的传统教育截然不同，一个全新的学校3.0时代正在到来。

在新的时代背景下，美国、欧盟、俄罗斯、日本、新加坡等国家和地区陆续启动了未来学校计划。美国创建了世界上第一所以"未来学校"命名的学校，即费城未来学校（School of the Future），由费城学区和微软共建，2006年建成。在这所学校，没有纸笔和课本，学生借助网络和移动终端设备，随时随地开展学习，允许每个学生有不同的学习进度。2012年，欧洲学校联盟在布鲁塞尔成立“未来教室实验室”(The Future Classroom Lab)，在重构学习空间的基础上变革教学方式。他们对教室进行颠覆式改革，教室的传统格局被打破，按功能分为六个学习区域：一是探究区，重点开展项目式学习；二是创造区，鼓励学生设计并生产自己的作品；三是展示区，鼓励学生运用工具进行展示和讲演；四是互动区，通过交互式电子设备让学生积极参与互动；五是交流区，包括面对面地同步交流和在线非同步交流；六是发展区，主要为学生提供自我反思的场所。2006年，新加坡资讯通信发展管理局与新加坡教育部联合发起了为期十年的“智慧国2015”项目(Intelligent Nation 2015)，其中包括“新加坡未来学校”计划(FutureSchools@Singapore)。该计划鼓励学校利用信息技术手段，扩大学校教学的内涵和外延，为学生提供更好的学习体验，提升学习成效，以应对未来社会的挑战。此外，俄罗斯启动了“我们的新学校”计划，日本启动了“超级科学高中”计划，德国成立了“MINT创造未来”联盟等，这些都可以被视为对未来学校领域的探索实践。①

二、未来学校的发展历程

1.理念萌芽期(2014年—2015年)

当今的时代是一个变革的时代，变革不仅发生在科技、经济和社会等领域，教育领域也在发生一场广泛而深刻的变革。随着信息技术对教育的影响不断深入，慕课、微课、翻转课堂、云教育等新的教学形态不断涌现。在新的时代和新的技术条件下，教育理念、目标、形式和内容都在发生变化，培养学生的21世纪技能，已成为世界各国教育界共同关注的话题。为了实现新的培养目标，客观上需要学校进行相应的变革。放眼世界，美国、俄罗斯、日本、新加坡等国家陆续启动了未来学校项目，探索新时代背景下的学校变革。

① 中国教育科学研究院国际与比较教育研究所.世界教育发展报告[R].北京：中国教育科学研究院，2014.

中国教育科学研究院(以下简称“中国教科院”)于2013年正式启动中国未来学校创新计划,以科学研究为基础,以培养创新人才为根本,利用信息化手段促进学校教育的结构性变革,推动空间、课程与技术的融合创新,为学校的整体创新提供理论引领和实践指导。经过三年多的持续深入研究,中国未来学校创新计划已经形成了“1+3+4”的立体化工作体系:“1”是指每年举办一届未来学校大型研讨会,整体展示未来学校的最新研究进展;“3”是指未来学习中心、STEAM创新中心、艺术创意中心等三种类型的未来教室建设方案;“4”是指未来学习空间设计、未来学习方式变革、未来学校课程再造、未来学校组织创新等四大研究内容。

中国未来学校创新计划启动以来,得到了各地中小学校的热烈响应和广泛支持,组建了覆盖全国的“中国未来学校联盟”,包括北京海淀区、深圳南山区等20个实验区、8所示范学校以及300多所联盟学校。所有实验区和联盟学校可以根据实际需要,选择参与不同类型的研究项目,在中国教科院专家的理念引领下,充分调动各学校的积极性,搭建了多种形式的合作平台,陆续在天津、成都、北京等地开展了丰富多彩的实践活动,推动学校在学习空间、课程体系、学习方式、教育技术、组织管理形态等方面实现协同创新,促进学校教育的创新发展。

中国未来学校创新计划具有研究、整合、研发、服务、评估等五大功能,通过“政用产学研”紧密结合,搭建学校之间相互学习、交流、研讨、推广的合作平台,共同探索未来学校的发展路径。一是服务国家教育行政部门科学决策,未来学校创新计划已经被教育部列为教育信息化工作要点,未来我们将持续总结项目实施经验,形成研究报告,为国家教育行政部门提供决策参考;二是创建国际教育交流与合作平台,先后与欧洲学校联盟、芬中教育协会、俄罗斯莫斯科基础教育创新战略研究所等建立了良好合作关系,并签署了一系列合作协议;三是以理论结合实践的方式,引领地方教育行政部门和学校开展创新实践;四是不断整合资源,我们将逐步建立校长和教师培训基地,引进国外优质教师培训课程,为教师的专业发展提供优质机会和高端平台；五是联合课程与教学、教育信息化、教师专业发展、学校管理等方面的专家，共同研制未来学校的标准，逐步开展未来学校的系统性评估，以评促建、评建结合，以评估工作带动学校发展。

为了更加生动地展示未来学校理念，中国教科院建立了未来学校实验室，为各地开展未来学校建设提供了一个“样板间”。未来学校实验室由三部分学习区域构成，分别是主动式学习区域、探究与创造学习区域、非正式学习区域。每个学习区都配备了可移动、易于变换的桌椅设施，提供更加丰富的技术和资源，支持教师开展多样化的教学活动，促进学生的高级认知活动。探索非正式学习与正式学习的融合，开展包括学习角、开放式长廊、社会性活动空间以及生活休闲空间等方面的探索，给学生提供更多的活动和交往空间，让学生在交往中建立人际关系、掌握行为规范、了解自己与他人的思想感情以及提高控制自己行为的心理能力，促进学生的社会性成长，让学生在交往中获取更多的积极体验。

在这个阶段，未来学校理念初步成型，注重以系统思维驱动内涵建设，并通过实施中国未来学校创新计划，进一步增强学校改革的系统性、整体性、协同性，重点开展未来学习空间设计、未来学习方式变革、未来课程体系再造、未来学校组织创新等四大重点项目实验，充分发挥信息技术对教育的支撑发展和引领创新作用，深入探索“云教育+实践场”的未来学校形态。同时，立足中国未来学校联盟，加强与一线学校的紧密合作，充分发挥示范校的引领创新作用，定期开展多种形式的研讨与交流活动，提升未来学校创建的综合应用效益。

2.发展探索期（2016年—2017年）

2016年11月，中国教科院发布了《中国未来学校白皮书》，代表着未来学校全面进入发展探索期。《中国未来学校白皮书》全面梳理世界各国在未来学校方面的最新探索，深入分析未来学校发展的基本特征，并在此基础上提出了学校创新的实践路径。该报告在教育领域引起广泛关注和强烈反响，近百家媒体对此进行专题报道，成为未来学校理论研究的关键文献和实践探索的重要指南。

未来学校不能停留于对传统教育模式的缝缝补补，而是在新思维支持下的教育流程再造，通过优化教育资源配置，让教育变得更有智慧，构建和谐开放、灵活多元、富有生机的未来学校生态，为每一位学生提供更加适合的高质量教育。未来学校的学习空间、学习方式、课程体系和组织架构将会发生深刻变化。

第一，未来学校要营造开放灵动的学习空间。一是创新教室布局，配备可移动、易于变换的桌椅设施，提供更加丰富的技术和资源，支持教师开展多样化的教学活动；二是探索非正式学习区，开展包括学习角、开放式长廊、社会性活动空间以及生活休闲空间等方面的探索；三是扩展学校的公共空间，给学生提供更多的活动和交往空间，让学生在交往中建立人际关系，了解自己与他人的思想感情，提升学生的理解能力和控制能力；四是打造数字化学习社区，利用虚拟现实、物联网、学习分析等新技术，提供更加智慧的育人环境。

第二，未来学校要构建灵活多元的学习方式。注重培育、引导和激发学生内心的学习需要，促使他们逐渐学会主动性学习。通过主题式教学设计，面向真实问题重组教学内容，采用主动的、探究式的、理解性的学习方式，培养学生应对复杂情境和解决真实问题的能力。利用新的技术手段测量学生的认知特点和学习特征，设计个性化的学习推送方案，探索不同技术条件下的差异化教学策略，因材施教、因能施教，促进信息技术与教育教学的深度融合。挖掘外部社会一切有利的教育资源，学校与社区、家庭形成良性互动，学习既可以在教室，也可以在社区、科技馆和企业，学生甚至可以去不同城市游学。学校将突破校园的界限，任何可以实现高质量学习的地方都是学校。

第三，未来学校要构建满足学生个性需要的课程体系。重新审视传统学科分类，改变单纯以学科逻辑组织课程内容的做法，强调以学习者的经验、个体生活和核心素养为基础，打破学科的固有界限，以真实问题为核心进行课程重组，转变过分注重知识学习、轻视实践体验的状况，显著增加学生动手实践和体验感悟的时间，密切学生与自然、社会、个体生活的联系，让学生通过完整的视角去发现解决问题、体验感受生活，培养学生的创新精神和实践能力。根据国家课程标准与学生核心素养，全面梳理国家课程、地方课程、校本课程中重复交叉的内容，灵活开展大小课、长短课、阶段性课等课时安排，积极探索跨学科协同教学，构建主题突出、特色鲜明、面向未来的学校课程体系。

第四，未来学校要构建/打造/创造开放融合的组织管理形态。不再拘泥于传统的年级和班级的管理体系，更多采用弹性学制和扁平化的组织架构，加强不同学段和不同年级之间的衔接，根据学生的个体需求提供灵活的教学安排，而不是按照传统的学期或者固定的课程结构进行教学。学校的组织架构和管理方式将会发生显著变化，学生将会更多地参与学校的组织管理，各项学校事务都应充分尊重学生，尤其对待学习困难的学生和特殊儿童，要秉持公平、公正的教育理念，确保不让一个孩子掉队。鼓励学生自主管理，培养学生成为有主体意识、道德情操、国家意识和世界精神的健全公民。完善学校治理结构，增加家长和社区在学校决策中的参与度，促使学校从封闭走向开放，学校与社会、家庭形成良性互动，共同为学生创设多元融合的育人空间。

在发展探索期，中国教科院未来学校实验室联合北京海淀区、深圳南山区、成都青羊区、广州荔湾区、天津和平区、大连金州区、宁波北仑区、杭州下城区、北京房山区、江苏苏州市、江苏常州市、福建厦门市、上海奉贤区等地开展试点，陆续建立深圳南山实验学校、成都七中初中学校、北京日坛中学实验学校、电子科技大学实验中学、江苏省新苏师范学校附属小学、苏州市南环实验中学、重庆市沙坪坝区树人景瑞小学、青岛市黄岛区实验小学等8所示范校以及300多所联盟校，先后组织“第三届未来学校大会”“国际智慧教育展未来学校论坛”“清华附小未来学校课程会议”等大型研讨活动20余场，累计参与人数近10万人，推动空间、课程与技术的融合，以信息化手段促进学校教育的结构性变革。组织专家前往8个试点地区和近百所试点学校进行实地指导，针对实践开展情况，提供具有操作性的未来学校推进方案，受到了试点地区和学校的广泛认可。

同时，广泛搭建国际交流平台，先后与欧洲学校联盟、芬中教育协会、俄罗斯莫斯科教育创新战略研究所等机构建立联系，签署了一系列合作协议，并组织教育行政管理人员、校长和骨干教师前往芬兰和瑞典进行学术交流。2016年9月，中国教科院与英国教育与技能发展署在北京、上海两地联合举办“中英教育科技发展论坛”，双方对近年来教育科技发展取得的经验和成果进行了分享，并就中英两国在教育科技领域如何合作、联合建立中英教育科技发展平台进行了深度交流。2017年11月，在北京举办了“‘一带一路’教育对话：第四次工业革命与未来学校分组会议”，来自中国、俄罗斯、土耳其、新加坡、英国、摩尔多瓦、立陶宛、波兰、马尔代夫等国家的近百位代表参加会议，各国代表就未来教育创新取得的经验和成果进行了分享，并就开展未来学校方面的合作达成了共识。

3.内涵深化期（2018年—2019年）

未来学校建设是新时代教育的重大命题，也是教育发展的永恒主题，更是教育科学研究的崭新课题。继2016年发布《中国未来学校白皮书》之后，中国教科院未来学校实验室于2018年11月发布《中国未来学校2.0：概念框架》，对“学校”“学习”“课堂”“学习路径”等核心概念进行了全面的审视，提出了我们的理解，以回应时代发展对学校提出的新挑战和带来的新机遇。

第一，重新定义学校。

随着新一轮科技与产业革命的兴起，时代发展必然会塑造出新的学校形态，学习空间、学习方式、课程体系、组织管理等都会发生新的变化。尽管如此，教育的本质并不会因信息技术的介入而发生改变，教育传承文化、创新知识和培养人才的本质不会变——立德树人的根本目的也不会变。未来学校建设要扎根中国大地，凸显中国特色，着力构建德智体美劳全面培养的教育体系，健全家庭、学校、政府、社会协同育人机制，形成全员育人、全过程育人、全方位育人的格局。

纵观人类历史长河，在东西方先贤辈出的“轴心时代”，教育旨在培养“贤人”与“君子”，旨在培养“有智慧、有完善道德品质的人”，教育被赋予了超越人本主义的格局与使命。进入工业时代，学校教育开始聚焦于知识和技能，强调专业化、标准化，却囿于工具主义与狭义的“理性主义”。未来教育要从工具主义转向以人为本；要从学科中心、知识本位转向品德为先、能力为重；要从注重教什么、如何教转向注重学会学习、学会生存。未来学校必须遵循教育规律和人才成长规律，注重培养能够支撑终身发展、适应时代要求的关键能力，包括认知能力、合作能力、创新能力和职业能力。未来学校要注重信息技术与教育教学的深度融合，用科技赋能教育，实现学习的精准供给。利用新技术重构教育流程，促进教、学、考、评、管以及家校合作的各个环节逐步走向适应每个学生学习需求的精准供给。未来学校要有国际视野，对接国际先进教育理念和一流教育资源，通过更加密切的互动交流，共同绘就未来学校教育的蓝图。

第二，重新认识学习。

未来学习是坚守传承、盘活积淀的学习。在古文中，“学习”两个字是分开来用的。把“学”和“习”组合成一个词首次出现在《礼记·月令》中：“鹰乃学习。”意思是：每到夏季六月，雏鹰开始学习飞翔。可以看出，“学习”在本原上特别强调能动性与实践性。制度化的学校教育兴起后，学习出现了一些背离本原的现象，甚至变成了一种被动行为。我们认为，未来学习要回归教育本质，是一种主动的学习而非被动的学习，是一种利用现代技术但不被现代技术所绑架的学习，是一种注重联系实际而不唯书本的学习。

未来学习是重组课时、突破时限的学习。班级授课制是学习的一种基本组织形态，学习时间通常是一种规范化的安排。例如，课堂的时间通常为45分钟左右，在课堂上以教师的“教”为主，即大部分的时间由教师所掌控。近年来，混合式学习、翻转课堂等新的学习形态不断涌现，打破了原来班级授课组织形态下的学习时间分配，把课内课外时间结合起来，倡导把更多的时间还给学生，让学生成了学习时间的掌控者，进而培养学生的自主学习能力和主动发展能力。

未来学习是重构物理空间的学习。技术的发展使学习空间由原来的物理空间延伸到了虚拟空间。与物理空间不同的是，虚拟空间是借助数字技术、互联网技术等进行信息存储、处理与分享的空间。在传统教育中，我们的学习虽然也有虚拟空间的使用，如借助互联网技术进行的远程学习，但是应用的范围有限，而且也只是传统的课堂学习的一种变体，即在形式上依然采取的是教师讲、学生听的模式。随着移动互联网与人工智能的发展，这种格局正在悄然改变，虚拟空间已经对学习方式产生了重要影响，从物理空间延伸到虚拟空间是未来学习的重要特征。例如，学生在教室里学习桥梁知识的同时，可以通过网络直播的方式实现对现实中桥梁的观察，甚至与桥梁专家进行远程"面对面"的咨询。

未来学习是以脑科学为支持的学习。目前，脑科学研究领域与学习有关的重要结论有：学习可以改变大脑的物质结构；学习可以改变大脑的功能组织；大脑的不同部位适合不同时段的学习。由于人脑的复杂性，这些研究成果在学习中的应用还处于起步阶段，只有少数结论可以用于指导学生的学习。但是，随着研究手段和研究方法的不断进步，一旦实现重大突破，脑科学将会引发人们对学习产生全新的认识，这将推动学习方式发生革命性的变化。

第三，重新理解课堂。

未来课堂是学生生命成长的精神家园。在课堂革命的推动下，未来的课堂将会成为一个充满生产力和创造力的学习空间，学生可以主动发展他们在未来从事工作所需的能力，而教师更多的是学习的支持者和促进者。未来课堂应能满足学生身心发展需要，并促进学生高级思维、有效沟通、积极合作、信息技术应用等多方面能力的发展。未来课堂要契合学生个体认知、性格、情绪等特点，满足学生个性化发展需要。未来课堂应实现知识与生活、知识与社会实践的联合。未来课堂要转变过分注重知识学习、轻视实践体验的状况，增加学生动手实践和体验感悟的机会，加强学生与自然、与社会、与个体生活的联系，让学生用完整的视角去发现和解决问题、体验和感受生活，培养学生的创新精神和实践能力。

未来课堂是突破时空的立体学习场，这需要具备五个方面的连通：一是教室内部桌椅之间的连通。在未来课堂中，不一定是排排坐的桌椅布置，所有桌椅的布置应便于学生开展合作学习，也便于教师开展分组指导。有些桌椅可以带有轮子，方便师生根据需要灵活移动和组合。二是同一年级和不同年级之间教室与教室的连通。教室的开放和连通性设计，可以更好地突破班级及年级的界限，构建学习共同体。三是教室与学校其他空间的连通。学校的每一寸空间都是潜在的课堂，学校的整体空间是开放的，学生可以自由走动。四是课堂与大自然的连通。与其说是两者之间的连通，不如说是将大自然变为课堂，在这样的课堂中，蓝天、土地都可以成为教科书，山木草石都可以成为学习素材。学生由此获得的实际感受和经验，应该比在课堂上接受教师的理论灌输更有效。五是课堂和社区社会的连通。学校的教室，白天可以是教师和学生的活动场地，晚上可以成为周围社区的活动场所，学校周围的社会场所也可以成为课堂。这样的课堂，自然而然和家庭与社会形成一种紧密关联，有助于学校、家庭和社会开展深入合作。

未来课堂是信息技术助力教育教学的实践场域。未来课堂的品质和效率将越来越得益于信息技术的有力支撑，环境舒适、装备先进、操控便利、互动实时的信息技术配备，将成为未来课堂的有力武器。但未来课堂的品质和效率，与信息技术的现代化程度并不一定成正比。关键在于，要善于利用信息技术为教育教学提供有效支持和切实服务。

未来课堂是各学习要素高度互动的活动社区。除了学生和教师的人际互动，人与技术工具的互动、技术工具与资源的互动、技术工具与空间的互动、实体空间和虚拟空间的互动等都扮演着重要角色，并起到了重要作用，共同决定着学习发生的效果。另外，未来课堂也要实现学科之间的对话、互动与融合，使不同学科的知识由分裂、封闭、单一，走向整合、开放、多元。不同学科之间的互动融合，有助于改变单纯以学科逻辑组织课堂内容的做法，强调以学习者的经验、个体生活和核心素养为基础，打破学科的固有界限，以真实问题为核心进行课程重构，重点开展综合课程、主题课程、STEAM课程等方面的探索。

在内涵深化期，中国教科院与东莞市政府联合启动了东莞市松山湖未来学校实验区建设，共同探索未来教育的东莞样本。东莞松山湖未来学校实验区也是中国教科院第一个未来学校专项实验区。中国教科院组建了高层次、高水平、有实践经验的专家指导团队，对东莞市松山湖未来学校实验区进行考察、调研，并规划松山湖未来学校实验区实施方案。对东莞市辖区教师进行未来学校理念与实操培训，提升教师队伍的整体素质和教学水平。为区域的新建学校规划设计提供基于未来学校办学理念的顾问与咨询服务，高起点、高标准做好松山湖未来学校办学方案及改革设计，组建松山湖未来学校教育集团，成员学校包括松山湖未来学校、松山湖实验中学、松山湖实验小学、松山湖第一小学等。

全力打造中国教科院未来学校实验室首家实体样板校——潍坊未来实验学校，该校从建筑设计到学校课程体系、教学方式以及学校组织方式均实现全方位赋能。学校以人的发展为核心，以端正的品行、聪慧的头脑、强健的体魄、丰盈的内心、灵巧的双手五个维度为学习者画像。学校倡导“爱、真诚、和谐”的办学理念，力争办一所纯粹的学校，让教育回归本真，让“人”融汇仁爱之真谛、融合万物之发展。一是灵活开放的学习空间。潍坊未来实验学校从学习者的视角，精心创设晓畅通达的学习空间和信息化教学环境，让丰富的学习资源充盈于孩子触手可及的每个角落，有效支持多样化的学习方式。学校每个楼层都有六个非正式学习区，这里不仅是孩子们自由活动的场所，更是他们个性化学习和团队展示的空间。学生在潍坊未来实验学校的学习，不会单纯地固化在教室狭小的范围内，每个楼层大面积的厅廊、近百间专用教室以及室外校园都将支持孩子们的学习体验，而且不同学段空间风格也将充分契合学段特点，满足多样化的学习需求。二是双螺旋结构的CFS课程。CFS课程体系由初级课程（Elementary Course）、中级课程

(Intermediate Course)、高级课程(Advanced Course)三部分构成。每个层级课程由知识技能、思维方式、身心发展、艺术审美、品行修养五个模块构成。CFS课程为双螺旋结构,包括两条课程主线,即基础性课程和特需性课程。基础性课程由所有学生必修类课程组成,特需性课程则面向个体需求。两条主线之间由核心素养作为桥梁进行课程关联。在具体实施中,课程强调"目标(Target)、游戏(Game)、自主学习(Autonomic Learning)、PBL(Problem-Based Learning)"。其中,目标强调课程要关注核心素养,以大概念方式进行架构;游戏和自主学习都强调学习方式要凸显主动性和趣味性,要激发学生内在的学习动力;PBL是学校课程主要的组织方式。在课程的具体实施中,还要融入SEL(社会情感学习)、EL(表达式学习)和SS(社会性软件学习)等学习方式。三是多元个性化的学习方式。潍坊未来实验学校将在充分考虑学生不同阶段学习和发展需求的基础上,结合学科特点,为学生提供整体性、包容性、综合性、选择性的精准教学。为充分发挥学生学习的主动性,真正做到因材施教,所有课程均采取分级进阶方式进行,满足学生个性化发展需求。

三、未来学校的主要特征

1.组织管理转向

第一,学校组织管理虚拟化。与传统学校组织形式相比,虚拟化在未来学校中将是一种常见的管理、教学的组织形式。这是一种区别于传统组织,以现代信息技术为支撑的人机一体化组织。其特征以现代通信技术、信息存储技术、智能产品为依托,实现传统组织结构、职能及目标。在形式上,没有固定的地理空间和时间限制,组织成员通过高度自律和高度的价值取向共同实现组织的目标。在学校教育的场景中,虚拟主要是指基于网络环境的教学活动,包括非面对面的教学实施、教研活动、虚构的教研专家、智能化的教研资源配备等。

第二，学校组织管理网络化。在信息社会，网络化的触角早延伸到生活的每一个角落，而且已经非常深刻地影响到了教育的发展。网络不仅改变着学校组织内部的教学方式、教研模式和交往形式，网络技术还为学校搭建了一个即时性、个性化、互动式的管理平台。利用装备先进的网络信息设备，实现管理内容的数字化，极大地开拓了学校的信息空间。另外，知识管理已成为网络时代学校管理的一个重要主题。因此，基于网络资源共享的平台，进行知识创新的知识管理应该在知识产生、流动、扩散的主要场所——学校教育领域得以广泛的运用，并成为学校管理的主要内容。

第三，学校组织管理智能化。综合运用云计算、物联网、移动互联、大数据、智能感知、商业智能、知识管理、社交网络等新兴信息技术，全面感知校园物理环境，智能识别师生群体的学习、工作情境和个体的特征，将学校物理空间和数字空间有机衔接起来，为师生建立智能开放的教育教学环境和便利舒适的生活环境，改变师生与学校资源、环境的交互方式，实现以人为本的个性化创新服务。

第四，学校组织管理扁平化。传统的学校组织机构重叠、多头管理、信息不畅通，随着网络技术的广泛使用，行政人员富余，迫切需要学校对岗位进行重新设计，以更好地将学校人力资源与组织目标协调起来。以往学校中大量的中间管理层，其重心会下移，这使得学校组织构架由纵向垂直模式转向多向交叉的互联模式，并呈现了一种崭新的扁平化趋势。在这种趋势下，原有结构的复杂性转化为组织成员的知识、技能、需求、愿景和文化的复杂性，知识管理应时而生，网络化管理不断深入，把学校建设成学习型组织的目标将势不可当。在这个过程中，学校的专业化分工的界限也将被打破，行政部门之间的职能会变得模糊，学科之间的融合将更加紧密，严格专业、学科分工将不能再适应人才培养的要求。

2.学习空间建设

学校建筑和学习空间的设计与学校培养人的目标、方式直接相关。长期以来学校建筑一直延续着工业化时代的设计标准，学校按照标准化来培养人才,学校建筑满足标准化的学科设置与集体授课方式需求。随着时代的发展和社会的变迁,教育理念发生了很大的变化,学习空间也将发生巨大变化,并具有如下特征:

第一,符合面向未来的教育理念。世界教育创新峰会发布的“2030年的学校”调查报告显示,教师、讲座或强制课程将被淘汰,今后传统实体学校不再是学生接受理论知识的地方,相反,它会成为一种社交环境,学生在这里接受引导,与同学互动,获得各种能力,以更好地适应未来职业生涯。新的教育理念认为学校不再是学生学习的唯一途径和场所,正规教育与非正规教育的界限变得模糊,学校与社区会有更紧密的结合。这种结合体现在:一方面,学校的学生会利用社会资源进行学习,另一方面,学校的一些资源会向社区开放,成为社区公共服务的一部分。学校建筑需要考虑可以开放的资源在学校的空间位置,如何既便于学校管理,又便于社区使用,同时兼顾安全问题。过去学校建筑和社区公共资源的经费是不同的渠道,当学校的功能和作用发生变化时,学校建筑的经费来源和额度也应该有相应的变化,总体成本可能降低了,不需要重复建设,对于学校来说则可以提高设计品质和引进优质资源配置。未来学校的教育强调在真实的世界中学习,因此校园户外空间的设计要给学生留有充分亲近自然的场地和植物的配置,绿化不仅仅是为了校园的美观,而是要把户外空间与学生的课程密切结合起来,让绿化成为教育资源,让空间成为学习生长空间。学校设计应该以教育理念和课程为核心展开,因此在建筑设计团队中必须要有教育专家的参与,需要改变目前“交钥匙工程”的设计模式。需要修订目前按照工业化时代理念制定的学校建筑标准与规范,以满足真实的学校教育需求。

第二,以学生为中心。以学生为中心的教育理念已经被广泛接受,但是这种理念要切实体现在学校建筑设计之中。学校不仅仅是传授知识的地方,更重要的是学生成长的地方,因此以学生为中心的设计要体现出对学生的人本关怀,要更加人性化,要以方便学生学习、交流、游戏、生活为出发点,从学生的视角思考问题,而不是从成人的视角思考问题。目前,大部分教室没有学生储物空间，书包、衣物、书本作业等均堆在尺寸很小的桌椅上，很不人性化。户外的绿化应该和学生的游戏场地、学习场地相结合，需要设计出更便于学生交流和自主学习的多样化公共空间。

第三，促进学生成长。学生在学校的成长是多方面的，其中与学校建筑和空间相关的是人格养成、审美能力培养、好奇心培养、学习生活的热情和社交能力的培养。学校建筑不仅仅是学习的容器，更应该是培养学生精神气质的地方，学校建筑所传递的文化和审美价值对学生的成长至关重要，会成为影响学生成长的重要因素。未来学校的社交化、实践性、体验式学习所占的比例会越来越大，因此未来学校的设计要满足教育发展的需求。不能用整齐划一的普通教室和现有的功能教室去规划设计，而要使得空间更加多样化，要综合考虑学校的课程实施以及学生成长的空间，特别是公共空间的需求。学习空间不仅在教室内，还包括教室外和户外、虚拟空间。

第四，满足多样化学习方式的需求。未来学校的课程特征具有基础性、选择性、个性化、综合化的特点，学生不仅要学习知识，还要实现全面发展。未来学校是云教育+实践场，学习方式会变得更加多样化。因此学校建筑的学习空间设计必须要满足多样化的学习方式的需求。有研究指出，21世纪学校物理空间必须要支持20种学习方式：独立学习、同侪互学、团队合作、教师一对一教学、讲座、项目式学习、远程教学、学生展示、研讨式学习、讲故事、基于艺术的学习、社会/情绪/精神的学习、基于设计的学习、游戏化学习等。同时，空间灵活、开放，功能复合。未来学校学习方式多样化使得学习空间需求多样化，但是学校总的建筑面积是有限的，如何实现有限空间的多样化，就需要空间之间的开放、灵活组合，可以随着教学需求而改变空间的大小。例如教室之间、教室与走廊之间采用可移动隔断。这样可以根据需要扩展学习空间。在同一间教室中也要采用可以灵活移动的装备，根据不同的学习场景，可以随时变换桌椅的摆放方式，以适应集体授课、小组讨论、考试、展示汇报等不同的学习方式。教师可以根据授课需要在教室的任意点讲课，形成无边界学习。

第五,绿色、智慧。绿色生态、智慧科技是未来建筑的发展方向。在学校建筑中应用这些技术本身就具有教育意义。学生可以在学校的建筑中看到新技术是如何运用并改变着我们的生活,绿色环保、新能源、智慧科技都可以成为学校教育的资源。

3.学习方式转变

未来的学习方式将会变成一个充满人文关怀、体现个性差异、满足不同需求的教学结构,打破固定的课时安排,跨越学科与学科之间的界限,围绕学生的真实生活重建课程体系,形成个性化的学习支持体系,为每一个学生提供私人订制的教育,这将成为未来学校变革的主导趋势。

第一,基于项目的主动学习。未来学校要注重培育、引导和激发学生内心的学习需要,在最大程度上增强学生学习的趣味性、多样性和时效性,促使他们逐渐学会主动学习。倡导和鼓励跨年级合作学习,高年级学生在向低年级学生传授知识的过程中,自身知识得到进一步强化。通过这种学习,学生能够很好地锻炼人际交往、沟通交流、团队合作等多种能力。倡导项目式学习,鼓励跨学科教学,让学生基于项目任务,使用多学科知识解决问题,更好地实现书本知识向实践能力的转化。积极开展游戏化学习,让学生在玩中学,充分利用游戏的趣味性、挑战性、激励性的特点,激发学生的学习兴趣和内在的学习动机,使学习变得快乐、充满趣味、富有生机,让学生在积极的体验中学习知识,并养成能力。

第二,面向真实的深度学习。未来学校力图变革传统教学理念,优化教学结构,创新学习方式,通过主题式教学设计,面向真实问题重组教学内容,采用主动的、探究式的、理解性的学习方式,培养学生应对复杂情境和解决真实问题的能力,彻底打破"一言堂"现象。我们倡导教师采用任务驱动的方式,引领学生在学习中进行深层次的信息加工,让学生在对话和互动中建构和转化知识,能够利用所学知识解决真实的问题,从而实现有效的知识迁移和对知识的深度理解。在这个过程中,学生掌握学科的核心知识,理解学习过程的原则,把握学科核心思想与方法,形成积极的内在学习动机,成为优秀的学习者。

第三，基于证据的智慧学习。技术支持下的学习将不再基于教师的主观经验，而是基于丰富的客观数据。目前，已经有学校开始尝试使用学习分析技术改进教学，针对学生发言、教师发言、师生对话等信息，分析课堂讨论模式和师生互动风格，以可视化图表形式呈现分析结果，帮助教师进行教学反思和改善课堂教学实践。未来，基于大数据的学习分析技术将成为推动教育深层变革的主动力。教师可以利用新的技术手段测量学生的认知特点和学习特征，评估学生的优势潜能和最佳学习方式，设计个性化的学习推送方案并推送给学生，探索不同技术条件下的差异化教学策略，因材施教、因能施教，促进信息技术与教育教学的深度融合，帮助学生实现全面而有个性的发展。

第四，突破校园的无边界学习。互联网将彻底打破学校封闭的办学体系，学校将变成汇聚优质教育资源的"淘宝平台"。作为一个开放的组织系统，学校可以利用信息技术挖掘外部社会一切有利的教育资源，与社区、家庭形成良性互动，构建开放多元的办学格局。学生的学习场所不再固定，根据课程的不同，既可以在教室，也可以在社区、科技馆和企业，甚至可以去不同的城市游学。而学校本部则更多的是提供学习环境、成长导师以及富有特色的校本课程。最终，学校将突破校园的界限，任何可以实现高质量学习的地方都是学校。

4. 课程体系构建

未来学校的课程应具备三大特征，即契合、融合和联合。

第一，契合。未来学校的课程要契合学生的个体认知、性格、情绪等特点，满足学生个性化发展需要。未来学校的课程是让学校成为学生生命成长的精神家园，是让学校更富生命力与创造力的课程，是让每个学生成长更加不同，让每个学生人格更完善、人性更完美、人生更完满的课程，是基于时代需要，更好地培养21世纪核心素养的课程。未来学校的课程要契合区情和校情，彰显地方文化特色和学校价值主张。未来学校的课程要深度挖掘和利用地方及学校的人文历史和文化资源，深度挖掘和利用地方及学校的经济社会和政治资源，取其精华，去除糟粕，使之成为学校课程的一部分。未来学校的课程要契合未来社会对人才培养的需要，培养未来社会各行各业所需要的人才。未来学校的课程应着眼于国际组织及世界各国所提出的21世纪核心技能培养目标，要着眼于中国学生发展核心素养框架，基于学生未来生活需要，增强学生未来生活本领和生存技能。

第二，融合。未来学校的课程要实现与信息技术的深度高质融合。未来学校的课程强调信息技术应用于教育，服务于学科，其出发点首先应当是学科，而不是技术。这种课程应以先进的教育理念为指导，创设情境、情感驱动，突出教学重难点，以教育信息资源为支撑，实施多元动态的教育评价，将自主学习、合作探究相结合。未来学校的课程要以信息技术为载体，实现课程实施方式的转变、课程实施模式的重构、课程实施效率的提高、教师信息素养的提升、学生自主学习能力的加强。未来学校的课程要实现学科之间的融合，使知识由分裂、封闭、单一，走向整合、开放、多元。学科融合应改变单纯以学科逻辑组织课程内容的做法，强调以学习者的经验、个体生活和核心素养为基础，打破学科的固有界限，以真实问题为核心进行课程重组，重点开展“综合课程”“主题课程”“STEAM课程（创客教育）”等方面的探索。学科之间的融合，不是对原有学科的简单删减，更不是“多学科乱烩”。学科之间的融合，需要全面梳理国家课程、地方课程、校本课程中重复交叉的内容，采取删减、融合、增补、重组等方式，增强课程实施的综合性，灵活安排大小课、长短课、阶段性课等课时，积极探索跨学科协同教学。学科融合不仅是课程内容的整合，而且包括不同学科的师资整合。但我们必须强调，分科课程与融合课程是一种相关而非对立的关系，它们都应占有一定的比重，这样彼此配合才能更加协调，充分发挥各自的育人功能，使不同学科教学既有自身具体的教学目标又尽量服务于统一的教育目的。

第三，联合。未来学校的课程要实现校内校外课程资源的联合。未来学校的课程提供者，不仅是学校和教师，也可能是家长、社区、社会企事业机构。家长的智力、社区的活动、社会企事业机构所开展的业务，都可以成为未来学校的课程资源。未来学校的课程实施场所，不局限于校内空间，还可以走向大自然、走向社区、走向社会，以信息技术为手段，使学习空间得到更大程度的延展，更好地体现“泛在”课程的理念，使学习无处不在、随时发生。未来学校的课程要实现知识与生活、知识与社会实践的联合。未来学校的课程要转变过分注重知识学习、轻视实践体验的状况，增加学生动手实践和体验感悟的机会，使学生与自然、与社会、与个体生活密切联系，让学生以完整的视角去发现和解决问题、体验和感受生活，培养学生的创新精神和实践能力。未来学校的课程要注重以儿童的社会生活经验为中心，引导学生在实践中运用知识，让他们更好地认识世界，更好地适应未来社会。

5. 中国未来学校发展的实践路径

我们认为，通过建立八个中心（见图1）可以逐步实现未来学校所提出的培养人的目标，并与现有国家课程相配合，既保证了学校课程的系统性，又增强了课程的丰富性和实践性，最终实现学生的全面发展。

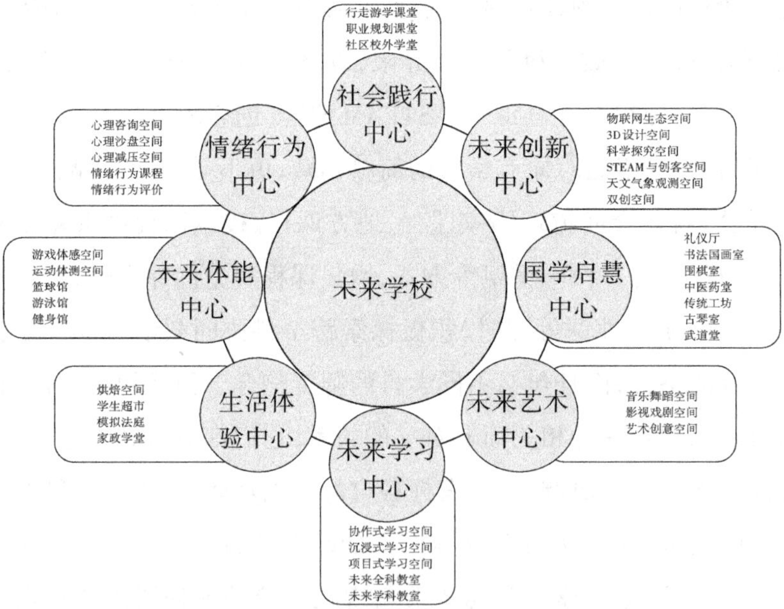

图1　八大中心示意图

第一,未来学习中心。未来学习中心要解决的是如何通过空间和技术的支持,在现有国家课程体系下实现学习方式的变革。小学、初中和高中由于学生年龄特征、课程内容有很大差异,因此学习方式也各不相同,需要的空间和技术的支持也不同。小学未来学习中心是适应未来小学课程学科与综合相结合,适应项目式学习、游戏化学习、沉浸式学习、体验式学习等方式的需求而设计的。中学未来学科教室主要是满足两个方面的需求:走班后对学科教室的需求和对项目式学习的需求。未来学科教室主要是满足中学学科授课、实验、项目式学习的需求。

第二,未来创新中心。未来创新中心重点培养学生的科学探索和创新能力,可以与学科实验室配合使用,也可以取代学科实验室。未来创新中心可以用来建设科学素养实践能力课程群。1.科学探究空间:可以完成学校和社区的科学课程与科技社团课程;2.STEAM与创客空间:可以开展综合性的项目式学习和创新课程;3.物联网生态空间:利用物联网技术与种植相结合的体验、观察、探究创新实践的综合课程;4.3D设计空间:满足各学科的三维设计与打印课程,以及以3D设计为载体的各类创客活动;等等。

第三,未来艺术中心。未来艺术中心的主要功能是培养学生核心素养中的艺术审美能力和艺术表达能力。由多个空间构成,包括:音乐厅——承担学校和社区的大型会议和表演;音乐教室——承担音乐课;舞蹈教室——承担学校和社区的舞蹈课、戏剧课;影视制作中心——培养数字化时代的媒体素养,包括学生电视台,以及微课、微电影制作;美术创意中心——中国传统文化中的剪纸、陶艺、木刻、皮影戏教学等都可以在这里进行,可以形成中国传统文化创意课程群。

第四,国学启慧中心。国学启慧中心是学校开展优秀传统文化教育的重要载体。在这里可以开设与中国经典文化知识理论研学与传统技艺实践操作体验相关的课程。

第五,生活体验中心。生活体验中心主要培养学生生活能力以及实践能力。对于技能和能力培养最有效的学习是体验性学习、项目式学习。设立生活体验中心就是让学生在真实的世界中通过真实的任务来学习,培养学生综合解决问题的能力。生活体验中心可以有不同的空间,每个空间都能衍生出特色课程。

第六,社会践行中心。未来学校的理念之一是学校与社区的结合,学生要在真实的世界中学习。读万卷书,行万里路。社会践行中心为学生提供开放式课堂,让学生在研学旅行中学习,在社会实践中学习,同时要对未来的职业有清楚的认识,能够根据个人的潜能和特点来规划职业生涯,正确地选择课程。

第七,未来体能中心。学生的身体素质是学生发展中最重要的部分之一。学校中除了运动场馆之外,在数字化时代还可以利用新技术增加一些数字化的有趣的运动方式,例如体感游戏、VR运动等。同时增加学生的体能监测功能。

第八,情绪行为中心。"情商"是一个人重要的生存能力,是一种发掘情感潜能、运用情感影响生活各个层次和人生未来的关键品质因素。而这些品质需要通过相应的课程与活动来养成。目前,学校中大都设有心理健康中心,主要功能是对学校师生进行心理健康知识传播与教育,并及时对存在心理问题的个体或群体进行有效的心理干预与治疗,以保障师生正常的心理状态,更好地完成授课与学习活动。设立情绪行为中心的目的是通过情绪行为课程让学生和教师能够正确地认识自己的情绪并学会管理情绪,形成积极的心理品质,将来成为一个心理健康、阳光,能够幸福生活的人。

第二章
国际未来学校发展实践

21世纪的社会，信息技术突飞猛进、产业结构剧烈变迁、人才需求日益多元，迫使以往的教育目标、教师角色、学习环境、学习内容、学习方式都要发生变革。为应对这些变革，世界多国对未来教育的形式和内容进行探索，未来学校的概念与话题应运而生。我国教育部办公厅2016和2017年印发的教育信息化工作要点也曾将未来学校研究计划纳入其中。何谓未来学校难以定论，国内外研究智者见智，实践中也呈现多种多样的做法。但有些基本共识：未来的学校与工业化时代诞生和延续下来的学校模式不同，要改变和突破以知识传授为核心、工厂式的学校建筑和学习空间、学科割裂的课程设置、整齐划一和标准化的教学与学习等传统守旧的教育模式。未来的学校要更加注重对学生多元文化理解、社会交往、信息获取与加工、学习思辨等核心素养与能力的培养。未来的学校与各类社会机构的联系与合作将更加紧密，转化利用一切可能的社会资源为学校教育赋能。学校建筑和学习空间将变得更加自然、生态、灵活、开放、智慧，以满足不同个体的学习需求。新技术在教育教学中得到广泛深入融合应用，使教学更有针对性，学习更加个性化等。

世界多国积极采取行动探索未来学校的变革方向与路径，如政府、高校、企业、基金会、中小学等多元主体共同开展项目研究，探索创设基于信息技术的21世纪新学习环境，建立打破时空和人员限制的学习生态系统等。20世纪上半叶盛行于美国的进步主义教育运动代表、著名教育家杜威曾言："根本的问题并不在于新教育和旧教育的对比，也不在于进步教育和传统教育的对立，而在于究竟什么东西才有资格配得上教育这一名称。……根本的问题在于教育本身的性质，而不在于给它加上什么修饰的形容词。我们所缺少的而又是必需的教育，是纯粹的和简单的教育。"[①]在杜威关于新旧教育对比思想的指引下，我们进一步审视世界范围内的未来学校理念与实践，有助于我们对当下学校及教育更好地反思与改进。

一、未来学校理念与实践的国际图景

（一）国际上未来学校理念与实践的初步探索

世界各国对于未来学校的探索与实践起始于美国、俄罗斯、新加坡、欧盟等国家与地区。这些未来学校项目以21世纪技能的培养为目标，以现代教育信息技术手段为支撑，通过开展个性化的学习与教学活动，培养能够适应未来社会发展的人才。

美国创建了世界上第一所以"未来学校"命名的学校。该校2003年筹建，2006年建成，是全球第一所将创新教学方法和当今最先进的技术融合在一起的学校。在这所学校里，学习者借助网络和现代移动终端设备，打破常规时间和空间限制随时随地开展学习；学习内容上侧重与生活实践密切相关的主题，将学习与现实生活相结合，注重培养学习者分析与解决问题的能力；在培养模式上，以21世纪技能为核心，通过个性化的学习计划让学习者自我管理学习过程，学校为学习者提供一对一的教育服务。[②]

① 约翰·杜威. 我们怎样思维·经验与教育[M]. 姜文闵，译. 北京：人民教育出版社，2005：298.

② 冯大鸣. 21世纪先锋学校的创新及预示——对美国费城"未来学校"的考察与评析[J]. 全球教育展望，2007(6)：67-71.

2006年,新加坡资讯发展管理局与新加坡教育部联合发起了为期十年的“智慧国2015”项目。该项目在教育方面的具体规划体现为“未来学校”计划,旨在鼓励学校充分利用高科技信息通信技术手段,丰富学校教学和学习的内涵并扩大外延,为学生提供优质高效的学习体验,提升学习的成效,不断提高学生的技能,以应对未来的挑战。2007年,新加坡教育部选出首批5所“未来学校”开始试点实施,随后逐步挑选其他学校,最终完成在2015年拥有15所“未来学校”的计划。这些学校作为教育在信息技术应用、课程和教学等方面的创新示范窗口,纷纷对未来教育模式展开了各具特色的实践探索,以满足不同学习者的个性化学习需求。①

欧洲学校联盟2012年1月在布鲁塞尔成立了“未来教室实验室”创新项目。该项目是为了支持教与学的方式变革,呈现可以如何重新构建传统的教室和其他学习空间。其主要功能包括:为欧盟27个国家教育部部长的信息技术决策者提供决策依据;展示未来教室教与学的技术和方法;提供培训、教师持续专业发展课程等。未来教室实验室由互动区、展示区、探究区、创造区、交流区、发展区等六个区域组成。

此外,芬兰FINNABLE 2020项目由芬兰科技部、地方政府、相关基金会和企业组织资助设立。该项目旨在促进建立能够打破传统时间、地点和人员限制的创新性学习生态系统,在芬兰国内及国际范围内推动更具合作性的、基于信息通信技术(ICT)的21世纪新学习环境的研究和创设工作。项目组织方通过与研究者、实践者、公司企业及社会公共部门开展广泛合作,提升学校教育人员的专业能力,从而使他们更好地将学生培养成为积极主动的、善于沟通合作的、具备科技素养的、具有终身学习能力的21世纪的合格公民。

① 王冬梅.新加坡“未来学校”的实践探索及其对我国的启示[J].外国教育研究,2012,39(4):38-45.

（二）国际组织对未来学校理念的呼吁与诠释

1. 世界经济论坛——《未来学校：为第四次工业革命定义新的教育模式》白皮书

2020年世界经济论坛（World Economic Forum）发布了有关未来学校的重磅成果——《未来学校：为第四次工业革命定义新的教育模式》（*Schools of the Future: Defining New Models of Education for the Fourth Industrial Revolution*）白皮书，旨在提出为第四次工业革命提供需求支撑的创新型学校教育模式。

该白皮书提出，第四次工业革命需有与之相适应的未来学校教育模式。然而现在，无论是在发达国家还是在发展中国家，许多教育体系仍然采取与第一次和第二次工业革命相适应的教育模式，以直接教学为主，被动学习的记忆模式仍然占主导地位，而不是提倡批判性思维和个人思维的互动方式，这正是当今创新驱动型经济所需要的。如果不能就新经济和社会中教育的规范前景达成协商一致的意见，中小学教育内容和方法等方面的根本革新仍然是有限的。

尽管许多学校都在努力向教育4.0转型，但系统层面的变革将需要教育部门、教育工作者和私营部门领导人之间更密切地合作，以加大这些努力，创建全人教育系统。激活教育4.0需要各方在定义和评估未来技能、为领导这一转变做好准备、加强学校和学校系统之间的连通性等方面进一步加强协调。

为此，世界经济论坛的"塑造新经济和社会未来平台"邀请教育部部长、教育首席执行官和其他利益攸关方加入论坛平台，确定和实施全面行动议程，以助推教育4.0成为现实。在广泛咨询的基础上，该白皮书提出了教育4.0的全球框架，主要包括育人目标和学习方式两个维度的八大未来转向。

该白皮书倡议世界不同的国家通过实施新的国家教育政策，将育人目标和学习方式的八大未来转向纳入公共教育系统的主流变革中。通过提高教师技能及促进参与学校和教育系统之间持续的全球最佳实践交流，以及建立评估机制等多种手段，保障学校教育未来转向目标的实现。

具体而言，世界经济论坛在白皮书中提出的教育4.0全球框架所包括的育人目标和学习方式的八大未来转向如下：

（1）未来学校教育旨在培养全球公民技能

儿童必须具备适应新环境、保持社会凝聚力、促进可持续发展和成为积极变革的推动者的技能。培养一个更有凝聚力的世界的未来公民，需要学校系统将重点放在帮助儿童形成对更广阔的世界的普遍认识，理解全球问题的相互联系，以及他们在全球社会中发挥积极作用的责任。

（2）未来学校教育旨在培养创新创造能力

创新、灵活性和适应变化已成为第四次工业革命中增长和价值创造的关键驱动力。在不断变化的经济环境中，能够迅速产生和采用新思想、新工艺和新产品的国家将具有竞争优势。然而，一个经济体形成有效创新生态系统的能力在很大程度上取决于其人力资本。为了有效地为未来的经济做出贡献，儿童必须培养产生新想法的必要技能，并将这些概念转化为可行和可采用的解决方案、产品和系统。

（3）未来学校教育旨在培养技术能力

随着技术的采用继续影响业务增长，技术设计和编程是未来几年需求量很大的两项关键技能。与此同时，研究表明，大多数经济体的公共政策框架未能跟上创新水平提升的步伐。因此，至关重要的是，除了掌握技术设计和开发的硬技能，孩子们还应该理解数字责任的原则。这些技能的结合将帮助他们制定未来的政策和实践，使技术成为增长的积极驱动力。例如，在英国，99%的教师认为这项技能应该成为学校课程的一部分。

（4）未来学校教育旨在培养人际交往能力

随着技术不断将日常工作自动化，以人为中心的技能将在工作场所提供比机器更明显的优势。事实上，雇主们认为领导力、社会影响力和情商是未来对人际交往能力的高要求。培养这些技能可以帮助孩子与他人建立健康的关系,并考虑不同的观点,这可以补充和增强未来的其他技能。研究表明,在早期发展这些非认知技能也可以对个人在就业之外的长期结果产生持久的积极影响,包括更高的工资、更好的身体素质和更少的参与犯罪的机会。

(5)个性化和自我节奏学习

今天的孩子成长在一个充满选择和个性化体验的世界里,而这一切都是由科技带来的。向更个性化、更灵活的模式转变,不仅可以帮助学校更密切地反映出校外的工作和生活现实,而且也证明了学生的成绩会更好。一项研究表明,采用个性化的学习方法——包括设计个人的学习旅程、基于技能掌握的有助于进步和灵活的学习环境——在两年的学习过程中对学生的数学和阅读成绩有显著的积极影响。

(6)无障碍和包容性学习

尽管近几十年来公共教育大规模扩张,但世界各地的许多儿童仍无法学习。事实上,目前全世界仍有约2亿小学和中学适龄儿童失学,一些人经历了物理障碍,包括冲突和缺乏基本的基础设施。在世界一些地区,私立教育已经成为表现不佳的公共教育系统的另一种选择,为高质量的学习制造了新的经济障碍。随着教育继续成为社会流动性和福祉的关键驱动因素,学习系统必须转向更容易获得、更具包容性的方法,以确保每个人都能获得机会。如果不进行这种转变,目前的趋势可能会进一步加剧不平等。

(7)基于问题的学习和协作学习

在许多情况下,可能有多个解决方案和设计来解决相同的问题。这种创新很少能通过孤立的思考实现,需要孩子们一起努力探索实体、数字或混合解决方案。为了培养这种思维,教育系统需要从基于过程的学习方式转变为基于问题的学习方式。研究表明,这种方法提高了学生解决问题的技能,也丰富了他们对学习环境的感知。它能让孩子们感受到学习的自主权,并在课堂上形成更强的集体意识。

(8)终身学习和以学生为导向的学习

必须建立一个新的体系,让人们能够终身学习,以应对未来的失业危机(下岗)。要实现这一愿景,必须从小就培养孩子们热爱学习的精神。专家长期以来一直倡导以学生为中心的方法,强调孩子天生就有好奇心,而学生的选择有助于激发这种自然的好奇心,选择可以被整合到基于项目的学习方法中,为学生提供项目的多种选择,并允许他们选择自己的策略来找到解决方案。终身热爱学习也需要转变为一种为了学习而学习的学习体系,而不是为了特定的奖励或通过标准化测试。

2.联合国教科文组织——两份报告阐释未来教育理念

一份报告是《反思教育:向"全球共同利益"的理念转变?》[①]。该报告解释了人类和社会可持续发展的概念,重申了人文立场,并指出移动互联网和数字技术的快速发展,以及公共教育机会的开放和各种形式的私人教育的发展,正在改变社会、公民和政治参与的模式。随着工人和学习者越来越多地在不同的国家之间流动,不断变化的工作和学习空间凸显了重新思考如何认可和评估学习的必要性。可以看出,当今世界的教育模式正在发生着巨大的变化,包括学习内容、学习方法和学习空间。现有的知识来源更多,获取的障碍更低,从而增加了学习机会。这种学习结构可能比较松散,但更新颖,影响了课堂、教学方法、教师权威和学习过程。从规模上看,当前学习模式的变化可与19世纪传统的工业前教育模式向工厂模式的历史性转变相媲美。

正式的教育体系变化缓慢,并在很大程度上保持了200多年来的状态。教育的重要性并没有减弱。学校教育是走向制度化学习和家庭之外的社会化的第一步。这是社会学习的一个重要组成部分——学习行为举止和共同生活。

但当今世界教育格局的变化,促进了人们对正规教育机构之外学习的重要性和相关性的认识,当前的趋势是从传统教育向混合、多样化和复杂的学

① 联合国教科文组织.反思教育:向"全球共同利益"的理念转变?[M].联合国教科文组织总部中文科,译.北京:教育科学出版社,2017:63-69.

习格局转变。因此，需要采用更灵活、更综合的学习方法，使学校和正规机构能够更密切地与其他非正规教育经验相互作用，从幼儿园开始，一直到终身。

移动学习可以实现随时随地的学习。因此，学习变得更加非正式、个性化和无处不在。移动学习已经受到各级教育的关注，它将正式教育和非正式教育联系起来。廉价的移动学习设备有潜力增加基础教育的可及性和有效性。

另一份报告是《一起重新构想我们的未来——为教育打造新的社会契约》。该报告提出了一个核心问题：展望2050年及以后，教育在塑造我们共同拥有的世界和我们共同拥有的未来方面能发挥什么作用？这就要求人类开展合作，改造教育，创造一个和平、公正和可持续的未来。①

报告认为，新的社会契约必须以两项基本原则为指导："确保终身享有优质教育的权利"和"强化教育的公益属性和坚持教育为公众服务"。新的教育社会契约应该允许我们以不同的方式思考学习以及学生、教师、知识和世界之间的关系。从这个角度出发，对教育改革提出以下几点建议：教学应该围绕合作、协作和团结的原则组织起来，它应该发展学生的智力、社会和道德能力，在同理心和同情心的基础上共同努力改变世界。教学评价应反映促进所有学生有效成长和有意义学习的教学目标。课程设置应该强调生态学习、跨文化学习和跨学科学习，帮助学生获取和创造知识，培养学生批判和应用知识的能力。学校的使命是支持包容、公平和个人与集体健康。应重新设计学校，以鼓励和促进个人合作，重新设计建筑、空间、学校时间表重组学生群体。应增加不同文化和社会群体的终身教育机会，并整合各种自然、人工和虚拟学习场所，以挖掘每个地方的最佳潜力。

3.OECD发布报告描述未来学校四种图景

2020年9月，经合组织（OECD）发布《回到教育的未来：经合组织关于学校教育的四种图景》（*Back to the Future of Education: Four OECD Scenarios for Schooling*）报告。该报告将未来20年的学校教育描述为四种情境：学校教育

① 林可，王默，杨亚雯. 教育何以建构一种新的社会契约？——联合国教科文组织《一起重新构想我们的未来》报告述评[J]. 开放教育研究，2022，28(1)：4-16.

扩张(Schooling Extended)、教育外包(Education Outsourced)、学校作为学习中心(Schools as Learning Hubs)和无边界学习(Learn-As-You-Go)。

学校教育扩张指的是接受正规教育的人数持续增加。国际合作和技术进步支持个性化学习,但学校教育仍然存在。例如,通过广泛的非正式学习可以获得另一种文凭,从而找到更好的工作。这一愿景背后的一个重要推动力是对教育研究和发展的投资。虚拟现实、增强现实、区块链、人工智能等新兴技术的快速发展,将为教育注入新的活力。

教育外包是指传统的学校教育体系在社会力量直接参与公民教育的情况下逐渐崩塌。数字技术是主要驱动力,人们在更加多样化和灵活的安排下学习。在这一愿景下,各种形式的私人和社区教育成为学校教育之外的一种选择。高度灵活的工作安排使家长能够更多地参与子女的教育,家庭教育、家教、在线学习和基于社区的混合教学等教学形式正在兴起。随着教育外包的不断深入,“教育市场”供应商激增,各种教育证书和教育质量指标层出不穷。

学校作为学习中心,意味着学校仍然存在。但多样化的学习和教育实验将成为常态。拆除学校“围墙”,连接学校和社区,将有助于优化学习方式,促进公民参与社会创新。这一愿景保留了学校教育的大部分功能:学习,安排时间,促进学生的认知、社交和情感发展。劳动力市场上更加复杂和多样化的能力认可形式,使学校教育摆脱了外在的过度压力,并可能扭转目前个人学校教育延长的趋势。学校教育的特点是融合,基于实验和多元文化,并在协作工作、自我评估和同伴问责制的整体框架内增加了个性化的学习方法。教与学组织是灵活和不断变化的,学习资源得到认可和重视,正式和非正式学习之间的界限模糊,学校活动是在更广泛的教育背景下规划和设计的,形成灵活的教学组织结构,以适应数字信息系统支持的混合学习活动。因此,学校成为一个更广泛、动态发展的地方教育生态系统的中心。

无边界学习是指当社会完全依赖于技术时,正式学习和非正式学习之间的区别变得更加模糊。这一愿景基于人工智能、虚拟现实、增强现实和物联网等新兴智能技术的快速发展。数字基础设施和以数据为基础的教育连接已经彻底改变了人们对教育和学习的看法。数字智能技术使人们能够及时和深入地评估和认证他们的知识、技能和态度,消除了第三方如教育机构作为中介的需要。在这幅图景中,免费学习的机会无处不在,这标志着现有课程结构的衰退和学校系统的最终崩塌。

二、未来学校发展实践:典型国家与主要项目

(一)着眼于未来能力培养的学校创新项目

1.孕育全球公民技能:印度尼西亚绿色学校

绿色学校于2008年在印度尼西亚巴厘岛成立,致力于促进可持续发展和塑造未来绿色领袖的教育。目前,该校有800多名3—18岁的学生,并计划在2021年前将办学地点扩展到新西兰、南非和墨西哥。

绿色学校的学生通过全球公民身份和可持续发展的视角将学习应用到现实世界,并真正利用自然世界来挖掘他们的好奇心、同理心和创造性思维技能。学校的物理空间支持批判性思维、创造力和企业家精神养成。学习在一个完全自然和可持续的环境中进行,包括无墙的教室和完全由竹子建造的结构。由绿色学校学生设计的以食用油为燃料的生物巴士(BioBus)每年可减少4吨以上的碳排放,用于接送学生上下学。校园里有一个创新中心——一个由木工设备、3D打印机和激光雕刻器组成的创客空间。还有一个项目中心,学生们在这里展示将在课堂上使用的项目创意。

所有的学习都与现实世界的应用直接相关。例如,在中学,学生们在阿英河上架起了一座实用的电缆和竹桥,作为数学课的一部分。该项目完全由学生主导,包括设计、成本估算和施工过程。在高中阶段,绿色学校的学生与科隆大学的学生合作,为学校设计和建造一个新的、可持续的太阳能和水力发电系统。他们还创办了自己的时装公司,该公司将销售收入的一部分捐赠给印度和印尼的儿童购买校服。

2. 发展人际交往能力:芬兰南塔皮奥拉高中(South Tapiola High School)

芬兰的教育系统被认为是世界上最好的教育系统之一,南塔皮奥拉高中被评为该国最好的学校之一。它成立于1958年,目前为500多名学生提供服务,将芬兰国家课程与通过创业、积极的公民身份和社会意识进行协作的独特之处重点结合在一起。

南塔皮奥拉高中提供的课程,侧重于通过现实世界的应用来发展协作和人际交往技能。例如,在该校的“青年创业项目”(Young Entrepreneurship Programme)中,学生们全年都以小组形式工作,设计和创建自己的企业。这些学生团体继续参加全国竞赛,与其他学生企业家竞争。2016年,由纽约学生设计的“我是蓝色的”公司用芬兰蓝莓生产蓝莓汽水,在由芬兰青年成就组织主办的青年企业家竞赛中获得了高中和职业学校级别的最佳公司奖。该公司的学生创始人随后代表芬兰参加了在瑞士举行的“年度最佳公司”竞赛。

自2006年以来,该校每年通过学生和家长牵头的筹款活动,为40名尼泊尔学生提供教育支持。组织学生到尼泊尔参观学校,进行文化交流。该学校的欧洲议会青年项目还安排不同背景的学生一同参加国家和地区会议,讨论欧盟当前面临的挑战,为学习公民义务提供实践经验。这些经验让学生将所学知识、技能应用到现实世界,并与许多不同背景的学生互动和合作。

这所学校与包括戴尔、惠普和微软在内的几家私营公司合作,帮助提供课程。这种伙伴关系的重点是将技术以一种量身定制的方式整合到课程中,以满足学生的需求。学生们还就如何改进产品向公司提供反馈意见。

(二)探索学习方式变革的学校创新项目

1. 印度的普拉塔姆(Pratham)混合学习计划——授权地方社区支持以学生为中心的学习

Pratham成立于1995年,是印度最大的非政府组织之一,致力于通过支持学校工作来提高印度的教育质量。2015年,Pratham启动了数字计划——

混合学习计划，采用社区驱动的方法，服务于印度约1000个村庄的9万多名10至14岁的儿童。

Pratham的混合学习项目在两个基本假设下运作：(1)教育一个孩子需要一个村庄；(2)孩子天生就有学习的倾向。这两个前提是混合学习计划的设计基础。通过提高对村庄教育状况的认识，并培育社区成员开展学习干预的主人翁意识，Pratham与每个村庄合作，为儿童创造更加理想的物理学习环境。该项目不仅为村庄里的学习环境提供数字基础设施，还为儿童提供由社区志愿者协助开发的学习内容，以及基于游戏的学习方法。

项目运行不依赖专门的教师，而是充分调动孩子天生的学习好奇心，完全由学生小组主导活动，并让一些志愿者来监督和促进孩子们的学习活动。孩子们分别组建5—6人的小组，选择他们想要合作的项目，并在观众面前现场展示他们所学到的东西。孩子们学习的重点领域包括健康、艺术、财经素养和创业能力。此外，Pratham混合学习计划项目还通过在线应用程序，为孩子们提供学习内容。总的来说，该项目提供的学习资源，包括70多个基于角色扮演的英语课程、基于数学的在线游戏以及需要在线下实施的项目创意。

2.深泉学院(Deep Springs College)

深泉学院成立于1917年，位于美国加利福尼亚州的死亡谷。每年有13名男生入学，为期两年。学费和生活费全免。在荒无人烟的沙漠深处，学生在放牛的同时接受高强度的学术训练，学校的所有管理(包括教授的聘用、校长的任命权和撤换权)也由学生投票决定。它的录取率比哈佛低，更难被录取，更有选择性。这所特立独行的牛仔大学是许多天才学生的乌托邦，也是美国高等教育实验成功的典范。两年后，大多数毕业生转到哈佛大学、耶鲁大学、康奈尔大学和其他常春藤联盟学校继续他们的大三生活。创始人卢修斯·纳恩(Lucien Lucious Nunn)认为，物质世界充满了罪恶，一个真正伟大的人应该倾听“沙漠的声音”。他制订了至今仍对学校产生影响的校训：劳动、学术和自治。深泉学院一学年有6个学期，每学期约7—8周，其间有1—2周的假期。每学期需要完成2—3门课程，课程强度和旅行时间都远远超过普通大学。教师与学生的比例约为1:5，一名教授教几个学生上一门课，甚至是一对一。每个学生平均每周完成30小时的学习。[①]

(三)推动课程融合化发展与创新的学校实践探索

1.芬兰“现象教学”改革

“现象教学”是芬兰新课改首创的新概念。所谓“现象教学”，即事先确定一些主题，然后围绕特定的主题，将相近的学科知识重新编排形成学科融合式的课程模块，并以这样的课程模块为载体实现跨学科教学。这些主题可以是“欧盟”“社区和环境变化”“芬兰100年独立发展史”等。如基于“欧盟”这一主题所编排的课程模块，将同时涉及地理、历史、社会文化、语言、政治和经济制度等跨学科的知识。

但芬兰新课改提出“现象教学”，并非将传统学科打破，诸如数学、历史、美术、音乐等科目仍照常开设，将要融合的主要是语言、地理、科学和经济等科目。依照国家课程规定，“现象教学”的具体开展，一般是从小学到初中每个年级，在保留传统学科教学的基础上，同时在学年之中专门安排一个或多个学习阶段，每个学习阶段一般为几个周，在特定的学习阶段内集中开展学科融合式的“现象教学”，至于在每学年中具体安排几个这样的学习阶段，由各地各学校自主决定。而且，并非所有学校必须要采取上面的做法，有的学校也可以适当设计和开展一些跨学科的小项目，相对保守地开展“现象教学”。[②]

2.葡萄牙小学引入编程课程

这个项目的目的是使葡萄牙圣安东尼奥学校(Vila Real de Santo António)7—10岁的学生学习计算机编程的概念，应用于非计算机相关活动和他们学校的课程，如数学、葡萄牙、科学、历史。

编程除了能培养学生在计算机科学方面的创造力外，还能促进对计算机不同用途的更广泛的认识，并有助于计算思维的发展。学生们认为新技

① 陈乐.美国深泉学院的“参与式”教育及其启示[J].高等教育研究学报，2017，40(3)：70-78.

② 康建朝，李栋.芬兰基础教育课改什么样儿[N].中国教育报，2016-04-11(5).

术既是实现目标的手段，也是帮助他们更快、更有效地完成任务的工具。

该项目分为两个主要阶段：在第一阶段，介绍编程的概念。通过游戏和活动进行，尽量不使用电脑系统。偶尔也会使用电脑，但只是作为活动的补充。在第二阶段，使用计算机系统，让孩子们开展涉及他们学校课程中的概念的编程游戏。编程项目关注学生感兴趣的主题，使用Code.org、Scratch和Kodu等资源。这些活动由一名信息和通信技术教师与班主任合作介绍、解释和监测。活动应适合学生的日常学习，并与他们的教育水平相匹配。课程在不同的地点进行，包括普通教室、电脑室、教室外或其他适合该活动的地方。鼓励学生积极参与活动，提出建议，甚至制订活动规则。粉笔、桌子或椅子等材料被用作明确程序员必须克服的障碍的活动元素，或者作为一个行动的目标，在这个活动中，学生自己就是程序员和计算机。

3.匈牙利的“主题周”教育活动

匈牙利坚持开展年度性的“主题周”项目活动，旨在提升学生及公众的21世纪技能，并引导师生和公众对一些教育热点议题予以关注与讨论，譬如数字技能培养的相关议题。“主题周”项目活动尝试提供更加有趣和好玩的方式，让学生获得在日常生活中能够应用的技能，并鼓励教师探索新的教学方法。

匈牙利人力资源部负责每年发起教育“主题周”活动，而且通常在春季举办。活动主题一般与国家课程标准重点关注的问题相关，同时也是国家公共教育政策领域关注的重点内容。截至2018年春季，金融与经济主题周举办了四届，可持续发展主题周和数字化主题周分别举办了三届。教育机构可以邀请志愿者为其参与主题周活动提供相应支持，与此同时“主题周”活动的组织协调人员也会邀请合适的专业人员，加强学校与当地社区和民间机构的相互协作。

2017年，1100多所学校的16.6万名学生参加了金融与经济主题周活动。教育者可从金融与经济两类项目活动中择其一参加，项目管理人员为其提供1—3小时的课程计划和学习材料，具体内容因学生的年龄组不同有所差异。主题周每年关注的话题都不一样，如2018年金融与经济主题周活动重点关注的话题为“智慧贷款”和“商业创意与合作”。2017年的可持续发展主题周活动，共有1900余所学校的35万名学生参加。主办者为参与主题周活动的三个不同年龄组的学生分别提供差异化的课程计划和活动策划。除了主办者提供的课程和活动，学校教师也可以自主开发与实施项目活动，并会获得相应的课程与教材支持。参与活动的过程中，学校也有机会与当地非政府组织和专业人员开展合作。2017年的数字化主题周活动，共有1037所学校参与，教师们获得了项目资源包和教学材料的支持。数字化主题周活动的目标在于，促进所有科目教学广泛使用信息技术，并提升师生的数字技能。在整个学年中，数字化主题周的主办人员组织相应的工作坊和网络研讨会来支持教师发展数字技能。而且，参与活动的学生小组有机会参加由合作伙伴提供的活动和讲习班，譬如有关编程和编码的讲习班等。

总而言之，匈牙利教育“主题周”活动，旨在发展、连接和传播教育创新实践。活动举办者通过开发聚焦于某一主题的课程内容与学习材料，并提供正式和非正式的学习机会，让学生和教师相应的素养与能力获得融合发展。

（四）改进学习环境与空间的未来学校实践

1.瑞典的Vittra Telefonplan学校

如何创建一所没有任何墙壁的学校？瑞典自由学校组织维特拉（Vittra）的30所学校没有传统的教室，Telefonplan是其中一所学校。维特拉组织所构建的学校，用“水吧”“展示台”“洞穴”“营地”“实验室”等代替传统的教室，并根据学生的能力水平创造不同类型的学习和教学环境。Telefonplan学校将传统的教室换成了开放的空间，以此来发展孩子们的协作和互动能力。学校整个环境是敞开的，学生可以自由活动。这所独特的学校充满了五颜六色的家具和多样化的学习区，甚至还有一个小型电影院用于演示。整个环境看起来像是一个现代化的图书馆或者游乐体验区。维特拉组织的学校不信奉常规的课堂活动，其愿景和理念是为每个学生创造适合他们自身的个性化成长环境，富有活力的学习文化和具有挑战性的学习环境才是他们认为最重要的。

在Telefonplan学校里，孩子们学习的姿态是自由多样的，可以坐着，也可以选择躺着或站着，而且笔记本电脑是他们在日常学习中最重要的工具。学校鼓励他们利用网络随时随地开展学习，在学习过程中可以和同伴共同合作，也能随时得到教师的帮助。学校的所有学习空间重视人性化设计，更具亲和力，提供给学生全新的浸入式体验，帮助他们开展个性化的深层次学习。Telefonplan学校创新学习空间设计的相关经验和实际的应用效果形成了专门的手册，为维特拉组织其他学校的空间设计提供了值得借鉴的样例。

2.芬兰的桑纳拉赫蒂学校Saunalahti School

桑纳拉赫蒂学校的空间设计，充分体现了前瞻性的学习理念。学校在教育教学中特别注重学习方式创新，并重视开展艺术、体育和合作教育。学校建筑和空间设计提供相应的配套条件，支持多样化的创新学习活动开展。该校认为从做中学可以提高学习效果，而艺术和体育有助于促进学生学习和健康成长。

桑纳拉赫蒂学校还有支持学生“逃离教室”的空间，因为有些学生不喜欢传统的教室，而学校的每一寸空间都是潜在的学习场所。学校认为，任何栅栏或障碍物都可能让孩子产生逆反心理，因此，学校整体空间设计是开放的，孩子们可以自由走动。开放空间经过精心设计，形成一个有机的整体。除了一至九年级的常规学校教育，桑纳拉赫蒂学校还设有日托中心、幼儿园、提供休闲活动的青少年之家，以及综合了社区图书馆和学校图书馆功能于一身的小型图书馆。在晚上和周末，不同的运营主体组织开展相应的俱乐部和活动，将不同的用户群体聚集在一起。学校的体操场馆等具有公共性质，周边居民也可以使用学校的体育设施和操场。学校建筑因为能够开展多样化的服务活动，成为周边家庭集会开展活动的场所。

严格意义上而言，桑纳拉赫蒂学校是一个集教育和文化功能于一身的场所，而非仅仅是一所承载教育功能的学校。到了晚上，现代化的学校成为整个社区的活动中心，居民可以使用学校的手工作坊，教学楼几乎全天候最大限度得到利用。学校的大窗户朝向街道，尽可能利用自然光。建筑物内部的装饰全部采用天然材料，营造出温馨舒适的氛围。每个班级都有一个不同颜色的走廊，孩子们也不会迷路。

3.意大利新一代学校的"1+4"学习空间

意大利"1+4"学习空间创新项目，旨在研究和传播新的文化理念，以此引领意大利现有的和将来待建的学校设计创新性的教育和学习空间。该项目由意大利国家文献、创新和教育研究所(INDIRE)发起，项目手册和相关材料，从历史到未来变迁的视角，阐述了学习环境与空间的演化过程。该项目从文化视角出发，为学校创新学习空间提供了一个长期框架，旨在改变学习空间形态和提升已有空间的利用率，并促进学校建筑设计人员与地方行政部门之间的密切协作。值得关注的是，该项目倡导利用ICT技术驱动的网络学习空间，来取代传统的基于课桌的教室空间。该项目也积极倡导不同类型的个性化主动学习，而有效学习的实现也需要个性化学习空间和场景的支持。项目管理者秉持这样的理念：当人们在家学习和工作时，很少会在桌前和椅子上坐上几个小时，而是尽量让自己处于更舒适、更高效的状态。既然在家学习是这样的，那学校为什么还要继续提供传统的、无效的课堂环境呢？

(五)探索学校与社区等多元主体协作互通

1.芬兰Innokas Network项目

芬兰"Innokas Network"项目鼓励教师、学校和民众用创新的方式应用技术，该项目提出了"创新学校"(ISC，Innovative School)模式，该模式强调增强学生的学习能力，打造创新学习环境，提升教师的专业能力、领导力，改进学校与校外机构(如博物馆、图书馆、企业等)的合作关系。ISC模式也对教师、学生、校长、家长在教育创新方面提出挑战。

Innokas Network项目之所以提出ISC模式，原因在于旨在培养学生21世纪技能的教育教学改革，很多时候面临ICT技术瓶颈和挑战，如设施设备不足、教师畏难情绪、技术的实用性与适用性存在不足(譬如如何兼顾个性化学习与较大的群组学习)等。项目组发现,技术无法解决的问题,通过组织管理创新却能实现,如学校教师团队面临ICT技术设备不足以支撑其教学创新时,通过以年级为单位开展“团队化教学”,克服了技术困难。因此,项目组意识到,为了更好地开展组织管理创新,有必要从更全面的视角审视学校的工作运转,由此提出了ISC模式。

ISC模式强调所有利益相关者在学校发展中的参与,通过小组教学、学校领导支持、知识分享架构的组建,以及与校外家长等合作,促进教育创新。ISC模式倡导责任共担、赋能教师和学生。学校领导者的态度对教育创新环境营造很重要,为校内教育创新的实际开展提供了现实路径。

ISC模式的难点在于,真正突破组织界限,让学校、家长、社区、大学、企业等不同利益主体在参与项目过程中共同受益,而且要彼此尊重,使每个主体都有真正的活动规划及项目开展方向上的发言权。

2.丹麦示范学校项目

该项目通过丹麦3所大学、7所大学学院、28所小学和初中以及500多名教师的合作,研究了课堂内外的技术如何促进学生的参与和学习,得出了重要的结论:IT的使用有可能重新分配课堂时间;IT的使用可以促进和加速创新教学;学生可以使用信息技术完成基本任务和解决问题;与较少使用IT的学生相比,他们在一些21世纪的技能上得分更高。这些发现和其他许多发现表明,在课堂上使用信息和通信技术的重要性及其作为创新教学加速器的好处。

这个项目着眼于学生的学习过程,旨在为教师提供工具和激励范例,帮助他们在课堂上使用IT。该项目让参与者在创新教学方法、时间管理和21世纪技能的使用方面获得了第一手经验。

在整个项目过程中,参与者学习了如何将计算机教学和学习实践纳入他们的课程中;如何分配时间进行以信息技术为基础的活动,根据数字化技术支持的学习目标与其他教师协作制订课程计划,以及采用多种教学方法促进创新实践。在实施合作学习和基于计算机的教学实践时,对教师和学生角色转变的影响和好处进行了探索。

3.欧洲跨国STEM联盟项目

STEM联盟将工业领域、教育领域和教育利益相关方聚集在一起,旨在促进欧洲年轻人的科学、技术、工程和数学教育和职业发展,并解决欧盟内部预期的未来技能短缺问题。

实施该项目,是因为STEM技术工人的严重短缺将危及欧洲经济。这会影响到所有的工业部门,减缓了创新的步伐,反过来又对相关行业的就业和生产率产生不利影响。因此,各级STEM专业人才的短缺削弱了欧洲在全球竞争的能力。

考虑到这一点,工业界和教育部同意共同努力,改善欧洲STEM教育的状况。在欧洲学校联盟和欧洲社会责任联盟的协调下,在主要行业和私人合作伙伴的支持下,STEM联盟促进所有工业部门的STEM教育开展,并为建设具有STEM技能的劳动力做出贡献。STEM联盟携手改善和促进现有的工业—教育STEM倡议(在国家、欧洲和全球层面),并为各级教育的STEM教学创新做出贡献。

改善和推广STEM教育工作主要通过以下三项行动来完成:鼓励专业人士重返校园;推进教师探索安置计划;通过各种活动提供培训和资源,包括组织活动,如STEM探索周和“STEM Ahead”竞赛活动等。

三、国际未来学校发展实践的特征与启示

1.未来学校创新发展的根本目的在于培养未来合格公民

未来教育和未来学校发展的核心目标在于培养未来公民所需要具备的能力。学生需要在知识、技能、价值观共同发展的基础上形成综合能力,以更好地应对不断变革的社会所带来的越来越多样化的挑战。对于未来公民应具备哪些综合能力,世界上不同国家的政府与学者都积极探索并讨论,芬兰国家教育委员会认为,芬兰的未来公民应具备五大方面的综合能力,如图所示。

思考能力
- 问题解决，推理，辩论和结论提炼能力
- 批判、分析和系统思维
- 创新思维

动手与表达能力
- 身体协调性
- 表达技巧与勇气
- 规划与产出能力
- 实验操作能力与想象能力

工作与交往能力
- 获取、管理与运用知识的能力
- 交流、合作与协商能力
- 开展独立、长期工作的能力
- 时间管理与灵活安排能力
- 创业和应对外界变化的能力
- 信息通信技术应用能力

自我掌控意识与责任意识
- 自我认知与反思
- 个人健康与安全意识
- 道德、责任与集体意识
- 良好行为与情绪

参与与动员能力
- 对社会和集体的认识能力
- 动员和管理能力
- 对不同观点的接受能力
- 媒体素养
- 未来规划能力

图1　芬兰合格公民所应具备的能力

2.未来学校注重利用新技术重构学校形态

随着互联网技术、云计算和人工智能技术的快速发展，以及各种智能移动终端的迅速普及，人们的学习、生活、工作方式发生了重大变革。在技术促进学习及学习方式变革的过程中，一个重要命题越来越引起研究者的关注，即学习空间，它已然成为教育领域中的一个重要研究议题。[①]美国新媒体联盟历年发布的《地平线报告》，堪称全世界探索新技术发展趋势与教育应用的权威报告，其“高等教育版”更是旨在考察新兴技术对高等教育产生的潜在影响。该报告2015—2017年连续三年认为，学习空间的重构和重新设计，成为可能影响高等教育变革的关键趋势之一。[②]

① 塔卫刚，张际平．我国学习空间研究的进展与前瞻——兼论“人工智能+教育”视域下学习空间未来发展[J]．远程教育杂志，2018(6)：31-40.

② [美]NMC地平线项目，龚志武，吴迪，陈阳键，等．新媒体联盟2015地平线报告高等教育版[J]．现代远程教育研究，2015(2)：3-22+42.

信息通信技术正以前所未有的变革深刻地影响学校教育体系，对教育的理念、模式和走向都产生了“革命性”影响。云平台、大数据、物联网、虚拟现实、自媒体、移动学习等众多创新理念和技术，不仅改变了教育的传播媒介，而且颠覆了我们所熟悉的传统教育。毋庸置疑，信息通信技术为更高品质、更为经济高效的未来学习空间提供了无限可能。当前及未来社会，教育所处的互联网大环境已经形成并将继续深入发展。手机、平板电脑等移动终端设备已广泛使用，无线网络发展迅速；云技术可以使大量数据存储在云端供随时下载使用；人们可以借助互联网收集教育领域的大数据进行深入分析和加工；机器学习可以重复所有机械化的行为；等等。

未来的学习空间将是一个“软”“硬”兼备的生态系统。在未来学习空间的建设中，尤其是在信息通信技术环境下，学校管理者应通过环境舒适、装备先进、操控便利、互动实时的硬环境建设，以及教学资源、教学模式、人性化管理创新等软环境建设，构筑支持课堂主体充分发展的互动学习空间。未来学校是信息技术助力教育教学的实践场域。未来学校的品质和效率将越来越得益于信息技术的有力支撑，环境舒适、装备先进、操控便利、互动实时的信息技术配备，将成为未来学校的有力武器。但未来学校的品质和效率，与信息技术的现代化程度并不一定成正比。

关键在于，要善于利用信息技术为教育教学提供有效支持和切实服务。未来学校是各学习要素高度互动的活动社区。除了学生和教师的人际互动，人与技术工具的互动、技术工具与资源的互动、技术工具与空间的互动、实体空间和虚拟空间的互动等都扮演着重要角色，共同决定着学习发生的效果。另外，未来学校也要实现学科之间的对话、互动与融合，使不同学科的知识由分裂、封闭、单一，走向整合、开放、多元。不同学科之间的互动融合，有助于改变单纯以学科逻辑组织课堂内容的做法，强调以学习者的经验、个体生活和核心素养为基础，打破学科的固有界限，以真实问题为核心进行课程重构，重点开展综合课程、主题课程、STEAM课程等方面的探索。

3.未来学校注重加强与校外子系统的联合协作

传统学校是相对封闭的办学体系。传统学校的课程、师资、信息化设施等都是私有的,与外部社会之间有一堵无形之“墙”,与外部社会缺乏协同机制,难以形成校内外相互沟通、资源高度共享的办学格局,教育服务供给的社会化程度不高。“十三五”以来,我国不断调整教育供给结构与方式,引导社会力量为学校提供专业化教育服务,做出多方面努力促使教育服务在供给方式上契合广大人民群众更高水平、更加多样的教育需求。但学校购买教育服务的质量标准仍然不够统一、规范。权责机制仍然不够健全,筛选机制和激励机制有待完善,社会多元主体参与教育服务的积极性有待进一步激发。未来学校就是要实现教育融合发展,满足学习者多样化、个性化的学习需求。以供给侧结构性改革为主线,充分发挥市场机制作用,积极发展教育服务新业态,扩大优质教育资源供给。进一步构建政府、学校、社会、家庭全面参与的协同育人工作机制。

4.未来学校发展项目需要持续推进螺旋上升

诸多未来学校创新项目并非昙花一现,而是注重持续发展,如芬兰Innokas Network项目10余年前起源于芬兰埃斯波市,早期只是针对该市教师的在职培训项目,后来得益于赫尔辛基大学教育科学学院的专业助推,逐步扩展至全国10多个地市,构建起全国性项目网络。项目内容也从单纯的在职教师培训,扩展到学术研究、各类活动、咨询服务等。再如匈牙利每年都有一个“主题周”项目。主题周每年举办一次,通常在春季举行。2018年春季举办第四次财经主题周,举办第三次可持续发展主题周和数字主题周。金融与商业主题周第17期共有1100多所学校的16.6万名学生参加。可持续发展主题周第18期共有1909所学校和35万名学生参加。第19期数字主题周共有1037所学校参加。

第三章
未来学校的丰富与完善

当前，随着大数据、物联网、云计算、区块链、人工智能等新生事物的井喷式涌现，全球科技创新进入前所未有的密集活跃期，产业变革加速演进，业已将社会推向以智能化为特征的新科技革命时代。在此背景下，人类社会的育人目标在全球范围内悄无声息地实现着升级、转型与换代，课程设置、教学方式、学习方式等都在发生深刻变化。

有鉴于此，2019年2月，中共中央、国务院印发的《中国教育现代化2035》指出，要“建设智能化校园，统筹建设一体化智能化教学、管理与服务平台”。2019年8月，联合国教科文组织发布的《北京共识——人工智能与教育》强调，通过人工智能与教育的系统融合，全面创新教育、教学和学习方式，并利用人工智能加快建设开放灵活的教育体系，确保全民享有公平、适合每个人且优质的终身学习的机会，从而推动可持续发展目标和人类命运共同体愿景的实现。

自2013年中国未来学校创新计划启动以来，中国教科院未来学校实验室的这一项目得到了全国各地中小学校的热烈响应和广泛支持，项目从学习空间、学习方式、未来课程、组织管理等方面进行了深入研究，圆满完成“未来学校1.0”阶段的研究任务。与此同时，未来学校探索过程中的新的事物、新的热点问题也逐渐浮现，为深入推进未来学校研究，及时廓清认知困惑，解决面临的深层次问题以及做好相应的决策服务研究，进一步厘清未来学校概念框架，在2020年1月发布了“中国未来学校2.0创新计划”。

一、重新定义未来学校

1.什么是未来学校

为了培养适应社会发展所需要的人才，对学校改革的探索从未止步，进入21世纪之后，未来学校更是作为一个独立的标签，成为挣脱传统教育模式，重塑学校教育的鲜明旗帜，受到教育管理者、教育研究者、教育实践者和社会的广泛关注。

OECD对未来学校图景先后做出两次明确描述。2001年，经合组织（OECD）发布《未来学校什么样？》（*What Schools for the Future*？）报告，按照主题提出了六种未来教育的图景，包括健全的行政管理体系、扩展市场模式、学校作为核心的社会中心、学校作为学习型组织、学习者网络和网络社会、教师消失。时隔20年后，OECD进一步深化了对未来学校的认识，2020年9月15日发布《回到教育的未来：经合组织关于学校教育的四种图景》（*Back to the Future of Education: Four OECD Scenarios for Schooling*）报告，重点论述了指向未来20年，即到2040年未来学校教育的四种图景，包括学校教育扩展（Schooling Extended）、教育外包（Education Outsourced）、学校作为学习中心（Schools As Learning Hubs）和无边界学习（Learn-As-You-Go）。①

世界经济论坛2020年1月，发布报告《未来学校：为第四次工业革命定义新的教育模式》（以下简称《报告》）。《报告》提出了一个宽泛的学校概念，将传统学校、课外课程和其他学习场所都纳入学校范畴，报告中构建的教育4.0全球框架明确了“第四次工业革命时期的高质量学习”，指出了未来学校

① OECD.Back to the Future of Education: Four OECD Scenarios for Schooling[R].Paris: OECD Publishing, 2020.

需要具备的8个关键特征：全球公民技能、创新创造技能、技术技能、人际交往技能、个性化及自主学习、可及性和包容性学习、基于问题与合作的学习、终身学习和自主学习。（详见图1）《报告》指出，在全球许多地方，学生只有在实体学校才能享受学习带来的影响，而高质量的学习更是留给了那些有能力支付费用的人。随着学习越来越终身化，更多学习发生在传统学校之外，未来学校要做到场所、育人方式和技术的变革，为学生提供更具个性化的服务，为全球向教育4.0过渡提供具有启发性的范例。

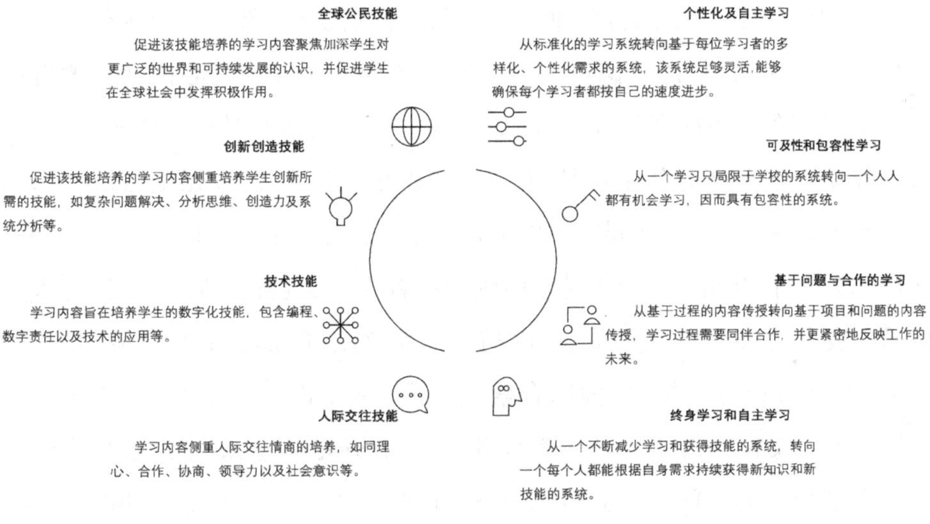

图1 教育4.0全球框架

未来理想的学校让孩子热爱学校，在学习中不断发展着目标感、关键技能、自主性，建立起了深刻而持久的知识体系，相对以工厂模式为基础的传统学校，未来学校不拘泥于传统教育体系，而是"不断塑造未来走向的创新世界"，让孩子能够"唤醒自身潜藏的天赋与力量，开拓出充实而精彩的人生之路，去想办法解决我们这代人遗留给他们的诸多难题"[①]。

在理论研究和实践案例分析中，本研究团队提出，未来学校是"云教育+实践场"，通过相互融通的学习场景、灵活多元的学习方式和富有弹性的学校组织，形成个性化的学习支持体系，能够为学生提供私人定制化的教育，

① [美]泰德·丁特史密斯.未来的学校[M].魏薇，译.杭州：浙江人民出版社 2018：11.

通过学习空间、课程体系、学习方式和组织管理的系统变革，培养适应未来社会发展的人才。

2.未来学校2.0

根据习近平总书记在2018年全国教育大会提出的“培养什么人，怎样培养人，为谁培养人”这些新时代教育的根本问题，重新确立了中国特色未来学校的基本内涵与发展方向，未来学校发展至2.0阶段。未来学校2.0具有以下三个维度：

(1)未来学校的中国特色维度，包括德育现代化和教育产出现代化。首先是德育现代化，坚持立德树人是中国特色未来学校的核心内涵。德育应该是学校教育中的最高目标，中国的未来学校要实施新时代立德树人工程，深入推动习近平新时代中国特色社会主义思想进教材、进课堂、进头脑，构建德智体美劳全面培养的教育体系和更高水平的人才培养体系，健全家庭、学校、政府、社会协同育人机制，形成全员育人、全过程育人、全方位育人的格局。要着力在坚定理想信念、厚植爱国主义情怀、加强品德修养、增长知识见识、培养奋斗精神、增强综合素质上下功夫，培养担当民族复兴大任的时代新人。要树立健康第一的教育理念，开齐开足体育课，帮助学生在体育锻炼中享受乐趣、增强体质、健全人格、锤炼意志。要全面加强和改进学校美育，坚持以美育人、以文化人，提高学生审美和人文素养。要在学生中弘扬劳动精神，教育引导学生崇尚劳动、尊重劳动。其次是教育产出现代化，将教育贡献力作为未来学校最核心的产出服务经济社会。为14亿人民提供更好更公平的教育，为经济转型、科技创新、文化繁荣、民生改善、社会和谐提供有力支撑，不断增强中国特色社会主义教育自信，将是中国未来学校的重要使命。通过优先发展教育，把人口中蕴藏的智慧资源挖掘出来，转化为巨大的人才资源优势。谋划中国特色未来学校的发展思路，需要深刻理解和把握坚持服务中华民族伟大复兴的重要使命，围绕统筹推进“五位一体”总体布局、协调推进“四个全面”战略布局，推动教育高质量发展，提升人力资源素质；需要深刻理解和把握坚持以人民为中心的发展思想，不断促进教育事业发展成果更多更公平惠及全体人民，以教育公平促进社会公平正义。

（2）中国特色学校的未来维度。面向未来，未来的学习空间将从“为集体授课而建”转向“为个性化学习而建”；未来的学习方式将突破强调标准统一的传统教学秩序，允许不同学生在不同的时间学习不同的内容；未来的课程将根据真实问题设置主题，通过跨学科整合，加强知识学习向实践创新的迁移；未来的学校管理将采用弹性学制和扁平化的组织架构，不再拘泥于传统的年级和班级的管理体系，利用大数据提供精准的教育管理服务。上述判断，基于的是未来这个时间维度的以下几大特征。一是价值层面，关注人的全面发展、个体的全面发展。未来学校的实践，奠基于对教育的重新理解。纵观人类历史长河，在东西方先贤辈出的“轴心时代”，广义的教育旨在“培养贤人与君子”，旨在“培养有智慧、有完善道德品质的人”，教育被赋予了超越人本主义的格局与使命。进入工业时代，学校教育开始聚焦于知识和技能，强调专业化、标准化，囿于工具主义与狭义的“理性主义”。直至当代，人类社会对于教育的理解像钟摆一样开始回摆。衡量何为未来卓越教育的关键，不是校园建筑，不是高科技，是教育理念与培养目标，是价值观。从传统教育到现代教育，再到未来教育，意味着育人思路的整体转变：从工具主义的目标转为以人为本、以学生为中心；从升学教育、应试教育转为培养合格公民，实行生活教育；从学科中心、知识本位转为能力本位；从教什么、如何教转为学会学习、学会生存，等等。二是在行动逻辑上，遵循教育规律，尊重成长规律。2017 年 9 月，中共中央办公厅、国务院办公厅印发《关于深化教育体制机制改革的意见》强调，系统推进育人方式、办学模式、管理体制、保障机制改革，使各级各类教育更加符合教育规律和人才成长规律，更能促进人的全面发展。由此提出了遵循教育规律、尊重成长规律的教育行动导向，即要注重培养支撑终身发展、适应时代要求的关键能力，包括认知能力、创新能力、职业能力等。进一步，要建立促进学生身心健康、全面发展的长效机制；切实加强和改进体育，改变美育薄弱局面，深入开展劳动教育，加强心理健康教育和国防教育。三是在技术层面上，科技赋能教育，实现“精准供给”。未来学校教育进入“人+机器”时代，意味着互联网、物联网和人工智能技术在教育领域的全面应用。用新技术重构学校教育教学活动流程，即教、学、考、评、管以及家校合作的各个环节。科技赋能教育，未来的学校教育将依托技术的掌控与引导能力，逐步走向适应每个学生的“精准供给”。与此同时，科技进步与未来学校之间也有着“双向加权”的特征。科技赋能教育，教育反哺科技。从教育入手，赢得的不单单是未来学校，更是未来的科技领导力与国际影响力。

(3)中国特色未来学校的全球化维度。未来学校建设是世界各国共同探索的主题。在全球化背景下以及构建人类命运共同体的语境中，需要中国与世界各国携手同心，共同构建全人类的学校、全人类的未来。一是教育在构建人类命运共同体中的作用，要求教育对外开放，对接世界一流资源。习近平总书记指出，教育应该顺此大势，通过更加密切的互动交流，促进对人类各种知识和文化的认知，对各民族现实奋斗和未来愿景的体认，以促进各国学生相互了解、树立世界眼光、激发创新灵感，确立为人类和平与发展贡献智慧和力量的远大志向。共绘未来教育蓝图，应对未来社会的复杂挑战，已经成为国际共识和全球行动。对接国际前沿先进理念，对接世界一流教育资源，将有望率先在未来教育领域构建起共荣共济的宽广格局。二是扎根中国大地办教育，形成全球教育发展的中国模式。需要在兼顾国际视野与本土认同的基础上，重新思考新时代学校教育的理性价值导向。在方向上，要兼顾国际借鉴与本土自信；在格局上，要兼顾工具理性层面的知识能力要求与价值理性层面的人类命运共同体认同。以“中国特色、世界水平”的新时代教育思想与实践，为全球教育的革新与发展提供中国模式。

二、目标定位、基本原则与主要内容

(一)未来学校2.0的主要目标与基本原则

未来学校创新计划2.0的目标定位：一是丰富发展中国特色未来学校理

论体系。进一步深化对未来学校的理念诉求、哲学基础及人才培养诉求的研究,广泛探索灵活高效的未来学校实施模式,立足中国未来学校探索实践,开展国际比较研究,借鉴他山之石,明确自身特色,形成具有中国特色的未来学校理论体系。二是系统探索未来学校实践的中国模式。立足中国大地,全方位探索未来学校的课程实施、课堂教学、教师专业发展、学生综合评价等重要专题,做好案例研究。迅速、及时回应国家课改政策,有效贯彻国家教育改革理念。提炼有效的教改创新理念,总结未来学校实施模式与改革策略,为世界提供中国经验、中国模式。三是积极推进教育现代化的决策服务。聚焦教育现代化进程中的重点热点问题,研判学校改革创新发展趋势,对当前及未来教育领域中涌现出的新问题新事物做出有效回应,为加快推进教育现代化提供高水平智力支撑。

本计划在实施过程中遵循三项基本原则:一是科研引领。立足未来学校的育人本位,创新教育理念,做好教育科研引领。关涉未来学校的每一项专题探索都要有相应的科学依据、数据支持与学理支撑,确保未来学校探索始终行驶在科学发展的轨道。二是协同创新。依托未来学校研究共同体,广泛与各地区、各学校及国际同行合作,汇聚全社会的优质教育资源,充分释放未来学校的创新活力,实现创新互惠、知识共享与资源优化,将教育新理念转化为学校改革的新实践。三是迭代升级。立足教育创新最前沿,着眼未来教育发展的最新形势,促进信息技术与教育融合创新发展,及时总结未来学校发展的新理念、新趋势、新方法,推动未来学校理念不断更新,未来学校实践持续升级。

(二)未来学校2.0的主要内容

一是明确未来学校的理念体系。围绕推进教育现代化的总体目标,用未来教育的眼光重新定义学校,推动教育数字化、智能化转型,进一步明晰未来学校的中国特色维度、全球化维度和高质量发展维度,确立未来学校发展的核心要素,开发制订未来学校评价标准。各地要结合本土优势,总结提炼未来学校发展的特色理念和创新方式，汇聚形成多元化、立体化、系统化的未来学校发展路径。

二是开发未来学校的课程体系。根据学生、教师和家长三大关键主体的需求，形成特色课程体系。其中，学生拓展课程是在国家课程的基础上，通过课程整合和学科拓展的方式，为学生提供更加丰富多样的课程方案，促进学生的个性化成长。教师发展课程要以未来教师所应具备的关键能力为导向，通过专题式的课程内容和现场研习，促进教师专业成长；家长成长课程则是以家庭教育为主要内容，引导家长与学校相向而行、加强合作，共同形成强大的教育合力。

三是探索智能时代的课堂形态。把握新一轮科技革命为教育带来的新机遇和新挑战，转变学习方式，改变以讲授为主、以教师为中心的传统课堂形态，深入开展大单元教学、个性化学习、深度学习、精准学习、自适应学习、项目式学习等课堂创新。积极探索智能时代的课堂形态，根据未来社会对人才培养的需要，基于学生发展核心素养和未来工作生活需要，让技术赋能教育，促进信息技术与教育教学融合创新发展，努力让课堂变成学生全面发展的实践场。

四是研制基于大数据的学生综合评价方式。落实立德树人根本任务，充分利用大数据和区块链技术，研制科学合理的综合素质评价指标，建立智能化的综合素质评价模型，重点考查学生的思想品德、学业水平、身心健康、艺术素养、社会实践等方面的发展情况，促进学生德智体美劳全面发展。通过全样本、全过程、多模态的数据采集，认证学生的多样化学习成就，勾勒学生成长画像，提供个性化的改进方案，引导学生形成正确价值观念、必备品格和关键能力。

五是构建未来教师能力框架。根据教育部制订的中学、小学和幼儿园教师专业标准，聚焦未来教师所应具备的关键能力，包括课程与教学设计、教育教学评价、学习环境创设、师生沟通能力、信息技术应用等多方面的能力，构建未来教师能力框架，并在此基础上开发评价标准体系和培训课程。

六是探索智能时代的未来学校治理模式。聚焦未来学校治理的核心问题，通过学校、家庭、社区等多方力量的整合，发挥人工智能、大数据、区块链等新技术的优势，促使学校从传统科层管理向扁平化、柔性化、弹性化管理转型，积极开展选课走班、学习共同体、导师制、学院制、集团办学、社会课堂、智慧校园、5G校园、大数据分析平台等方面的探索，逐步形成未来学校治理的创新路径。

七是创建面向未来的学习空间。充分发挥环境育人功能，打破传统的工厂式教室布局，满足教师的多样化教学需要，探索空间、课程与技术的深度融合，把单调乏味的学校建筑打造成温馨宜人的育人环境。通过开展教室布局创新、非正式学习区、绿色学校建筑等方面的实践探索，扩展学校的公共空间，打造开放、灵活、绿色、富有活力的未来学习空间，提升社会情感能力，促进学生的全面发展。

八是建设未来学校发展新生态。积极引导多元社会主体参与未来学校探索，支持社会力量提供多样化的教育产品和服务，推动产学研一体化发展，吸引各行各业的专业力量参与学校教育，鼓励博物馆、科技馆、少年宫等社会机构向学校开放，为学生成长提供丰富的学习资源和真实的学习场景，努力形成校内外相互沟通、资源高度共享、流程无缝衔接的办学新格局。支持学校购买教育服务，拓展教育公共服务的有效供给，帮助学校构建起一套更加完善的课程体系，最大限度地满足学生多样化的学习需求。

三、未来学校2.0的运行机制

（一）基础研究机制

提升未来学校创新的基础研究和原始创新能力，切实加强未来学校研究力量，邀请国内外知名教育专家、优秀青年学者和名校长名教师，共同组建一流的未来学校研究团队。立足中国大地，瞄准世界前沿，勇于面对未来学校建设的重大理论与现实问题，在未来学校的发展标准、建设方案、办学模式、课堂形态、组织结构等方面提出创新观点，总结提炼中国特色的未来学校发展路径，为国际未来学校创新发展提供中国经验和中国模式。促进基础研究、应用研究和实践研究的融合发展，着力实现前瞻性、引领性的原创成果突破，全面提升未来学校创新能力，为推进创新型国家和教育强国建设提供强大支撑。

（二）联席会议机制

中国教科院、未来学校研究共同体和实践共同体负责召集，邀请各有关地方的教育行政部门、教育科研机构、试点学校及有关单位参加，定期研究解决未来学校建设中遇到的新情况和新问题，在充分沟通的基础上达成共识，形成具有约束力的规范性意见，用以指导工作、解决问题。全国层面每年至少召开1次未来学校工作推进会，区域层面每学期至少召开1次未来学校工作推进会。根据未来学校发展实际情况，不定期组织召开未来学校相关的政策分析会、形势研判会、创新分享会和专题研讨会。

（三）共同体发展机制

未来学校研究共同体由省级教育科研机构负责建设，与中国教科院联合开展学习空间再造、学习方式变革、课程体系重构、组织管理转型、技术赋能教育等方面的研究工作，负责组织省域内相关地区和学校开展课题研究、教学研讨、实践推进等方面的工作。未来学校实践共同体由县（区、县级市）教育科研机构负责建设，组织区域内相关学校持续深入开展未来学校实践创新。未来学校研究共同体和实践共同体在中国教科院的指导下，加强优势互补，促进资源共享，不断提高未来学校的创新能力和实践水平。

（四）协同创新机制

加强中国教科院与教育行政部门、有关高校和企事业单位的联系，促进学校资源与社会资源优化整合，构建教育行政部门、科研机构、高新技术企业、区和学校协同创新的教育生态体系。各地要切实加强未来学校工作的组织领导，明确责任分工，形成未来学校建设的长效运行机制。各学校要认真参与中国教科院、未来学校研究共同体和实践共同体组织的各项活动，积极承办研讨活动，推动未来学校工作常态化、有序化。积极搭建全国未来学校网络平台、数据平台和成果展示平台，发挥各有关单位的特色优势，汇聚形成未来学校建设的合力。

（五）评价考核机制

中国教科院将全程跟踪各地各学校的未来学校工作开展情况，建立评估考核机制，由未来学校研究团队核心成员、国内外教育专家和名校长名教师代表组成评估委员会，定期对区域未来学校的组织管理工作、未来学校试点校的推进工作、未来教师研修情况进行评估，表现优秀的单位和学校将优先获得各项专业支持，包括专业引领、海外研修、定制培训、重要展示机会等。建立退出机制，对工作组织不力、措施不到位、参与不积极、实验效果差的学校取消资格，退出试点学校行列。

四、未来学校2.0的工作机制

（一）组建未来学校研究共同体

在我国选择代表性地区开展未来学校试点，联合当地教育科研机构，以《中国教育现代化2035》为导向，以全面深化教育综合改革为宗旨，以未来学校创新为核心，发挥教育科研的引领作用，优化学校改革发展的环境，提升学校在学习方式变革、课程体系重构、组织管理转型、学习空间再造、技术赋能教育、综合素质评价等方面的能力，推动人工智能、大数据、区块链等新技术在教育教学中的创新应用，形成富有特色的未来学校发展理念和实践模式，不断增强教育服务创新发展能力，培养更多适应高质量发展的新型人才。目前，未来学校研究共同体广泛覆盖了我国东、中、西部地区，包括河北、黑龙江、吉林、辽宁、陕西、四川、云南、贵州、广东、江苏等省及北京、天津、重庆等直辖市。

（二）发布未来学校2.0重点课题

围绕未来学校创新的重大现实问题，坚持目标导向和问题导向，聚焦人工智能教育、STEAM教育、教育大数据、数字画像、非正式学习空间、统整课程、核心素养评价、智慧教育管理等重点领域，大力推动实践基础上的理念创新，充分调动学校在课题研究中的积极性和主动性，深入探索未来学校发展路径。每两年发布一次课题申报指南，简化优化课题管理，突出课题研究的实践性，探索形成科研、教研、教改、培训等多维一体的校本研究模式。通过未来学校2.0重点课题研究的持续开展，不断深化对学校改革发展的规律性认识，着力推出一批有实践借鉴意义、有理念话语创新、有决策参考价值的重大成果，为建设有中国特色、世界水平的未来学校提供有力支撑。2021年，未来学校研究共同体面向全国发布未来学校2.0重点课题，组织专家线下评审，并通过在线方式组织开题、课题研究培训和指导。

（三）启动未来学校领航计划

在学校自愿申报的基础上，根据未来学校的内涵和特征进行遴选，重点打造一批理念先进、特色鲜明、质量领先的领航学校，在学校改革的重点领域和关键环节发挥示范辐射作用。坚持区域统筹、学校为主、重点支持的建设原则，加强对领航学校的科研引领、资源支持、宣传报道力度，引导学校大胆探索、勇于创新，推动办学理念更新、教学方式变革和教育体系重构，探索形成可复制、可推广的未来学校发展模式。未来学校领航计划的建设周期原则上为3年。建设期满，中国教科院将组织专家，对照建设目标与预期成效，对建设学校进行综合验收评估。通过实施领航计划，形成领航学校为龙头，试点学校为主体，各类学校错位发展、协同发展的新格局。

（四）实施未来教师能力提升工程

围绕未来学校创新和学科课程标准，研制未来教师的能力框架，以问题为导向，以专题研修为抓手，利用线上线下相结合的方式，开展跨学科学习、项目式学习、大单元教学等专题培训，注重教学案例分析和课堂实录分析，提高教师进行信息化教学、统整课程设计和个性化学习指导的能力，帮助教师更好地破解教育教学的重点难点问题，满足学生个性化发展需求，促进未来学校发展创新。联合各地教师进修学校（院）和师资培训中心，提供模块化、定制化的混合式培训方案。统筹推进未来教师能力发展测评，建立成果导向的能力评估模型，将教师研修学习、教学实践等活动纳入评估范畴，选拔培养100名左右卓越教师，辐射带动1万名左右种子教师，为未来学校创新发展提供重要的人才支撑和师资保障。研究团队通过线上指导和线下指导相结合的方式邀请海内外专家为教师进行多场培训和讲座活动，受到教师的热烈好评。尤其是以“课堂革命中的教师蝶变”为主题的第六届中国未来学校大会，坚持科研引领，实现了结构、形式、教师专业成长方式和工作方式的四重创新，从2020年11月至2021年2月历时近4个月，不仅为参会教师提供了丰富的学习资源、专业的培训指导和广阔的展示平台，而且对教师对未来教育的认知、教师专业发展有效路径和教师教学设计能力现状进行了深入研究，通过调查研究和行动研究全面帮助教师成长，提升教师专业素质，在各承办单位和未来学校研究共同体的支持下实现了教科研一体化。

（五）遴选未来学校典型案例和优秀成果

面向全国各地各校开展未来学校的典型案例和优秀成果征集，内容包括课程设计、教材开发、教学法创新、学习空间建设方案、未来学校文化理念体系等，突出展现未来学校的新理念、新实践和新策略，注重前瞻性、引领性和示范性，集中反映未来学校建设在推进教育现代化中的效能。案例征集由区域未来学校创新中心或当地教育行政部门为单位进行组织，集中报送中国教科院,经专家评审后认定为未来学校典型案例和优秀成果。搭建成果展示平台,通过未来学校创新成果博览会、中国未来学校大会、中国STEAM教育发展大会等活动,全方位展现未来学校探索的最新成果,促进各学校与先进典型对标对表,推动未来学校的改革创新和整体发展。2020年,中国未来学校实验室面向中国未来学校联盟,尤其是未来学校实验区和领航学校,征集未来学校典型案例和优秀成果,通过多轮征集、评审和修改环节,历时两年,分组织管理、学习空间、课程体系和学习方式四大主题提炼典型案例,形成本书后续“未来学校案例”篇。

下篇
未来学校案例

第四章
组织管理类

数字化引领学校发展 融合创新培养未来人才

◎北京人大附中西山学校 刘彦 林杉 蒲佳音 韩爽爽 赵跃

摘要

人大附中西山学校是人大附中的“未来学校”，建校十多年来，以“1对1数字化未来学习”项目和“中外融合课程”项目为抓手，着力探索适应未来社会人才需求的教育，积累了包括课程体系、课程实施与教学评价、学生和教师培养、学校软硬件环境支持等系统性的实践方案，得到了师生、家长和教育领域专家同行的认可及高度评价，推动学校成为公办中学探索未来教育的先行者和持续践行者。

一、学校及未来学校项目参与情况简介

（一）学校简介

人大附中西山学校是北京市海淀区教委所属公办学校，创办于2009年，

是一所包括初中、高中和中美高中课程合作项目的完全中学,由中国人民大学附属中学(人大附中)冠名并实施管理,与人大附中共享优质教育资源,担负着优质教育资源向海淀北部地区辐射的使命。

在筹建学校时,时任人大附中校长的当代教育家刘彭芝就高瞻远瞩地指出,西山学校的定位并不局限于"社区配套","西山学校是教育改革创新的产物,突出地体现着人大附中担负社会责任最大化的理想。西山学校是人大附中教育改革的试验田,要做人大附中的未来学校"。

(二)学校办学理念及育人目标

1.办学理念

在继承和发展人大附中"尊重个性,挖掘潜力,一切为了学生的发展,一切为了祖国的腾飞,一切为了人类的进步"办学理念的基础上,学校结合定位,确立了"植根传统,放眼国际,面向未来"的办学理念,明确了办学目标:成为涵养学生个性、激发学生潜能、为学生未来幸福奠基的摇篮;成为进行信息技术与传统教学深度融合、中外课程优良元素深度融合、优秀传统文化与学校教育教学深度融合的教育改革试验田;成为国际教育文化交流广泛、学生幸福感强、家长忠诚度高、有一定社会影响力的特色优质学校。

2.育人目标

基于办学理念和办学目标,学校确定了"培养具有'国际视野和中国心'的西山学子"的培养目标,并不断丰富其内涵。对照《中国学生发展核心素养》,学校将培养目标细化为:学生应能妥善处理与自我、自然、社会的关系,具备深厚传统文化素养,具备世界眼光与国际视野,为未来成为"担当民族复兴大任的时代新人"做好准备。

(三)参与未来学校项目沿革

中国教科院在2013年启动了中国未来学校创新计划,2014年成立未来学校实验室,海淀区在2016至2018年圆满完成"未来学校1.0"阶段的研究任务。人大附中西山学校作为该项目的参与校，自2016年起，在海淀区教科院的指导引领下，积极参与各类培训、研讨项目，承担了项目子课题的研究任务。与此同时，未来学校探索过程中的新的事物、新的热点在逐渐涌现，2020年9月，海淀区正式启动“海淀区未来学校创新实践研究”群体课题项目，进行中国教科院“‘未来学校2.0’创新计划”的区域实践研究。

二、学校组织管理改革理念与目标

人大附中西山学校顺应教育改革趋势，建设一所以人为本的数字化校园，培养学生具备人文底蕴、科学精神、学会学习、责任担当、实践创新等核心素养，以满足社会未来发展和个体终身需要。为实现目标，学校制订了办学方略：进行课程整体重构、数字化引领学校发展、促进中外课程深度融合。（图1）

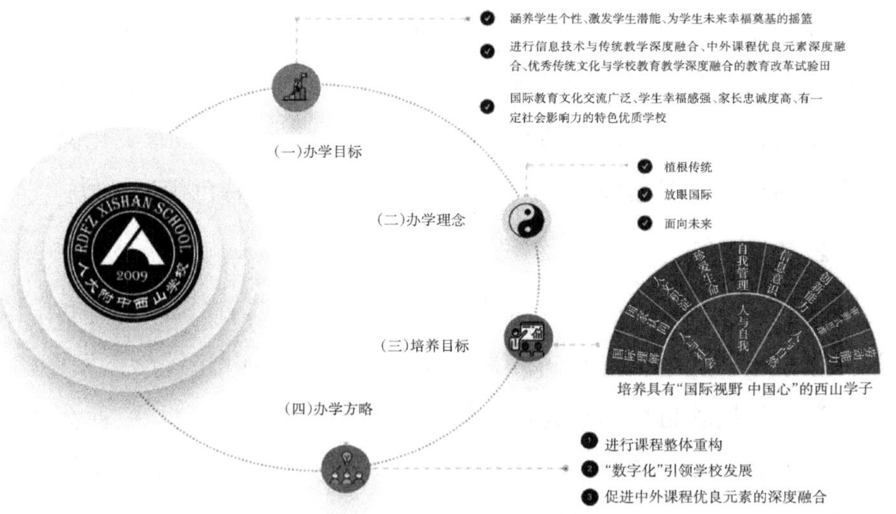

图1　人大附中西山学校教育哲学

学校构筑熔铸中外教育精华的特色课程体系，培养个性鲜明，在科学素养、传统文化素养、生活素养和创新思维等方面全面发展的具有21世纪技能的复合型人才。

“拥抱变化、敢于创新”是人大附中西山学校作为“未来学校“的基因，也是探索“未来学习”模式的文化底色。为建设一所以人为本的智慧校园，学校在文化土壤培育和软硬件环境搭建上下功夫，为教育教学实践护航。

（一）立足文化土壤培育

学校将“数字化引领学校发展”作为一项系统工程，不断建设更包容技术生存发展的整体文化，培育未来学习生长的土壤。

在教师层面，着力更新教育观念，突破传统局限。学校定期组织教师进行理论学习，使教师们在理念层面逐渐打开眼界，对技术带来的更多可能性有了深刻认识，对学生信息素养的培养策略有了深入思考。在技术层面，学校课程与科研中心遴选或开发适合不同学科及不同专题教学的软件和平台，对教师进行多种形式的技术培训，鼓励大家进行实践分享，激发大家的信息素养潜力。不仅如此，在教师评价体系中，还新增对技术素养的评价，以终为始地推进教师信息技术素养的提升。

学校鼓励教师创造探索和创新的文化环境，使教师们勇于突破传统教学局限，运用信息技术优化教学，激发专业潜能，探索更多可能。面对数字化时代的来临，学校的教师队伍越来越笃定自信。

在学生层面，尊重天然优势，提升信息素养。作为“数码时代一族”，学生对信息技术有着天然的亲近感。学校充分尊重这一时代属性，尊重教育规律和学生心智发展规律，将这样的天然优势迁移到学习活动中，发挥其助力学生成长的价值。

每届新生入学时，学校便与学生、家长共同签订《人大附中西山学校电子设备与网络资源使用细则》，对学习配备和网络资源的使用进行规范，达成共识，培养学生的基本信息素养。年级推行“学长计划”，由高年级学生定期对新生进行常用软件的应用培训，既让新生乐于接受，又锻炼了高年级学生的沟通交流能力。教师在课堂实践中就实际问题对学生进行指导，学生能够主动学习、自发探索。

在这样包容技术运用、鼓励技术探索的文化环境里，学生的学习热情得到极大激发，信息素养得到全面提升。学生逐渐成为学习的主体，逐渐变成了“数码时代的主人”。

在家长层面，通过邀请家长体验未来课堂，形成家校合力。为了让家长对“1对1数字化未来学习”项目充分理解并支持，学校开设了家长体验式工作坊，并定期举办开放日活动。家长进入课堂，体验信息技术与传统课堂的深度融合，对技术如何助力学生素养提升加深理解，认同项目实施的必要性与价值，相信学校文化和教师专业力，配合支持学校工作，形成家校合力。

（二）软硬件环境搭建

为全面落实育人目标，学校还整合管理团队、教师、技术人员、家长等多方力量，从团队建设、方案制订、环境建设、师生培训、家长体验式工作坊等多个维度，全面推动“1对1数字化未来学习”项目实施，开发数字化环境的育人价值。（图2）

图2　项目实施的软件环境

三、实践路径

(一)线上线下融合:数字化未来学习探索实践

2010年,结合国际国内教育教学发展趋势,基于学校培养目标,学校正式开展以"1对1数字化未来学习"为内容的教育教学改革,成为中国第一所开展"1对1数字化未来学习"项目的公办完全中学。

1.方法策略

基于学生情况及信息时代个性化学习需求,学校将信息技术与课堂教学深度融合作为变革学习方式的主阵地,推进1对1数字化未来学习。在推进过程中,首先引领教师研究教学与技术的关系,积极探寻信息技术与课堂教学的融合点,优化教学设计,让技术真正助力课堂教学、改善教学效果、提高教学效率。

在改变学生学习的方式中,教师引领学生将信息技术与学科课程相融合,从而活化预习形式,充分激发学生自主学习潜能,促使学生带着问题上课,真正成为学习的主体。

与传统教学相比,信息技术突破单序列传递、封闭信息的给予,为学习者提供了海量资源和信息,同时它也突破了原有文本的呈现局限,通过图像、视频等形式对文本语言进行可视化再造,增加了课堂交互,使学习变得更加形象、立体和丰富,调动了学生学习的激情。

2.内容方案及实施过程

(1)探寻融合节点,优化教学设计

信息技术与学科课程相融合,不是新技术简单应用于教学过程,而是要协调教学系统中教师、学生、教学内容和教学媒体等诸元素之间的关系,最大限度地利用现有的学习资源和教学资源,实现高效教学,达到教学效果的最优化。在具体教学设计中,教师思考在重点突破、难点解决、情境创设等方面信息技术的作用点,从而在教学环节中实践和应用。

针对单元教学设计，以语文的演讲单元（自由读写单元）为例，常规课堂的处理是讲完教材中的几篇演讲稿后进行一场演讲比赛。可是，一个人通过学习几篇演讲稿就可以学会演讲了吗？从演讲稿的学习到演讲比赛的呈现，通过技术是如何优化教学设计的呢？教师在单元学习开始，会采用问卷星做一个学情小调查，了解学生对于演讲的基本素养的认知程度、兴趣度和需求等，以此制订教学目标、设计学习活动；教师会根据演讲稿各部分的特点（如：开头需设计、素材要典型、主体理结构等）挖掘课本中每一篇演讲稿的独特价值，并通过抢答网、UMU、MindNode等平台或软件，让学生进行片段写作、思维导图绘制、每个环节的前后测等。这样，一个演讲单元学下来，教师基于技术合理安排了各个环节的教学设计，学生基于技术在各个环节实现了过程留痕和全程数据跟踪汇总，每个学生都知道自己在演讲方面的强项和短板，都知道该如何克服短板，演讲比赛不论起点高低，学完演讲单元后，谁都可以来，真正成了大众的演讲比赛。

（2）活化预习形式，激发自主学习

信息技术与学科课程相融合，能够活化预习形式，充分激发学生自主学习的潜能，促使学生带着问题上课，真正成为学习的主体。

历史课前，教师在UMU平台设置“前测”任务，学生自主阅读教材完成作业后，借助平台的自动批阅功能，在提交答案后，马上可以收到分数、正确答案提示，以便反思自己的自学效果；同时，学生还可以查阅全班排名，排名由分数与完成时长综合给定，排名靠前的学生会获得相应奖杯或奖章，能有效激发学生学习的积极性。

电子书的使用能有效提高课前预习效率。地理、生物课前，教师利用iBooks Author编辑电子书对课本内容进行形象化、生动化的补充和挖掘，以便不同知识层级的学生开展课前个性化学习；体育课前，电子书可以帮助学生提前了解学习内容，并为之提前准备，上课时带着预习时遇到的问题，有针对性地听讲和练习，大大提高了上课的效率。目前，人大附中西山学校地理组、生物组、体育组已经制作了电子书近百本，推送到学生的电子配备

iPad或Mac上，这些内容丰富的预习过程，激发了学生自主学习的动力，课堂效率也大大提高了。

(3)丰富课堂交互，激发学习劲头

课堂交互的丰富使得学习更加生动，教学的盲点和难点得以突破，从而激发了学生学习的劲头。

在语文课堂，作文讲评可以在UMU平台进行：学生将多次修改的作文上传平台，平台记录下学生的作文修改轨迹，这样不仅可以让学生通过共享互评取长补短，也可以直观地比较自己几次修改的优劣，同时也可以让教师及时了解到学生在写作中、修改中出现的问题，并根据数据反馈适时制订解决方案，为后期教学打下良好的基础；在数学课堂，教师引导学生借助"洋葱数学"App进行"翻转课堂"实践，学生提前预习，在课上对新知识点的习得会变得更加容易，特别是对于基础薄弱的学生起到很大辅助作用，其学习兴趣得以提高；在英语课堂，教师利用"百词斩""盒子鱼英语""趣配音"等一系列App带领学生们在玩中学英语，满足学生个性化需求；在物理、生物和化学课堂，由于受到常规实验仪器、实验材料等条件的限制无法在课堂上进行演示，学生可以使用"虚拟实验室"模拟各种实验的全过程；在体育与舞蹈课堂，教师通过录制教学分解动作视频，编辑成电子书，供学生反复观看、学习和演练，从而实现分层和个性化学习；在体育课中，使用体育教学软件，可以录下学生练习的过程，将学生的动作和正确的动作进行对比，清晰地发现是哪个部位在什么动作中出现了怎样的问题，促进学生更好地掌握动作要领。(图3)

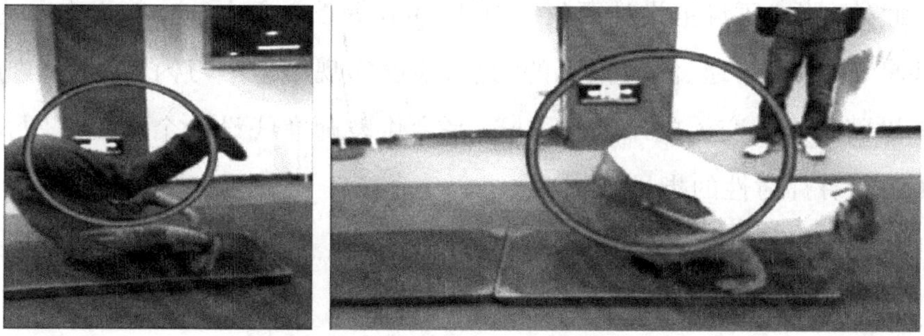

图3 体育课录制的动作视频

(4)即时评价反馈,助推持续学习

在传统课堂,一个教师面对几十个学生,40分钟内完成特定教学任务,学习反馈与评价往往通过课后作业或测试才能实现,有明显的滞后性。为了突破这一难点,学校借助信息技术,实现课堂即时生成与反馈,以及课下即时反馈和互动,助推学习的持续发生。

在英语教学中,针对教材中的短对话背诵,学生可分角色朗读但无法体会语言的实际运用,课堂单纯的分组表演也只能是部分学生的舞台,多数学生观众会脱离教师的管控,对于教师来说,课堂检查的面也非常有限。运用App中木偶剧的角色表演,既需要学生非常熟练对话的内容,最大限度地赋予所设计角色情感,让学生在真实情境中训练和运用语言,非常符合起始阶段学生的特点,给他们很大展示和演绎的空间。

艺术学科在初级练习阶段可以借助App实现模拟化练习。在音乐课中,学生借助GarageBand音乐创作软件以及古筝弹奏软件,实现乐器的模拟弹奏,摆脱了乐器不能满足每一名学生学习需要的限制,实现对于歌曲以及乐谱的学习;美术课则可以借助Sketchbook等App直接在iPad上绘图,通过拍摄一张照片来绘图,这种学习方式可以让学生更好地了解物象的结构比例以及基本的绘画方法;书法课上也可以借助书法字典等App实现集字的功能,更加便捷地收集所需要的经典书法范本,完成书法作品的书写,还可以借助"写字派"等App中的资源实现每一名学生一本字帖,通过缩放等功能实现对于字帖的细致分析。

此外,学校还自主设计开发出Hub、Quiz等教学平台。Hub平台具有资源共享、个性化沟通、测验检测的功能,能够实现学生学习内容、学习进度、学生界面及师生交流的个性化;Quiz平台供教师在线设计个性化试题并对学生进行有针对性的指导。(图4)

图4　技术与艺术课堂的融合

（二）东西方融合：中外合作项目“桥梁”课程及普通高中中外融合课程

自2010年9月开始至2013年7月，人大附中西山学校承办人大附中中美合作办学项目。2013年9月，西山学校获得举办中外合作办学项目资质，与美国泰伯学校合作，开始独立举办中国高中课程教育项目，引进美国高中阶段开设的大学先修AP课程，借鉴其先进的办学理念和学生培养模式，经过与中国课程和教学实践的有机融合，熔铸中外教育精华，不断改革创新，探索具有中国特色的国际化教育新路。

为更充分利用学校中外合作办学教育教学经验和丰富的课程资源，对照我国高中新课改方案的目标和要求，学校尝试建立“普通高中中外融合课程”体系，以期能够借鉴国外先进的教育理念，对应中国学生发展的需求，融入我国高中课程，供学生多元选择，助力他们未来多方向发展。

1. 中外合作项目“桥梁”课程建设

(1)方法策略

中外合作项目“桥梁”课程建设在严格遵守《普通高中课程方案》(2017年版)和《普通高中各学科课程标准》(2017年版)的规定和要求的基础上,以培养具有21世纪技能的人才为出发点,进行课程方案的整体设计与实施。坚持正确的政治方向,坚持党的领导,坚持立德树人,根据培育和践行社会主义核心价值观的基本内容和要求,继承和弘扬中华优秀传统文化,培养良好政治素质、道德品质和健全人格,充分发挥学科育人功能。

课程体系以核心素养为本,授之以鱼不如授之以渔,引导学生以学习知识为途径,注重学习过程,形成分析问题和解决问题能力才是教育的根本,将使学生受益终身。同时,高中阶段是锻炼学生选择能力的最佳时期,学生客观上存在个体差异性,因而提供内容丰富、层次多样的课程正满足了不同学生的需求,利用各种实践情境,通过启示性、探究性、陶冶性的实践活动,让学生在教学应用中体察学科的本源和价值,着力在实践中引导学生坚定文化自信,增强社会责任感。

(2)主要内容

①搭建“桥梁”课程系统:在全面了解美国AP课程概况、设置及实施现状的基础上,对比研究中美课程差异,对齐学校的培养目标,在已有教学教材及内容中,提炼取精,形成具有学校AP项目特色的课程纲要。

②借鉴重构教学管理手段:在选课、走班教学、教学理念、教学方式、教学技术手段、过程性评价等方面充分利用国际课程中成熟且可借鉴的做法和经验以及技术手段,形成规范的课程管理制度与完善的课程评价体系。

③融合重构教学方式:中式教育注重知识本身的传承、知识体系的构建,以及培养学生对知识和权威的尊重,西方教育注重人格的塑造、兴趣的培养、运用知识的实际能力、培养批判和质疑精神。探究两种教学理念融合在一起对学生学习方法养成和思维方式形成的作用。

（3）实施过程

①以学科为单位，整合国家必修课程，培养学科核心素养

学业水平考试的改革进一步促进了中方教师深入研究国家课程标准，在有限的课时内，进行合理的、必要的课程整合，既保证符合国家统一标准的教学内容的落实，使学生顺利达到高中学业水平考试的要求，又能在此基础上，结合培养目标建设具有特色的中方课程，推进中华优秀传统文化特色学校建设。在具体的教学实施中，教师严格按照课程标准组织教学，四门国家必修人文课程（语文、政治、历史、地理）已形成了一级、二级课程规划建设，突出基础性和选择性，全面提高读写能力、独立思考和批判性思维能力。

地理课程是中方必修科目之一，旨在培养现代公民必备的地理素养，初步掌握地理基本知识，获得地理基本技能，发展地理思维能力。课程通过整合普通高中地理课程、AP课程（World Geography，Environmental Science，Human Geography）以及美国高中地理学习资源，形成适合AP项目学习以及适应未来国外学习的地理课程及教学模式。另外，地理学本身是实践性很强的科学，如何培养学生的地理实践核心素养是教学重点。在日常教学实践中，通过设计灵活多样的校本化综合实践活动来培养学生的地理实践力。

②积极探索基于学情的教学活动设计与实施，建设特色中方课程

基于各学科特点，结合本校学生认知水平，教师采取了多样化的教学方式（小组合作、探究性学习、项目式学习），评价方式重过程性、综合性、多元性。通过基础课程与拓展课程的融合，教师构建学生自主式、合作式、探究性学习的平台，成为学生学习的组织者、引导者、合作者，鼓励学生挖掘自身潜能，扩大发展空间。

③开设中国心系列校本课程，构建中华文化课程和教材体系

对照“培养具有国际视野和中国心的西山学子”的培养目标，AP项目开设传统文化必修课，将优秀传统文化与非物质文化遗产以课程形式引进校园，加深学生对中华优秀传统文化重要性的认识，进一步增强学生的文化自觉和文化自信，形成了“中国心”品牌课程体系。在此基础上，通过中外合作

办学的形式引进国外优质课程资源,与国家课程深度融合,建设国际理解课程,开设小语种、演讲与技能、审辨式思维培养课程以及学生可以深度体验中西方文化差异的戏剧课,培养学生的跨文化理解能力与沟通能力。

“中国心”系列课程深受学生欢迎,在多年的探索实践中,学生已经把学习优秀传统文化、传播优秀传统文化作为一项使命。学校开设了古琴、围棋、书法、功夫、京剧、茶文化、扇文化、绢人艺术、榫卯结构等“中国心”课程,并对校内任课教师以及校外任课教师进行统一评聘与规范管理。学生须至少选满3个学期,完成相应学分。自2017年9月开始,“中国心”系列课程在全校推广,面向全校学生开放选修,已经成为学校特色课程名片,其中任课教师和学生共同编写并发行了《欧楷基础教程》《书法经典读本》《茶文化课》等校本教材。除了课程学习外,学校还通过各种实践活动为学生提供展示平台,如选修茶文化课的学生担任中国茶文化传播大使,参加国际性的茶文化赛事;选修京剧课、功夫课及书法课的学生,在学校举办西山国际峰会和招生官来访时承担展示中华优秀传统文化的任务。

真正的国际化是立足于本民族文化特色和民族自信心的国际化,学校持续建设具有特色的中方人文课程,做扎根于优秀传统文化的国际课程教育,使学生既具备语言优势、跨文化交流的能力和国际视野,又能保持文化自信,培养青少年学生的文化认同、文化自信和爱国主义情感。

④数理学科建设与实施

AP项目内开设的数理课程包含数学、物理、化学和生物学科。其中高一阶段开设的数学课程为使用英文教材的Pre-AP微积分;高一阶段开设的物理课程为使用英文教材的Pre-AP物理;高一阶段开设的化学和生物课程为使用普通高中必修教材的化学和生物课程。这些课程的开设引进了美国AP课程中的优质课程资源,同时也结合了学业水平考试的要求,融合中外课程之精华,成为具有本项目特色的校本课程。

(3)双语教学实施

双语教学探究的目的在于实践适合AP项目高一学生的理科课程双语

课堂教学模式，打破学生既有的死记硬背式学习英语模式，通过课堂中英文切换、信息化教学手段等方式实现课堂的多元性与高效性，进而激发学生的学习兴趣与科学思维，实现中英文课程的融合和过渡。

在日常学科教学中，教师会根据教学内容设计一系列小组活动，引导学生通过海报、展示等活动将所学知识用英文表达出来，不仅巩固了所学知识，同时也锻炼了学生的英文口头表达能力和书写能力。

2. 普通高中中外课程融合项目

(1)方法策略

学校根据我国高中新课改方案的目标和要求，充分利用中外合作办学中积累的教育教学经验和丰富的课程资源，借鉴国外优质课程中先进的教育理念以及其精髓内容和方法，结合中国学生发展的需要和实际特点，设计能融入我国高中课程，供学生多元选择，助力他们未来多方向发展的，具有国际水准的校本"普通高中中外融合课程"方案。

(2)主要内容

①利用国际课程中成熟且可借鉴的做法和经验以及技术手段，在普通高中的选课、走班教学、教学方式、过程性评价等方面进行评估和改革，助力普通高中的"高中新课程改革"。

②将"国际课程"相关学科与"国家课程"相应学科进行有机融合并在高中各个阶段有效实施，促进中外教育理念、课程内容、教学方式、评价方法的互鉴与融通，帮助普通高中师生开阔视野、扩展知识、开拓教学思路、丰富教学方式、增强评价效能，也为学生的个性发展、多元选择及多向出口提供有力帮助。

③通过三年的课程开发与试验，形成一套以中国高中课程为主导并融合国际课程特色内容和方式，能充分体现国际课程"本土化"的"中外融合课程"课程体系，在助力学生"学科素养"提高的同时，培育学生的"国际素养"，使他们成为具有国际竞争力的国际化人才。

(3)实施过程

在进行“普通高中中外融合课程”的研究和实施过程中,坚持以普通高中课程为主线,在进行深入对比研究的基础上,借鉴国际课程中的契合内容,进行有机整合。

首先,针对普通高中课程中的数学、物理、化学、生物、英语五个学科进行追踪和调研,将普通高中和国际课程同一学科的任课教师“结成对子”,合作调研并提炼出相应学科国际课程中的契合内容,按照国际课程的方法设计课堂教学方案,利用每周课外一小时组织学生进行所选科目“中外融合课程”的教学。随后,在普通高中高一年级开设数学、物理、化学、生物四门“中外融合课程”校本选修课,课程取得了良好教学效果,受到了学生的普遍欢迎。经过一个学年的完整试验,逐步形成了一套汇集这些学科核心知识并对普通高中相应学科的知识和教学方法有所扩展和补充的英文校本课程教学讲义。

第二,开展有效的课程培训。为进一步调整和改进“中外融合课程”校本选修课,项目组利用假期时间,邀请相关中外课程融合领域的学科专家对授课教师进行培训,组织国际课程和普高课程相应学科的任课教师对授课内容进行深入探讨和系统梳理,形成了新学期教学计划和实施方案。

第三,经过一年的课程实施,项目组成员和课程教师对于已经取得的课程实施成果进行集中总结并汇报展示,邀请相关专家与同行入校听课、评课,并提出改进意见。目前,“中外融合课程”在人大附中西山学校作为校本选修课仍在持续稳步推进。

四、成效

经过十多年的探索,人大附中西山学校未来学校改革创新实践取得了初步成效,包括以下几个方面:

1.技术改变学校生态,改革创新学校文化

“互联网+”时代改变了人们对“学校”和“学习”本质的认识。在“1对1数字化未来学习”项目的实施中,西山学校成为打破单一时空局限,承载跨地域、跨时空学习方式的学习型组织。学校无线网络全覆盖,统一身份认证,统一数据管理,技术深刻融入学生、教师和家长的生活中,校园生活更加智能。未来学校将成为由教师、学生、家长和社会资源交互影响的学习共同体。

在西山学校,全体师生家长都能够认可、理解和拥抱技术的存在。这样的凝心聚力融入学校发展模式中,改变了师生的思维方式。同时,1对1数字化未来学习方式,能够全方位、无死角地对学生的学习情况进行数据收集和反馈,真正做到学习个性化。学生可以通过网络平台,与教师、教学内容、教学媒体进行多维交互,在互动过程中完成知识意义的建构,成为课堂的主导者和主动的学习者,其信息技术素养、团队协作与自主发展能力、审辨式思维与创新能力等技能得以提升。

2.改革转变育人方式,创新提高教育质量

在“变革”语境下,西山学校牢牢抓住“立德树人”根本任务,依靠师生信息技术和信息素养的不断提升,探索出一套全新的实施举措,将核心素养的培养指标真正落地。

在“1对1数字化未来学习”中,学生逐渐懂得选择和利用恰当的技术服务学习,甚至能够在“学长计划”中,以小教师的身份深入浅出地讲授技术与学习的融合点。这些改变,都是“学会学习”这一核心素养通过“1对1数字化未来学习”得以落实的证明。

随着AP项目“桥梁”课程的开展,学生提高了学习能力和学科素养,一方面能够很好地掌握北京市统一学业水平考试的内容和要求,另一方面获得了足够的学习高二高三AP课程的学科能力。而在普高的“中外融合“课程体系助力下,学生在“学科素养”提高的同时更成为具有国际竞争力的国际化人才。

3.项目提升实践能力，实践激发创新潜能

“1对1数字化未来学习”项目实施10多年来，学校先后获得北京市基础教育课程建设优秀成果一等奖、北京市基础教育课程建设先进单位等荣誉，是中国教科院“未来学校创新联盟”全国示范校、教育部基础教育信息化区域应用典型案例校、北京市教育信息化建设“双百”融合创新示范基地。

AP项目“桥梁”课程的实施，正确处理了因AP课程所处美国教育体系与我国教育体系的不同而带来的课程衔接问题，协调了国际课程与本土课程间的关系，帮助学生同时从两套课程体系中获得成长的养分，提升教师课程领导力和理解力，从而有效增强学生的爱国情感，弘扬民族精神和优秀传统文化，发扬传统美德。

“普通高中中外融合课程”项目虽然仅启动两年时间，但绝大部分学生对“中外融合课程”持认可态度并给予良好评价，他们的探究能力、收集信息的能力明显提升。同时，学生的合作精神与能力得到了培养，视野得到了拓宽，对中西文化的理解进一步加深。

五、未来展望

经过十年的实践和努力，人大附中西山学校完成了以“1对1数字化未来学习”为内容的教育教学改革，使技术深刻融入学生、教师和家长的生活，校园生活也更加智能。在此基础上，全体教师都能够凝心聚力融入学校发展模式中，深入开展了数字化融入课程实践，丰富了课程建设内涵。同时，以“个性化、可移动、情境化”为特点的学习模式，使学生始终处于探寻的状态，激发出发现问题和解决问题的潜能，从而带动学生学习变革，为教育教学提质增效。在今后的探索中，我们首先对于已形成的教学成果进行总结、巩固和提升，将数字化教学的模式向深度延展，形成更为完善、系统的数字化未来学校模式2.0。同时，更深入开发编程课程、人工智能课程及交叉学科课程，注重培养学生的编程编码能力，激发学生对学习人工智能技术的兴

趣，唤起学生学习各交叉学科知识的热情。

学校中外合作项目“桥梁”课程的探索与实践已开展近五年，这是对AP项目中公立高中课程校本化研究的有益尝试。今后，我们将在实践的基础上总结、提炼出课程整合的相关理论，探讨如何更好实现国际课程“本土化”，实现将学生培养为兼具本土情怀和国际素养的人才的教育目标，从而为开设国际课程的学校乃至我国高中教育教学改革提供可借鉴的经验。而“普通高中中外融合课程”体系的探索虽刚刚开始，但我们要在此基础上发现存在的问题，总结已有经验，改善教学内容，重新调整课程体系，以此回应普通高中学生未来发展的需要，为促进学校普通高中教育教学水平的整体提升并逐渐与国际接轨发挥有力的助推作用。

2020年初的新冠肺炎疫情让我们思考特殊时期如何进行线上教育。人大附中西山学校的师生发挥原有的数字化学习优势，迅速适应在线教学的实践和应用，效果显著。在此基础上，我们应该及时反思、系统总结这一非常时期的独特经验，如教师如何进行资源整合和开展线上导学、直播课和学习效果检测等来丰富学生的学习体验，激发学生自主学习的能动性，为构建更为完善的线上线下混合学习模式提供借鉴。

“行之力则知愈进，知之深则行愈达。”未来，人大附中西山学校将继续深耕内涵，熔铸中外教育精华，探索有中国特色的数字化未来教育，为我国基础教育深化改革贡献力量。

【案例点评】

人大附中西山学校创办于2009年，是一所包括初中、高中和中美高中课程合作项目的完全中学，由中国人民大学附属中学冠名并实施管理，是人大附中教育改革的试验田，力做人大附中的未来学校。学校实施“1对1数字化未来学习”项目十余年，积累了包括课程体系、课程实施与教学评价、学生和教师培养、学校软硬件环境支持等系统性的实践方案，得到了师生、家长和教育领域专家同行的认可及高度评价，推动学校成为公办中学探索未来教育的先行者和持续践行者。

作为中国第一所开展数字化未来学习项目校，人大附中西山学校从2010年开始只在项目班实施项目，到2015年拓展到全学校、全学科，使更多学生成为项目受益者，促进了学生学习方式和思维方式的改变，特别是批判性思维、创新能力、团队合作等方面的素养提升。项目成功实施的三大关键做法包括：文化土壤培育、软硬件环境搭建、教育教学实践。文化土壤培育从教师、学生、家长三个群体突破，教师重在更新教育观念，突破传统局限；学生要尊重天然优势，提升信息素养；家长要体验未来学校，形成家校合力。软硬件环境搭建从“数字化校园”到“智慧校园”，从技术视角到生态视角，实现了数字化环境的育人价值。教育教学实践方面，通过数字化带动学习变革，使教育教学提质增效；数字化融入课程实践，丰富课程建设内涵。项目实施既改变了学校文化，包括学校制度、思维方式、校园生活的改变，也促进了育人方式改变，包括：重在发现学习价值，学会自主学习；树立担当意识，培养团队精神；参与文化交流，增进国际理解；激发创新潜能，提升实践能力。

人大附中西山学校在推行数字化学习方面，最值得借鉴的成功经验有两方面。第一，学校紧紧围绕培养目标，坚持长周期、全方位的深入探索，让数字技术手段始终服务于育人核心，坚持“立德树人”根本任务，力求将核心素养的培养真正落地。第二，将课堂教学作为变革学习方式的主阵地，通过优化教学设计、激发自主预习、丰富课堂互动、即时评价反馈等方式，借助信息技术突破传统教学盲区，助力学生学习品质提升。

新冠肺炎疫情发生后，越来越多的学校采取线上和线下融合的教学方式，随着教与学活动不断迁移到数字化空间，如何保护学生的数字信息安全，确保他们有能力做出明智的决定，将是学校教育的重要任务。此外，基于学习管理系统的家校协同育人，也将成为数字化学习的新常态，家长如何参与到孩子的数字世界以便更好地指导孩子学会选择应用，都值得人大附中西山学校做出进一步的实践探讨。

（点评人：方铭琳，中国教育科学研究院副研究员）

实施智慧管理 服务未来教育

◎重庆市沙坪坝区树人景瑞小学 李华 周青

摘要

未来学校的变革正从硬软件资源的建设到学校的全面系统变革迈进，未来学校的发展将突出个性和创新，将从知识的传播与消费转向知识的创造与分享，未来学校管理也将从管制过渡到基于数据支持的管理服务。本文以重庆市沙坪坝区树人景瑞小学的未来学校探索实践为例，从景瑞小学智慧管理空间的构建、智慧管理生态的营造两个方面阐释了未来学校的管理方式，为未来学校管理提供了实践案例。

一、景瑞小学未来学校建设历程

（一）学校简介

重庆市沙坪坝区树人景瑞小学校成立于2009年，是一所地处城乡接合部的小区配套公办小学，现有教学班34个，学生1599人。建校之初，学校硬件配置、师资力量与生源质量都不占优势，十多年来，全校师生凭借“持之以恒、开拓创新”的景瑞精神，把握国家教育信息化发展脉搏，将办学改革与实践研究紧密结合，实现了学校“特色学校建设立根本”“卓越课堂改革增内涵”“智慧教育探索创未来”的“层进式”发展。

如今，学校构建了以“兰韵”为特色的未来学校，实现了师生人手一台移动学习终端，搭建了“教、学、评、管、研”一体化的网络学习空间，实现了“一生一空间、人人用空间”，该空间支持各应用系统和管理部门的互联互通，实现了线上+线下、校内+校外的交流互动学习，形成了管理空间·规划发展、教师空间·教学研究、学生空间·个性呈现、家长空间·追踪了解的智慧学习新场所，学校常态化开展信息化教学，促进了学生知识、技术、能力和素养的全面发展，提升了学校的办学品质，获得了家长和社会的广泛认同。

（二）学校办学理念及培养目标

景瑞小学将中华优秀传统文化与现代文明相结合，以“兰”为表征，师生和家长共同创建了学校的“兰韵”文化，继承传统，弘扬美德，育心树人。

“兰韵无声、精心树人”是景瑞小学的办学理念，景瑞小学努力为学生营造适宜的成长环境，让学生每每步入校园，如入芝兰之室，在潜移默化中得到熏陶，进而树立起高远的志向，涵养出优雅的气质，夯实人生的基础。“涵养灵动、善德、慧思、雅美的智慧人”是景瑞小学的育人目标，景瑞育生动活泼、朝气蓬勃的灵动之人，蕙质兰心、积极向上的善德之人，勤于思索、敏而好学的慧思之人，优雅大气、品位高尚的雅美之人，让学生成长为德智体美劳全面发展的社会主义建设者和接班人。同时，学校确立了“我为世界添芬芳”的办学愿景，引导学生传承优秀文化，开启国际视野，修养自己，芬芳他人。

（三）学校加入未来学校创新联盟

2012年，景瑞小学以教育信息化建设为突破口，将教育信息化建设与学校长期发展目标相结合，按照“文化统领、问题导向、统筹兼顾、重点突破”的基本策略，全面促进信息技术与课程、教学、评价、管理、研修的深度融合，逐步探索智慧管理、智慧课程、智慧学习、智慧研修、智慧评价。2016年，景瑞小学加入未来学校创新联盟，成为未来学校示范学校，在中国教育科学研究院的引领下，与各联盟校共同探索未来学校的有效发展路径。

二、景瑞小学管理改革理念与目标

(一)理论依据

1. 人才培养目标变革下的未来学校

2020年1月,世界经济论坛发布《未来学校:为第四次工业革命定义新的教育模式》白皮书。该白皮书提出了"教育4.0全球框架",对新经济中的高质量学习进行重新定义,呼吁全球教育系统实现学习内容和学习体验的八个关键转变:重视全球公民技能培养、重视创新和创造技能培养、重视技术技能培养、重视人际交往技能培养、强调个性化及自主学习、强调易获得和包容性的学习、强调基于问题与合作的学习、强调终身学习和自主驱动学习。全球化和技术快速进步正不断改变城市空间及工作方式,但教育系统却日益脱离全球经济和社会的现实及需要。人才培养目标的转变推动着未来教育管理模式的变革。景瑞小学也基于培养"灵动、善德、慧思、雅美的智慧人"的育人目标,借助网络空间,开始了智慧管理探索。

2. 哲学和社会学视角下的未来学校

未来学校是对教育的一种理想化阐述,是一种涵盖特殊的时间—空间—问题的学校。21世纪的新型学校包括技术、实践以及形成学习共同体,其改革的愿景由三类哲学构成:公共性哲学、民主主义哲学和卓越哲学。这些观点从哲学、社会学角度对未来学校进行高度概括,指出了未来学校教育的公共属性。景瑞小学从社会学角度出发构建未来学校,形成了开放的网络学习空间,并积极组建教育信息化共同体,共享优质教育资源。

3. 技术视角下的未来学校

互联网、大数据技术等催生没有围墙的"未来学校"的出现,适应个性化发展的教育需要重新设计学校,而互联网为学校重组提供了新的可能;未来学校给学生学习提供广阔的探究空间;数据和信息资源成为学校最重要的资产。未来学校是在新一轮工业革命背景下产生的学校系统性变革成果,是一种基于未来人才培养需求与人工智能技术深度融合创新而形成的新形态育人场域。景瑞小学以培养未来的人才为核心,不断促进网络空间与学校办学的深度融合创新,重新定位了育人场域新形态。

(二)主要思路

在我国,学校的使命是要培养德智体美劳全面发展的社会主义建设者和接班人。随着信息技术的迅猛发展,传统教育的培养体系和方式不能满足未来社会对人才的需求。因此,未来学校应从这一层面出发,做出多方面、多角度、多层次的改革。管理与服务是学校建设的基础,景瑞小学将网络学习空间作为社会、学校、教师、学生和家长等多元主体的关系纽带,让学校的管理与服务成为未来学校建设的基础动力。企业根据学校需求供给并不断优化服务空间,家校借助空间互联互通,是景瑞小学在未来学校建设过程中从社会层面汲取到的强大动力。教师的专业发展能力和信息化教学模式则是培养学生的中坚动力。景瑞小学在基础动力、社会动力和中坚动力等多方支持下,开展了教学环境、课程内容、教学模式、研修方式、评价体系的系统变革,这几方面的变革与发展形成了景瑞小学的教育新生态。这样的教育新生态不是一个个割裂的网络学习空间,而是链接学生现在和未来生活的空间,培养学生主动适应变革的能力。

(三)建设目标

未来学校的智慧管理要具备七个特征:要实现教育业务全面数字化;智能化的运维;要有安全预警功能;能提供智慧决策;能协助远程督导;强调部门工作的协同。业务流程的重构,大大提高管理的效率;强调个性化的智能服务。围绕这七大特征,学校全面构建和运行智慧管理空间,营造绿色智慧管理生态,以实现未来学校管理的数据无缝整合、空间智能运维、个性智能服务、资源合理管理、数据及时分析、管理路径科学、网络安全可靠。

三、实践路径

(一)实施方案

1.规划先行,转变观念

开展教学信息化调研,成立区、企业、学校、家长构成的领导组和工作组,编制发展规划,成立信息化办公室,制定未来学校建设专项管理制度,确立机制保障,落实各方任务,对教师、学生、家长开展主题化培训,促进理解认同。

2.四方协同,形成合力

开创行政主管部门、学校、家长、企业"四方协同"的发展路径,协调各方创建未来教室、电子阅读中心、小创客中心等,实现师生人手一台平板电脑,定制电子班牌,夯实未来学校硬件条件。采用"学校出思路+企业出技术"的方式,联合企业研发教、学、评、管、研一体化网络学习空间,打通各办公环节的平台端口,使数据交互相融,为学校开展智慧管理提供软件保障。建立学校教育资源体系,借助网络学习空间,开发"导学单""微视频"等系列化的国家课程资源,开发社交化(Social)、移动化(Mobile)、大数据分析(Analysis)、云计算(Cloud)的SMAC校本课程资源,促进教育资源的智慧管理。创新性地构建"基于网络学习空间的大单元教学模式",捕捉学生学习状态、学习效果、学习难点等真实学习数据,改进师生教学行为,促进教学管理深度变革。实施"三阶递进式"教师研修模式,提高教师智慧教学胜任力,优化教师管理模式。

3.总结提炼,推广应用

开展后期调研,接纳多方建议,系统总结建设经验。接待全国各地同仁观摩学习,受邀前往27个省市培训指导,接受教育部与国家督学信息化教学调研。

（二）方法策略

1.构建智慧管理空间

网络技术可以为学校搭建一个即时性、个性化、互动化的管理平台，为学校管理提供更便捷的智能工具。为全面构建一个立体化的教育数据网络，学校以建设“兰韵”网络空间为切入点，打通各部门的信息端口，实现学校各项管理数据的纵向贯通和互联，形成一个良性的数据循环，实现数据的持续、动态、标准化的采集。（图1）

一是服务学生，构建学生管理空间。小学是学生学习能力、性格塑造、健康基础的重要形成期。景瑞小学着力构建学生管理空间，对学生的学业能力、品行习惯、身心健康、实践活动、成果分享等维度进行数据采集，形成学生成长画像，从而为每一位学生的全方位、个性化成长提供重要的参考价值，为管理者进一步明确育人目标、调整办学方向、制订办学规划、设计教学课程提供重要的参考数据。具体而言，在学业能力数据采集上，借助于学习终端采集设备，采集学生的学业成绩、学习行为、思维发展等相关数据；在品行习惯数据采集上，采集学生校内外的日常行为、文明礼仪、阅读习惯、生活习惯等数据；在身心健康数据采集上，对学生日常的身心情况进行实时记录，如每日运动量、体重、身高等，同时，将学生每日的阅读信息、浏览网页数据等进行实时记录，据此分析学生的兴趣爱好和身心健康发展；在实践活动数据采集上，同伴、家长、教师共同参与，对学生成长中的关键实践活动，如社区义工活动、素质拓展基地训练、徒步行走、野外求生等数据进行采集；在成果分享数据采集上，通过视频、图片、文字等方式，对学生表彰获奖、才艺展示、创新发明等数据进行采集。

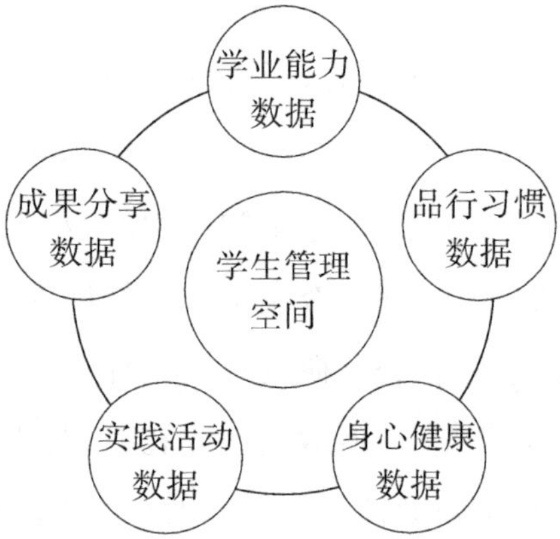

图1 “学生管理空间”结构示意图

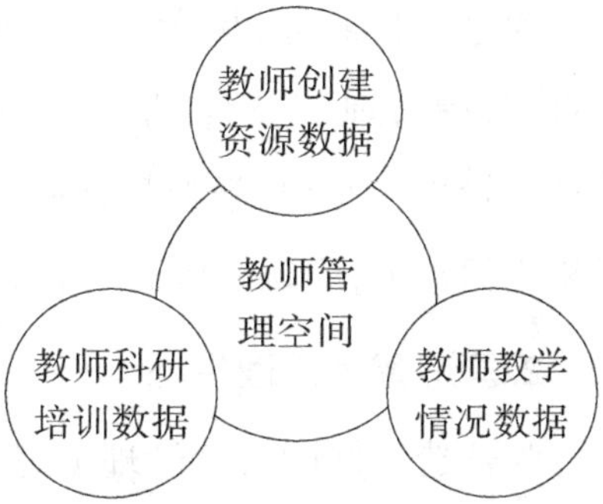

图2 “教师管理空间”结构示意图

二是发展教师，构建教师管理空间。景瑞小学基于教师专业发展，从教师教学情况、教师创建资源、教师科研培训多个维度采集数据，精准分析教师专业技术水平，专注于为管理者了解教师的专业能力提升，为教师制订成长方案，帮助提升教师专业能力方面提供支持。在教师创建资源数据采集上，管理空间打通了学校的教学平台，教师在平台上准备教学资源的时长、数量、类型，系统都自动进行实时记录和分类采集，便于管理者了解教师的工作态度、工作能力等情况；在教师教学情况数据采集上，系统自动捕捉教师的教学痕迹，教师在教学中使用富媒体、流媒体、交互工具的数据被采集，教师是否根据学情的变化尝试灵活调用了教学资源，是否利用交互式工具开展了个性化教学等数据被采集；在教师科研培训数据采集上，管理空间从技术支持教学变革能力、数据驱动个性化教学能力、数据管理能力、数据采集能力、数据分析能力、项目式教学能力、跨学科教学能力、STEAM教学能力、编程教学能力、学科专业知识把握能力十个维度，提升教师的实施能力，系统自动对教师参培次数、教师论文发表篇数、教师参与课题类型、教师参赛获奖级别等方面进行数据统计，关注教师专业能力提升的轨迹。(图2)

三是保障服务，构建后勤管理空间。管理空间支持对学校设施、设备、教学仪器等登记管理、使用跟踪和查询统计功能，支持教学仪器设备入库、盘点、申请、发放、使用、收回和报修、维修等过程管理。帮助学校后勤处和信息化办公室解决以往工作中教学仪器、设备使用情况信息混乱，学校办学条件和资产信息统计口径不一致等问题，切实实现对学校资产和设备的全方位、全过程管理。支持后勤网络、多媒体、水、电等在线进行报修、实时监控，及学期工作量统计。通过集成控制软件，实现对全校核心机房、楼层交换机、无线AP进行智能管控。

四是调控服务,构建校务管理空间。管理空间支持校务通知、公告、通讯录、日程管理、考勤管理、场地管理、物品管理、共享网盘、公文管理、工作计划等管理,为提高学校日常办公工作效率提供有力支持。同时,自动生成了相应的数据,为调配资源、明确工作安排提供数据参考。

2.营造智慧管理生态

为营造良好的智慧管理生态,景瑞小学采取了如下策略:

一是推动数据无缝整合。景瑞小学整合政府、学校、社会力量,建成万兆骨干网络,建立了学生、家长、教师、管理者四级空间,四级空间权限不同,每人拥有独立的空间账号,确保空间的私密性,同时增设管理者与教师、学校与家庭、教师与教师、教师与学生等交互空间,提高空间的开放性;成立大数据中心,实现学校各个空间的互联互通,支持办公动态实时更新,学习行为实时反馈,教师研修持续跟进,教学应用状态实时更新,实现教学、德育、后勤等数据的实时整合、及时分析,便于管理者对办学情况进行动态跟踪。

二是实现空间智能运维。网络空间可以自发处理教育数据并从数据中得出科学的结论以及反馈信息,提高了管理的自动化程度,使得管理成本大大降低。不仅如此,网络空间还能够自动化处理机械、重复的工作,提高了教育管理效率,使得管理人员不必继续每日繁杂的重复劳动。学校维修工作繁杂,维修工作常常出现遗漏或者进度缓慢的情况,通过校务管理空间,教师们自主在网上报修,系统则根据报修日期自动安排维修工作人员维修,维修结束后,提交完成时间,维修工人的工作量和工作效率自动反馈,学校物资损耗,一目了然。自动化的管理,让人为监督转变为主动自律,大大提高了学校各项工作的效率。

三是提供个性化智能服务。在学生服务方面,学校借助网络空间,构建并实施基于网络学习空间的大单元教学模式,该模式聚焦素养目标,基于学习本位,依托学习空间,具有跨界性主题、表现性目标、场景化内容、任务型方式、持续性评价、开放性作业、自主性反思等特征。学校根据单元教学需求，链接学生单元学习前、学习中和单元拓展的全过程，发布课堂电子笔记、学习游戏、试题、微课等各类学习资源，系统自动记录学生资源调取、答题时长、答题准确率、发言次数、发言时间、课后拓展完成情况等各类数据，通过对数据进行及时的整理、分析，聚焦学生的微观表现，了解学生的思维发展层次，针对学生的实际需求实施“精确供给”，在不需要大规模人力投入的情况下，就能实现对每个学生的过程评价和及时反馈，从而形成学生的成长轨迹，使学生的学习效果可视化，以最合适的资源提供最佳的服务，促进学生核心素养发展。在教师服务方面，构建了网络空间的三位支撑，一是开发教师研修空间，教师一人一空间，该空间支持学习记录、互动交流、资源共享、成果分享等服务，助力教师研修晋级；二是建立教师云档案，对每个教师的学习、教学开展伴随式数据采集，并对照教师的十种能力，根据数据反馈对教师智慧教学胜任力进行综合评定；三是建立教师研修云资源库，提供理论指导、技术指导、应用指导三大教师研修课程，下设相应角色的五小类，及相应能力的课程资源，每学期综合评定未合格教师，系统将有针对性地推送资源，持续跟进学习，直至通过测评，满足教师个性化成长需要。开发教师培训三阶课程，一是重输入的兰芽课程，通过在线专题课程学一学、线上主题研讨议一议、答疑课程问一问、平台系统测评做一做帮助教师更新理念；二是重理论的兰叶课程，根据教师需适应的5种角色（促进者、数据分析师、课程设计师、数字公民、学习者）设计专项课程，邀请专家到校开展培训，引导教师开展沉浸式深度学习；三是重实践的兰花课程，聚焦学习过程中的痛点问题，开展信息技术与学科教学深度融合的实践活动。通过“六课、三技、两活动”加强校本实践，提升教师应用能力。（图3）

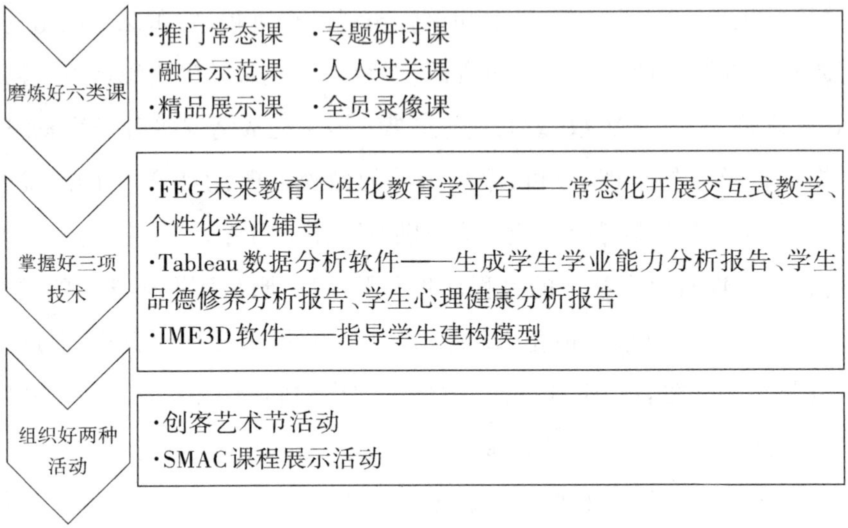

图3　树人景瑞小学教师六课、三技、两活动

四是重构资源管理方式。网络空间让多部门之间进行了有效的连接，切实有效地提升了管理工作的效率，有效提升了管理者决策的科学性和合理性，促进了各部门之间的资源共享，让校园管理工作更有实效性和针对性。如，在资源库的建设中，我们就借助空间，构建了具有开放、精致、协同、混合、创新、发展等特点的校级资源体系。师生是课程资源的使用者，也是课程资源的创造者，利用网络空间与学生、同伴、家长进行互动，在课程资源的获取、分享与创造中，形成优质资源体系，同时也完成了自我能力的提升。目前已开发交互性学习资源29249件、微课视频13504个，配套练习16257套。

五是整合分析管理数据。智慧化的教育管理系统可以利用云计算、大数据等技术对收集的教师教学数据、学生信息数据、家长反馈意见等进行科学的整合、统计分析，然后利用关联、聚类、回归序列等数据挖掘技术筛选出具有价值的核心信息，发掘数据背后的联系，总结出规律并将其有效应用到教育管理系统，为管理人员提供准确且全面的数据，提高教育管理、决策的科学性，避免管理工作人员因经验主义而出现失误，实现教育资源、经费等的合理使用，为学校持续发展奠定基础。如，借助网络空间，采集、分析学生的学情数据,学校可以对校本课程的安排、课时的安排、师资的安排、资源整合进行更加科学合理的管理。同时,我们还能跟进学情数据,为学生推送分类课程:需要进一步丰富的“多彩舞台”课程;需要进一步加强的“智慧油站”课程;有增加难度的“快乐挑战”课程;有激发潜力的“超越课程”。通过课程推荐和课程选择,让每一位学生实现共同提升和个性化发展。

六是优化科学管理路径。构建覆盖全校的教育动态监测分析系统,利用物联网、射频识别等技术,将各种教育装备与互联网连接起来,进行智能化识别、定位以及实时监控管理与对比分析;对教育基础设施、教育信息系统、教学活动管理、资源配置以及一些教育热点和难点问题进行动态监测与分析,有效提高教育管理质量和效率。如,管理者通过该系统能够实现远程督导,进入管理者空间,就能调取各班实时教学直播画面,并且页面中还能将教师使用互动教学方式、资源调用的情况同步反馈。

七是建立网络安全机制。网络空间对数据的采集、分析能够帮助管理者发现教育教学中可能出现的问题,进而对教育管理工作进行修正、优化。学校智慧管理系统能够运用定位系统、物联网以及射频识别等技术将互联网与教育设备相连接,实时监控并能够通过对比分析发现教学基础设施、资源配置、教学活动管理中可能存在的问题进行预警。如,学校的人脸识别系统,能够自动识别师生面部特征,采集师生进校、离校时间,出现任何情况,可在第一时间调取数据,进行应急处置。此外,该系统还和公安系统联网,动态监督校门附近出入人员,一旦出现公安系统备案的可疑人员,系统就立即发出警报,为学生的安全筑起了一道安全屏障。教学楼内,也通过热感应,能够采集到学生在教学楼各个位置人数分布情况,危险区域设置了报警系统,一旦学生踏入,系统会自动报警提示。同时,为确保网络安全,景瑞小学建立了应用软件安全评估机制、数据分级保障机制、安全事件应急处置机制,由信息化办公室统一管理账户、密码,负责信息系统等级保护与升级,定期维护防火墙、入侵防御系统、漏洞扫描、态势感知系统、WEB防火墙等安全系统,校内外用户访问端口实行严格管理,只开放必要的访问端口,网络安全人员定期参加培训，提升安全管理意识和防护能力，维护广大师生的切身利益。

四、成效

（一）学生核心素养大幅提升

近年来，在未来学校建设的引领下，景瑞小学实施基于数据的科学管理，引导学生身心健康发展，关注学生个性化发展。全校学生都能熟练运用网络学习空间开展自主探究学习，熟练运用现代信息技术创生资源、解决问题、形成学习成果。据空间数据显示，学生数字化资源的调用率逐渐上升，学生创生的微课、任务单、图片、文字、音频、课件等资源数量持续上涨，学生的投入度和参与度逐年攀升，从被动学习逐渐转变为主动学习，正在迈向高水平的主动学习学生的学科思维能力、批判性思维能力、问题解决能力、协作能力等得到不断提升。

（二）教师专业能力有效发展

现今，景瑞小学教师都具有适应信息技术环境的教育管理技能和教学技能。学校全体教师都能够熟练运用网络空间进行备课、授课、研修。智慧教学的共享性、合作性、便捷性将教师从烦琐的教学事务中解放了出来，用更充裕的时间和精力提升学科专业素养，让教师获取更多的职业成就感和幸福感。近年来，学校80%教师的课例入选市级“优课”，100%教师获国家级信息化教学大赛奖。

（三）家长满意度不断攀升

随着智慧管理的持续深入，家长的教育理念也在不断更新，学生家长资源参与学校教育教学管理已成常态。家长对学校的教育信息化实践也从半信半疑逐步转变全力支持的态度，家长的空间参与度、满意度逐年上升，乐于为学生创生丰富的学习资源以供择取,也乐意从空间调用学习资源帮助学生进行自我知识的建构。

(四)学校办学品质实现突破性提升

学校逐渐树立起了优质的办学品牌,提升了学校的认可度和美誉度,在全国形成了一定的影响力。近年来,学校“兰韵”智慧学习模式获国家基础教育教学成果一等奖;移动学习项目入选联合国教科文组织的最佳移动学习案例,并向全球发行;“WES”建设项目提名联合国哈马德国王奖;被评为教育部2018年度网络学习空间应用普及优秀学校,教育部中小学校长、骨干教师网络学习空间人人通专项培训基地校;入选全国基础教育信息化应用典型案例、全国基础教育信息技术与教育教学深度融合示范案例。

五、未来展望

进一步推动网络学习空间与智慧教学的深度融合。教学是学校的中心工作,网络学习空间是常态化推进智慧教学的有力手段,还需进一步探索网络学习空间与大单元教学模式更深层次的运行机制与策略,对网络学习空间进行再升级,对课程资源进行再创造、再生成,形成相互促进、互补互化的良性循环机制,为大单元教学提供无边界、跨学科的开放性学习空间。

进一步发挥教育大数据在课程改革中的参考价值。教育大数据具有明确的方向性,支撑学校理性推动课程改革的进程。我们还将深入分析并运用四维主体空间行为数据的隐含价值,从中梳理管理者管理缺失、教师教学误区、学生学习难点、家长关注焦点,为管理者精准科学施策提供实证依据。

进一步促进虚拟学校与实体学校的深度融合。随着人工智能、虚拟现实等越来越多新技术在中小学教育教学场景中的运用,让实体校园建设与信息化、智能化技术有机结合,建设数字空间化“虚拟学校”势在必行。景瑞小学拟借助网络空间打破时间、空间和地域的限制,丰富线上线下、课内课外、校内校外的学习形式，构建数字化无边界的“虚拟学校”，实现共同体学校管理者、教师、学生和家长的资源共建、共创、共享，实现优质教育资源融合应用。

【案例点评】

重庆市沙坪坝区树人景瑞小学成立于2009年，是一所地处城乡接合部的小区配套公办小学。从2012年开始，景瑞小学以教育信息化建设为突破口，撬动学校系统转型性变革，遵循“文化统领、问题导向、统筹兼顾、重点突破”的基本原则，全面促进信息技术与课程、教学、评价、管理、研修的深度融合，将网络学习空间作为社会、学校、教师、学生和家长等多元主体的关系纽带，尤其是通过管理改革——构建智慧管理空间、培育智慧管理生态，形成了景瑞小学发展新动能，促进了学生知识、技能、能力和素养的全面发展，提升了学校的办学品质，获得了家长和社会的广泛认同。

从景瑞小学未来学校建设的实践探索来看，有如下经验值得同行们借鉴思考。第一，具有系统观。系统观即利用价值观、政策、规范、制度、组织机构、学校文化等要素及要素间的相互关系，推动学校的转型性变革。学校能够从哲学视角和社会变迁的立场理解未来学校建设，超越单一的技术革新，以未来人才培养为核心，重塑育人场域，充分发挥家校合力，不断促进人工智能与学校办学的深度融合。这只有在对学校办学全要素、全过程有系统思考、精准判断的基础上才能达成。未来学校并不是学校内部各要素的简单相加。学校已经建立起来的相对稳定的框架和模式与学校所依赖的外部环境之间形成的张力与矛盾，使得学校必须或主动变革引领发展，或被动适应维持生存，必须要有系统性、整合性的意识、机制与能力，这在景瑞小学的实践中体现得较为明显。第二，服务学生全面发展。育人是学校的核心使命，小学阶段，重在培养学生的综合素养与终身学习能力，景瑞小学团队对学生的学业能力、品行习惯、身心健康、实践活动、成果分享五个维度进行数据采集，形成学生成长画像，为每一位学生的全方位、个性化成长提供重要的参考价值，也就是说，未来学校建设直接服务于立德树人根本任务。景瑞小学团队打破时空限制，逐步形成个性化的学习支持体系，引导学生体验、交流与创造，保护学生学习的兴趣与热情，鼓励学生从知识的被动接受者转变为主动探究者，以适应终身学习社会的要求，这种实践是较有价值的。

总体来看，景瑞小学在未来学校建设方面已经取得了宝贵的经验，指向未来，建议学校进一步思考知识经济社会知识、教育、学习的内涵，未来学校一定是教育与技术相互支持的产物，根源在于对于学校的根本理解，运用技术的力量更好地改变具有鲜明工业主义烙印的科层体系、程序化教学等方式，促进学校更好地从“智能”走向“智慧”。

（点评人：张爽，首都师范大学教育学院副院长、教授）

扁平化矩阵型的人机一体化组织模式探索

北京一零一中　康文中　吴红枚

摘要

在迈向教育4.0的时代背景下，互联网、大数据和移动互联网、5G等技术的迅猛发展，促进了学校组织管理模式变革，在面向未来的学校组织管理模式中，智慧校园逐渐取代数字校园成为当前教育信息化发展的趋势。本文聚焦北京一零一中在集团化办学背景下的组织管理模式，从整体上介绍集团校的"扁平化矩阵型"组织管理模式，以教师发展中心的部门管理工作和课程组织管理工作为例，从行政管理角度来论述北京一零一中未来学校的管理模式特征，即扁平化、网络化、虚拟化和智能化特征。

一、学校及其未来学校项目参与情况简介

（一）学校简介

北京一零一中是北京市重点中学，北京市高中示范校。北京一零一中学于1946年在张家口建校，校名先后易名为张家口市立中学、晋察冀边区联合中学、华北育才中学、北师大附中二部等。1955年，学校定名为北京一零一中，郭沫若亲笔题写校名，并释其含义为"百尺竿头，更进一步"。学校始终坚持全面发展的教育方针，致力于培养未来卓越担当人才。建校70多年来，学校四万多名毕业生中，涌现出国家领导人、将军、院士，大批的科学家、艺术家、世界冠军，以及各行各业的优秀人物。（图1）

图1 北京一零一中校门

北京一零一中是北京市基础教育课程改革首批样板学校,国家级教育体制改革试点项目"开展高中特色发展试验项目学校"。学校落实自我教育理念,为学生未来幸福人生奠基。开展指向未来的生态智慧教育,构建了8大领域32个系列的学校课程体系,形成了多元开放、自主选择的课程模式。在构建学校课程体系、探索教学改革路径、改进评价方式、促进教师专业发展等领域探索出了可资借鉴的经验。

学校特别注重创新人才的培养,成立"英才学院",和清华大学、同济大学、北京理工大学、中国科学院大学、北京语言大学和中国科学院等高校和科研院所合作,对标国家重大需求,落实"强基计划",以实验班、实验项目为载体,以创新课程为核心,以OMO学习模式,面向集团内一万多名学生开展创新人才培养。

成为国家级示范校,意味着北京一零一中将如校训所言,"百尺竿头,更进一步"。未来将在教育部、北京市、海淀区的支持和指导下,在课程建设、教学改革、考试评价等关键领域进行积极探索,在推进普通高中育人模式变革、促进学校多样化有特色发展方面发挥示范引领作用。

(二)学校办学理念及培养目标

北京一零一中以"生态·智慧"教育理念为指引,加强教师队伍建设,深入推进育人方式转变,提升学生发展品质,进一步提高办学质量,成果显著。

学校办学条件持续优化，学校治理架构成功调整，未来智慧校园建设取得阶段性成绩，“生态·智慧”教育理念进一步完善，教学质量进一步提升，被中央文明委授予“全国文明校园”称号，探索创新人才培养新模式，教师队伍水平进一步提高，国际教育品质不断提升，担当社会责任，进一步发挥新课程新教材示范校的引领作用。2019年7月，在“首届北京一零一中教育集团教育教学年会”上，北京一零一中教育集团陆云泉校长在《智慧与人文并举是未来教育的新模式》报告中提出了学校的办学目标：将北京一零一中“建设成中国特色国际一流的基础教育名校”，围绕“培养未来卓越担当人才”的育人目标，开展普通高中新课程新教材实施工作；以国际一流的教育理念、教师队伍、课程教学、环境设施、管理水平、教育质量来办让人民满意的基础教育。

（三）学校参与未来项目的历程

北京一零一中教育集团2016年加入未来学校项目，以空间改造为重点推进未来学校建设。在2018年顺利完成“未来学校1.0”阶段的研究任务后，继续深化对未来学校的探索，根据未来学校2.0阶段的建设理念和目标要求，进一步完善基础设置建设，从组织、课程、教学、空间、技术等方面整体规划设计，系统推进学校变革。

首先，在1.0阶段空间改造的基础上持续完善未来学校空间建设任务。学校在秉持面向未来的教育理想，突出本校办学理念及校园文化的基础上，在整体保持学校原有建筑结构风格的同时，进行未来学校空间建设。目前，在北京一零一中教育集团总校区（圆明园校区）已建成了五个特色空间，分别是：代表生活体验中心的“四宜”书屋、代表国学启慧中心的“雪霁茶香”茶室、代表未来艺术中心的阳光大厅、代表未来学习中心的国际部教室以及代表社会实践中心的一零一中圆明园校区生态校园。联合国前秘书长潘基文先生2019年12月12日到我校访问期间参观了前三个空间并予以充分肯定。（图2）

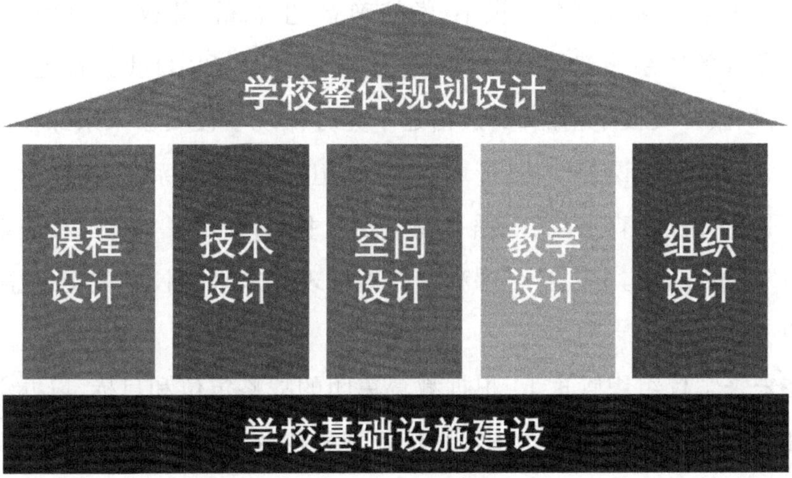

图2　学校整体规划设计图例

其次,在未来学校学习方式变革中,学校从新世纪学生发展核心素养要求出发,结合学校办学理念,推进学习方式的变革,学校教师发展中心专门成立了学习科学研究所来助推未来学校学习方式的变革,使教育和学习方式不断创新以惠及更多的学习者。学校运用疫情下学习成长共同体、OMO(线上—移动—线下)一体化平台的学习方式,借助人工智能、教育信息化发挥这种学习方式的作用,因材施教,满足学生个性化发展和成长的需求。北京一零一中未来学校的发展,必将改变现有教育模式下固化思维和培养人才理念,通过研究与实验,为未来学校寻找到一种最理想的学习方式。(图3)

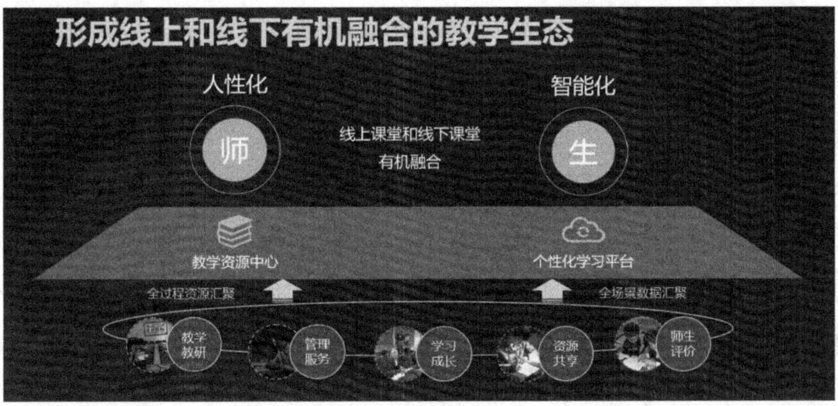

图3　OMO教学生态

在未来学校课程体系建设中，学校确立“生态·智慧教育”发展理念，加强校本课程的体系化建构，以“卓越担当人才培养”和“自我教育理念”为核心要素，积极开发校本精品课程，搭建了充分体现学校关于未来课程体系理念的“三层八维式”课程结构，形成了“卓越担当”课程体系，专门针对四大书院，即圆明书院、学森书院、六韬书院和云翥书院，开发了特色课程体系，“卓越担当”校本课程与书院特色课程很好地体现了未来学校课程契合、融合和联合的三大特征。

在未来学校组织管理上，根据教育集团的战略定位和目标，以办学理念的梳理和提炼、学校文化的打造、学校管理架构的构建和教师队伍建设为主要方向，推动学校发展和教师队伍素质的提升，构建现代学校治理体系，形成集团以现代信息技术为支撑的人机一体化的组织模型，其特征以现代通信技术、信息存储技术、智能产品为依托，实现传统组织结构、职能及目标，组织成员通过高度自律和高度的价值取向共同实现组织的目标。

二、学校组织管理改革理念与目标

（一）理论依据

1.“扁平化矩阵型”管理模式的理论依据

扁平化管理理论渊源最初可以追溯到新制度经济学，其较为受认可的说法之一是来自迈克尔·波特的管理理论模式。扁平化理论最初的应用是在企业运作管理中，即由垂直的纵向转为横向发展，改变原有的自上而下多层次的管理层次，而向精简化、高效化、灵活性发展，它强调系统、管理层次的简化、管理幅度的增加与分权。[①]《中国未来学校白皮书》(2016)将未来学校的组织管理特征归纳为四点：管理虚拟化、管理网络化、管理智能化和管理扁平化。有学者提出，未来学校的管理需要实现管理观念、管理中心和管

① 王裔君．扁平化管理理论在高校班级管理建设中的探索与应用[J]．当代教育实践与教学研究，2020(1)：125-126.

理方式的转变:管理理念从控制观向服务观转变;管理中心从管理者向被管理者转变;管理方式从垂直管理向扁平化管理转变,从粗放式管理向精细化管理转变,从单向管理向双向互动转变。[①]由此可见,北京一零一中教育集团的“扁平化矩阵型”管理模式体现了未来学校的典型特征:扁平化管理、精细化管理、双向互动式管理。

2.扁平化管理和矩阵型组织结构的概念

(1)扁平化管理

扁平化管理最早兴起于企业,是企业为解决层级结构的组织形式在现代环境下面临的难题而实施的一种管理模式,其理论是属于现代企业组织结构的一种理论。扁平化管理是相对于传统组织结构“金字塔”式管理模式而言的,其内涵的实质就是,企业在规模扩大时,摒弃了原有的增加管理层次的办法,通过缩减组织层次、减少管理环节、增加管理幅度、下放管理权限,来提高管理效率和效能。扁平化管理旨在通过分权降低集权化程度,努力调动基层的创造性、积极性,该理论绝不是对传统管理理论的否定,而是面对新的管理环境的一种管理理念的创新和发展。[②] 扁平化管理通过改变企业自上而下的垂直高耸的结构,减少管理层次,增加管理幅度,裁减冗员来建立一种紧凑的横向组织,达到使组织变得灵活、敏捷、富有柔性和创造性的目的。简言之,这种管理就是指企业管理层级的减少和效率提升。

扁平化管理有三大优点:①减少管理层级;②增加管理幅度从而提高管理效率;③有利于发挥下级的自主性和创造性以及优秀人才的脱颖、越级而出。

(2)矩阵型组织结构

扁平化组织一般分为“矩阵型、团队型、网络型”。矩阵型一般是指以项

---

① 袁振国.未来对教育管理的挑战[N].中国教育报,2017-09-06(5).

② 宋嵘嵘,周春沣,周亚敏.基于扁平化管理理论的高职院校行政管理模式探析[J].宁波职业技术学院学报,2021(3):104-108.

目为基础而建立的横向组织架构。[①]矩阵型组织结构是为了改进直线职能制横向联系差、缺乏弹性的缺点，在直线职能制垂直形态组织系统的基础上，再增加一种横向的领导系统而形成的一种组织形式。矩阵型组织结构是扁平化组织形式中的一种。

矩阵结构有四大优点：①机动、灵活，可随项目的开发与结束进行组织或解散；②有利于组织成员互相沟通、融合，增强责任感，激发工作热情，促进项目的实现；③能加强不同部门之间的配合和信息交流，克服直线职能结构中各部门互相脱节的现象；④加强横向联系，有利于专业设备和人员得到充分利用。

（二）主要思路

为了尽早实现学校的办学理念和培养目标，北京一零一中建立了现代学校集团化管理制度，优化了集团的组织架构、改组了原先的组织机构，设立了六大行政管理部门，即学校发展中心、教师发展中心、学生发展中心、课程教学中心、国际教育中心和后勤保障中心，全方位管理学校的各方面事务。如图4所示：

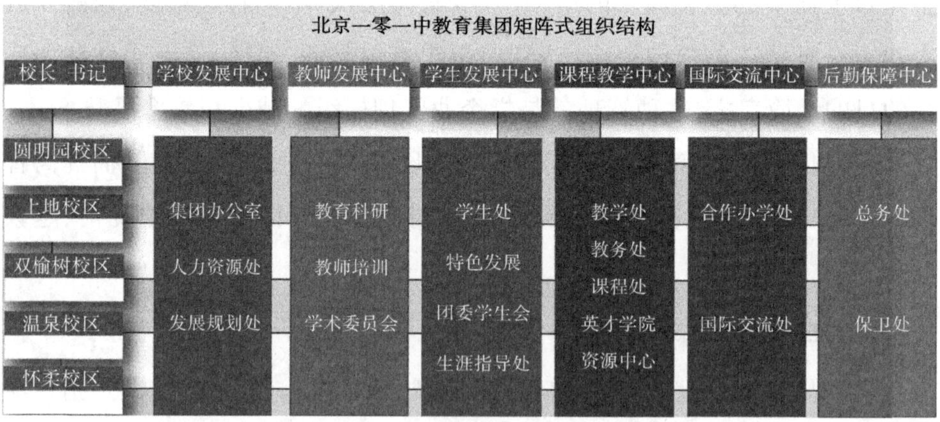

图4　北京一零一中教育集团矩阵式组织构图

① 王裔君.扁平化管理理论在高校班级管理建设中的探索与应用[J].当代教育实践与教学研究，2020(1)：125-126.

1."扁平化矩阵型"管理模式

从图4可以看出,学校采用的是一种典型的"扁平化矩阵型"管理模式。首先将管理层减少到了两层,增加了管理幅度;其次是既有一个自上而下的垂直管理系统,又有一个为完成专门任务而建立的横向系统。这个横向系统与原来的垂直领导系统就组成了一个矩阵,形成了一种交叉、双向的管理模式。

从纵向看,学校发展中心下属集团办公室、人力资源处和发展规划处,负责集团校的横向和纵向发展事宜;教师发展中心负责教师的继续教育、科研及学术发展等工作,设有教育科研和教师培训两个项目以及一个行政化的学术团体——学术委员会;学生发展中心下设学生处、特色发展处、团委学生会和生涯指导处,负责学生的生涯规划和健康成长的咨询、服务等工作;课程教学中心下设教学处、教务处、课程处、英才学院以及资源中心,负责课程教学、课程开发、资源开发等相关事宜;国际交流中心下设合作办学和国际交流两处,负责学校的国际化方面的发展;后勤保障中心下设总务处和保卫处,负责物资调配和安保工作。这六大中心各设一名主管副校长,每周在集团校行政会上向校长和书记汇报中心已开展和即将开展的工作,商讨集团更大的规划和未来的发展布局。

从横向看,各分校区的六大中心分别由集团总校即圆明园校区(原北京一零一中)的六大中心统领,以总校六大中心的主管副校长牵头负责开展工作,便于实现优质教育资源从历史悠久、文化底蕴浓厚的总校区向基础薄弱的分校区辐射,同时也促进各校区之间的资源共享与共建,推动集团内文化的认同。比如,圆明园校区教师发展中心于2020年2月正式启动并开展了"建立'项目组''工作坊''工作室''名师工作室'等教师专业学习共同体"的工作,通过与各校区的教师发展中心合作,这一工作得以在整个集团内开展,初期成立了50多个教师专业学习共同体,很好地促进了集团内教师专业的发展和引领,有利于集团内优质资源的共享和均衡。同年4月成立的学习科学研究室,以及即将成立的教育科学研究室和学术引领研究室,都已经沿用或即将沿用上述组织管理模式。

2."扁平化矩阵型"管理模式的优点

北京一零一中教育集团组织采用扁平化模式通过破除集团自上而下的垂直高耸的结构,减少了管理的层次,增加了管理幅度,建立一种紧凑的横向组织,达到使组织变得灵活、敏捷,富有柔性、创造性的目的。强调系统、管理层次的简化,管理幅度的增加与分权。其优点在于在规模不断扩大的集团化办学中,这样的结构使得信息传递速度快、失真少,也便于集团总校校长了解基层情况;集团校与分校能够结成较大的集体,有利于解决较复杂的问题。同时也应该看到,由于扁平化组织的管理幅度较宽,权力分散,不容易实施严密控制,加重了对分校组织及人员进行协调的负担。矩阵型作为现代新型项目管理的一种组织模式,由纵向管理部门和横向管理部门交叉,形成矩阵。在这种矩阵中,横(纵)向管理部门按集团校不同特色和优势进行分工组建稳定的职能部门(六大中心),同时按照学校的办学目标和办学类型组建工作班子,六大中心职能部门负责专业人员调度、业务指导,通过组织协调使各个集团校成员为某个特定目标共同工作。这种矩阵型管理制度适应性强、机动灵活、富有弹性,既利于各大中心进行专业管理,又利于它们加强部门协作,充分调动和利用资源。

(三)目标

根据教育部《未来学校研究与实验计划》,我们必须打造未来学校发展的核心引擎,使未来学校的发展能够真正服务于国家、民族的发展和学习者成长的需要,使未来学校沿着科学的方向前进。科技的进步为社会带来了便利,也为教育提供了极大助益,推动着教育的深刻变革。人工智能技术为学生们提供了更便利的自主学习条件,同时这也是鞭策教师与学生共同进步、提升自我的良好契机。教师与人工智能相辅相成,智慧与人文并举才是未来教育的新模式。北京一零一中将打造智能个性化学习平台应用场景,建设应用基于人工智能和大数据技术的个性化学习平台,构建智能化学习支持环境,是我们对未来教育的基本探索。在学校智慧校园理念落实推进过程中，研究智慧校园、人工智能等各项手段怎么更好地服务于人的发展。因为我们的技术手段根本的目标、目的指向就是人的发展。

三、实践路径——以教师发展中心和课程教学中心为例

在集团扁平化、矩阵式管理模式中，学校综合考虑各大中心部门业务职能，在强调顶层设计的基础上，将集团的一体化管理体系划分为六大中心。根据职能划分的要求，集团规划了各中心的不同功能定位。集团的凝聚力主要不单单是依靠行政的力量，而是体现在文化引领上。“中国特色、国际一流的基础教育名校”的发展愿景，“生态·智慧”的教育理念是各校区的共同价值观。从集团的发展方向到集团的运行与发展，再到为集团发展提供支持保障，“六个一体化”的推进紧紧围绕集团的战略目标，切实有效地帮助集团高质量发展、高效率运转。

（一）内容方案

1.教师发展中心的日常管理

教师发展中心（以下简称“中心”）的行政人员共有8名，由一名教科研副校长、一名教科研主任、一名学术委员会秘书长、一名教科研副主任和4名科研工作人员组成，负责整个集团的教科研和教师培训工作。

随着集团化办学规模的扩大，既要打破集团内成员校间的师资培训“壁垒”，又要防止优质教师资源的透支和稀释这一难题，如果整个集团大批量教师不能实现专业发展，那么整个集团校的发展和学生发展都会受到阻碍，因此整个教师队伍的建设至关重要。如何破解集团办学中的这一难题，关键在于：一方面，各个集团校构建自己的造血机制，变依靠型的输血为自力更生型的造血；另一方面，集团通过教师发展中心对新入职的教师进行统一培养，培养合格后统一派往各个分校，推进教师培训一体化。通过教师发展中心开展的各项工作，为教师发展搭建平台，提供发展路径，推动教师专业

发展，目标就是为集团培养大批好教师。

2.聚焦课程组织管理，建构经纬式管理制度

基于课程方案的指导，新课程新教材的实施有效落地，在审视原有课程组织结构的基础上，进行课程组织结构变革，更好地推进新课程改革，更好地落实高考综合改革。

北京一零一中教育集团推进课程教学一体化，在集团内建立了大教研机制，由圆明园校区各个教研组长、备课组长牵头，各个校区相应的教研组参与，通过网络视频方式实现了集团内各校区之间的统一集体备课和教学研讨。

（二）实施过程

教师发展中心有条不紊地先后开展了以下管理工作：

1.教科研工作

中心组织集团内有意向的教师先后开展了国家级和北京市级科研课题的申报工作；组织了北京市教育教学成果奖预申报暨“首届北京一零一中教育教学成果奖”申报工作；开展了集团内“小项目”课题研究的申报工作，通过视频会议的形式，为“小项目”课题研究举行了一个简短的启动仪式，陆云泉校长参加了会议并发言；组织了海淀区教师“阅读工程”的征文活动；面向全体教师推介了海淀区教科院的“海淀课堂”；开展了《北京一零一中2019年光荣册》的教育教学成果信息征集及编辑工作；等等。

2.教师培训工作

开学初，组织全校区级骨干及以上教师登录北京市“智慧学伴”平台，申报“双师”资质，为全北京市的学生尤其是初、高三毕业生提供优质的线上辅导。之后给学区上报了“2019年北京市公共专题知识培训”的各项数据；完成了“十三五”期间教师继续教育公共必修课的补修人员的筛查工作，并组织教师进行网上补修；响应区级号召开展了教师培训征文工作；每周组织教

师参加网上的区级培训，每周组织青年教师参加网上校本培训；开展了集团内教师专业学习共同体的组建工作，成立了50多个各类教师专业学习共同体；开展了“学习科学研究项目组”的组建工作；开展了集团内教师的校本培训，邀请了北京市教育科学院副研究员郝保勇做学术报告《走向研究型教师》；在海淀区教师进修学校的教师和首都师范大学的专家教授的辅导下，进行了两轮海淀区四门精品教师校本培训课程的打磨工作，这四门课程分别是：“基于‘生态·智慧’教育理念的教师课堂教学实践能力培训课程”“‘生态·智慧’教育理念指导下的‘学生发展指导力’培训课程”“北京一零一中党员教师‘三位一体’文化素养提升课程”和“‘三喻文化’引领下的教师专业发展链式培训课程”。

3. 中心其他工作

此外，中心每周召开一次线上例会，工作人员进行上一周工作的汇报总结，商讨下一周工作的计划；中心下属的学术委员会先后开展了北京一零一中教育集团上地校区的论文评审工作和圆明园校区的读后感评审工作；中心还组织了各教研组开展学校2019年教育教学论文的评审工作；中心负责向学校各部门及时转达区教师进修教务方面的各项通知；以及正在进行中的给中国教育科学研究院未来学校实验室提交未来学校课题的阶段性研究成果，撰写未来学校空间设置、课程设置、学习方式和组织管理方面的案例……

（三）方法策略

1. 教师发展中心的管理策略和方法

中心基于教师专业发展中的真实问题，以教师的困惑、问题为导向，依据“问题”，帮助教师制订专业发展规划和职业生涯规划，确定具体的发展方向。尤其在实现集团内部教师培养机制科学化方面下功夫，通过建立和实施分类分层培养机制、多元评价机制，激励优秀教师等措施，建设低重心运行的组织框架，探索有效的培养机制，建构有针对性的课程体系，搭建适合每类教师发展的平台。中心以成果(隐性成果如职业自豪感和显性成果如职称晋级和学术水平提升)为目标,为每位教师量身制订职业生涯规划,构建教师专业发展课程体系,建立教师主动反映真实发展困惑、问题、需求,主管部门主动了解教师发展需求的“双主动”沟通体系,使他们由职初教师走向成熟、由成熟走向优秀、由优秀走向卓越,逐步成长为研究型、学术型、智慧型、教育家型教师。

通过这一切的组织管理工作,我们切身感受到了《中国未来学校白皮书》里所描述的未来学校的虚拟化管理:“这是一种区别于传统组织,以现代信息技术为支撑的人机一体化组织。其特征是以现代通信技术、信息存储技术、智能产品为依托,实现传统组织结构、职能及目标。在形式上,没有固定的地理空间和时间限制,组织成员通过高度自律和高度的价值取向共同实现组织的目标。”①

这里的虚拟化管理主要是指基于网络环境下的管理活动,包括非面对面的沟通研讨、虚构的管理者和组织者、智能化的资源配备等。在此需要强调的是,虚拟化的管理在本质上有“实”的一面,即所开展的工作是实实在在的内容,这是根本,它们以虚拟的技术手段为载体,使部门的组织管理工作开展起来更加便利。

虚拟化管理是借助互联网技术和智能化的资源配备实现的,所以它必然以网络化管理为前提,与网络化相伴相生。在此需要强调的是中心工作的“扁平化矩阵型”特征:首先,中心作为行政职能部门,组织下属各教研组开展教科研和教师培训工作,这是传统意义上自上而下的垂直管理。此外,中心作为一个教科研和教师培训的专业部门,又横向组织管理集团内其他校区的教师发展中心的工作,这不是行政命令式的管理,而是基于共同的任务开展的合作型组织管理工作。纵向管理和横向管理坐标的交叉点就是负责教师发展中心工作的副校长。他既负责下属的各职能部门的工作,又负

① 中国教育科学研究院未来学校实验室.中国未来学校白皮书[R/OL].(2021-06-04)[2022-08-16].http://www.rmlt.com.cn/2021/0604/615629.8html.

责横向的专业部门的工作。

采用科学的管理策略:科学、有序、务实、高效。努力推进教学精致化管理,完善各项管理制度,加强教学的常规管理,建立对教师的科学评价机制,规范教师的教学行为,形成特有的管理模式:高站位决策,低重心运行,近距离服务,走动式管理。通过这样的组织管理模式可以初步感受到未来学校组织管理的虚拟化、网络化和扁平化特征。

2.课程教学中心的组织管理实施

集团校成立了翔宇学院,注重学生的德育教育,通过学生成长共同体项目培养学生的家国情怀、集体主义精神与合作共赢理念。成立了英才学院,其中的课程对集团内所有校区开放,实行跨学科、混龄式培养,致力于培养国家发展急需的,具有全球化视野、具有担当精神的创新人才,拥有鲜明的一零一中特色的特殊人才培养机制。在清华大学、同济大学、北京理工大学、中国科学院大学、中国科学院以及中国人民解放军军事科学院国防科技创新研究院等高校及科研机构的支持下,由国内最高水平的专家和院士领衔,在我校英才学院创建实验室,并亲自指导。集团依托国际交流中心高品质教学资源,汲取IB课程精髓,打造GITD(Global Innovation and Talent Development)学院,致力于培养具有中国情怀的国际创新人才。学校与牛津AQA教育局官方合作,开设中国高中课程与国际融合课程,在教学中使用ManageBac教学管理平台(IBO组织唯一授权)、MAP学业测评平台,开展高质量国内、国际课程教学。此外,集团还成立若干个书院,开设相应的课程,选修系列特色书院课程,主要包括人文方法课程、人文经典课程、人文实践课程、科学素养课程、大师领航课程、学术创新课程等,向集团内所有校区开放。

(1)探索基于学生生命成长的选课走班方案。基于北京一零一中前两年的选课走班结果进行数据分析,对往届选课走班效果进行评估,在此基础上优化我校选课走班方案,深化行政班与教学班有机结合的班级管理制度。

（2）研制基于新课程新教材的学分制管理方案。通过教学活动、德育活动的规范管理，完善学分管理办法，通过记录学生学分形成电子档案的形式完成各项活动的开展。改进了原有学分制管理方案，完善学分制评价平台细目。

（3）基于学科核心素养的选科指导方案。高考综合改革的影响推动了教育教学改革，选课走班教学管理、科学教育评价和考试招生制度的建立，对于学生的生涯规划和选科指导有充分必要性，因此，研制出台了《北京一零一中选科指导手册》来助力学生发展指导。同时，搭建选科指导电子平台，完成了霍兰德职业测评、MBTI性格测评、多元智能测评的引导语和报告的修改。

3.集团校通过未来智慧校园

集团校通过未来智慧校园OMO（Online Merge Offline）即“线上融合线下模式”教学与管理模式，根据集团内各校区的学生在线学习数据来确定学生的学习状况，从而调整各校区相应的学习方案来满足学生的需求。以数据为核心的管理融合是OMO教育模式未来的主流管理方式，学校以数据为核心，进行统一的课程和教师资源配置。为应对人工智能、大数据、工业4.0对教育提出的挑战，北京一零一中已经开始谋划教育4.0，实施人工智能环境下的生态·智慧教育，搭建课程资源、智慧学习平台。2019年5月，海淀区委区政府提出了推动科技应用场景的建设，其中唯一的一个教育项目落户在北京一零一中。当时我们谋划的是通过人工智能建设教育的三项科技应用场景：一是搭建一个丰富的课程资源平台；二是构建一个学习的平台，不仅是学生的学习，也包括教师的教育；三是管理平台和评价平台。线上系统智能化使得无论教、学、练测评，无论是课前、课中还是课后学习，都能够为学生提供及时且个性化的学习服务，并且提高教育集团的运行效率，降低成本。这种线上技术所能收集的数据越多，就越能够确定学生学习中的优势与面临的挑战，从而为学生提供提高其技能的方案、选择恰当的学习层次和学习内容。OMO不仅为学生开出更好的学习药方，而且为他们提供了个性化的学习体验,其优势在于了解学生、服务学生,并在不知不觉中提高服务学生的针对性。OMO模式转型后,也无须放弃原有的线下优势,而是侧重线上系统对线下教学和管理的赋能。

就整个OMO平台架构而言,一开始成本并不低。对于北京一零一中来讲,是用全区的资源建设一个平台,未来这个平台可以分享到整个海淀区甚至全国。从未来这个角度看,这个成本会变得很低,原因在于资源的广泛化,包括教师的广泛化,我们未来的教育实际上是开放的。从某种角度来讲,今后这可能就是一种未来学校的模式。

四、成效

从前述扁平化管理和矩阵型组织结构的概念不难看出,采用“扁平化矩阵型”管理模式的成效体现在:

第一,实行校长、书记负责制下的二级管理体制,将原本集中在上层的管理权、决策权绝大部分下放到六大中心,从而实现了管理的重心下移,使得信息能够快速、准确地上下传递,减少了决策与行动之间的时间延滞和信息失真,能加快对各种情况和问题的动态反映,从整体上提高学校的管理效能。

第二,纵向联系的行政职能部门与横向联系的专业部门交互作用,既能减轻校长日常管理的压力,加强干部队伍建设,又能有效激发各中、基层人员参与学校管理的自主性和积极性,提高行政效率。

第三,聘用具有某方面管理专长的副校长负责中心的全面管理工作,真正意义上实现了“内行领导、有效治理”,避免了传统体制内副校长监管多个部门,容易“眉毛胡子一把抓”,工作没有重点,也避免了“外行领导内行”“管理职责不明、互相推诿扯皮”等低效管理现象。比如,教师发展中心的陈德收副校长,在教师培训方面很有研究和建树,主抓中心工作一年不到,就将集团的教师培训工作开展得有声有色,在原先的基础上大有提升,先后调研教师培训需求、设计精品课程、组建教师专业学习共同体、组建学习科学研究室等。

第四，简单提一下学校的智能化日常管理。校园里到处安装了高清摄像头的智能辨识系统，能准确无误地辨识每一位师生，记录师生到校、离校以及在校期间所有活动的信息。高端的智能辨识系统有效地保障了全校师生的安全。这是在网络化管理的基础上，信息化管理过程中出现的一种高级形态，它综合运用云计算、物联网、移动互联、大数据、智能感知、商业智能、知识管理、社交网络等新兴信息技术，全面感知校园物理环境，智能识别师生群体的学习、工作情景和个体的特征，将学校物理空间和数字空间有机衔接起来，为师生建立智能开放的教育教学环境和便利舒适的生活环境，改变师生与学校资源、环境的交互方式，实现以人为本的个性化创新服务。

五、未来展望

北京一零一中教育集团未来学校组织案例的实践是扁平化管理理论在学校集团化办学中的一次有益尝试和探索。为了适应这样一种高效的现代管理模式，学校集团必须在组织结构上实现扁平化，减少管理层，增大管理幅度，同时要加强横向的专业联系，以促进专业的发展。

在信息时代，网络化的触角早已延伸到了生活的每一个角落，不仅改变着学校组织内部的教学方式、教研模式和交往形式，也给学校管理带来了深刻的影响。同时我们也应该看到，建立在信息、网络技术基础上的扁平化管理，随着管理幅度加大，一旦互联网出现问题时，沟通的渠道必然会受到很大影响，管理将难以有效运作。这是学校在推进扁平化管理过程中必须注意的问题。网络技术为学校搭建了一个即时性、个性化、互动式的管理平台，为管理提供了极大的便利，促进了效率的提升。学校的日常组织管理也因此实现了网络化、虚拟化和智能化。扁平化管理作为信息化时代的产物，离不开技术上的支持。北京一零一中教育集团在未来智慧校园与管理模式实践研究方面也进行了探索，初步掌握了当前基础教育阶段"智慧校园"的建设与应用技术状况，包括基础环境、数字资源、应用水平、机制与保障等方面的情况，并在此基础上发现问题，提出了对策与建议。

北京一零一中教育集团在面向未来的学校组织管理模式实践研究中，总结了未来智慧校园建设历程、目标措施、典型案例与应用成效等方面的成功经验，构建了北京一零一中教育集团未来智慧校园建设机制与管理模式，以期对北京市中小学未来智慧校园的建设与应用提供指导，与此同时对全国中小学智慧校园研究工作起到示范引领的作用。

【案例点评】

北京一零一中毗邻驰名中外的圆明园遗址公园，是北京市的一所重点中学、市级高中示范校。在北京市和全国范围内都有较高知名度，是一所优质学校。"百尺竿头，更进一步"的校名寓意，赓续学校追求卓越、奋斗不辍的办学"红色基因"。历经艰苦岁月积淀的办学传统，给学校留下了最为宝贵和强大的发展底蕴——奋斗精神。在奋斗精神的滋养下，学校在新时代焕发出更为耀眼的光芒。"生态·智慧"教育理念与"培养未来卓越担当人才"的育人目标，生动反映了学校把握时代发展趋势的能力和宏大的办学视野。国家级教育体制改革试点项目"高中特色发展试验项目学校"这一称号的背后，不仅是对学校办学品质的肯定，更是学校"勇于创新、勇于奋斗和勇于担当"办学文化的诠释。北京一零一中面向未来的组织管理变革，基于两个有普遍意义的时代背景：一是信息化时代对学校教育带来的深刻影响，包括对校园环境、教学设备、课程、课堂、教学与管理诸多方面发生的变化；二是人民对优质教育需求不断扩大的形势下，优质学校走上集团化办学发展道路。

因此，北京一零一中在组织管理变革方面的探索具备很大的实践价值。有四点经验值得关注：第一，如何在大规模学校内部，通过"扁平化"管理缩减组织层次、减少管理环节、增加管理幅度、下放管理权限，来提高管理效率和效能，调动基层的创造性、积极性。学校改组了原先的组织机构，设立了六大行政管理部门，即学校发展中心、教师发展中心、学生发展中心、课程教学中心、国际交流中心和后勤保障中心，全方位管理学校的各方面事务。这六大中心各设一名主管副校长，每周在集团校行政会上向校长和书记汇报中心已开展和即将开展的工作，商讨集团更大的规划和未来的发展布局。校长、书记直接面对六大中心，减少管理层级，增加了管理幅度。第二，如何在教育集团化办学中，通过矩阵型管理方式，打通教育集团中各个学校的业务管理。北京一零一中教育集团各分校区的六大中心分别由集团总校即圆明园校区（原北京一零一中）的六大中心统领，以总校六大中心的主管副校长牵头负责开展工作，实现了优质教育资源对分校区的辐射，同时也促进了各校区之间的资源共享与共建，推动集团内文化的认同。第三，如何在学校业务管理中避免行政化倾向。北京一零一中聘用具有某方面管理专长的副校长负责中心的全面管理工作，真正意义上实现了“内行领导、有效治理”，避免了“外行领导内行”“管理职责不明、互相推诿扯皮”等低效管理现象。第四，如何借助信息化手段，实现学校组织管理的智慧化。学校积极探索基于网络环境的管理活动，包括非面对面的沟通研讨、虚构的管理者和组织者、智能化的资源配备等虚拟化管理。总之，北京一零一中的学校组织管理变革，已经呈现出去中心化、分权赋权、网络智能化等未来学校管理的特征。

对于学校组织管理的未来发展，有两点仍然是需要学校持续关注并不断探索改进的：一是关注学校组织管理的本质，是促进人的发展。美国管理大师彼得·圣吉在《第五项修炼》中指出，现代以及未来的管理不是组织目标实现以及效率提升，而是关注组织中人的发展，需要通过自我修炼、愿景认同、共同学习等方式，发挥人的创造性并实现人的价值。二是关注现代信息技术发展如何助力学校发展，优化学校组织管理。这方面学校已经开始尝试，且卓有成效，希望学校能为我国基础教育学校发展提供更多的实践样例。

（点评人：严星林，正高级教师，北京市海淀区教育科学研究院教师发展研究所所长、科研员。）

第五章
未来课程类

围绕育人目标面向未来建设“雁翔”课程

◎北京市中关村中学 鲁小凡

摘要

新时期，国家确定五大发展理念：创新、协调、绿色、开放、共享。教育的根本任务明确为“立德树人”。北京市中关村中学回应时代发展需求，既要扎实办好公平、有质量的、人民满意的基础教育，又要致力于培养面向未来、有责任担当的创新型人才。面向未来，学校以课程建设为中心，全面推进学校建设。

一、学校简介

（一）学校简介

北京市中关村中学地处中关村高科技园区核心地带。建校40年来，学校依托得天独厚的地理优势和丰富的科教人文资源，积极开展科学教育。

学校开展科学教育是基于学校特殊的建校背景和现实发展需求。1982年，时任全国政协常委的汪德昭院士及一大批著名科学家，竭力倡导在中关村这众多高校及中国科学院等科研院所聚集地创办一所高水平的中学，中关村中学应运而生。因此自诞生之日起，学校就带有浓厚的科学烙印，拥有得天独厚的人文地理优势、科教文化氛围及高端科教资源。

2014年，学校加挂“中国科学院中关村学校”校牌，2015年与中国科学院大学合作开办高中“国科大科学实验班”，形成了“科教协同，共育英才”的创新办学机制。如今，科学教育已成为中关村中学的办学特色和学生特长发展的重要实践成果。

（二）参与未来学校项目沿革

我校于2016年开始参与未来学校项目，结合学校实情，将“未来学校课程再造、学习方式变革”作为项目研究的主要内容。在总项目组专家指导下，学校积极开展课程再造，从课程理念、课程结构、课程内容、课程实施、课程评价等方面重新审视、优化、升级，于2017年重构了中关村中学“雁翔”课程，并以此开展课程实施新探索。在研究过程中，学校根据课程建设的需要，对学校的校园环境进行了改造，如“开放的图书馆”“开放的中心花园”等等。在实践的过程中，学校十分重视项目研究成果的提炼，先后完成《用特色指引课程建设　用课程撬动特色发展》《用开放与融合的课程构建学校教育新样态》等研究成果的提炼并分别在《基础教育参考》《中国教师》等刊物上公开发表。同时，学校还在全国、市、区课程建设成果交流会上做主题发言。

二、学校办学理念及培养目标

（一）学校办学理念

把人放在正中央。

(二)学校培养目标

育人目标:做堂堂正正有骨气的中国人。

内涵解析:中国人—全面发展的人—具备社会主义核心价值观、具备建设国家和未来生活的核心素养。目标定位是:堂堂正正有骨气——仁、正、智、真。其中,仁——有坚定的理想信念(爱国爱党、道德高尚;科学规划、勤奋善思;励志笃学、心怀家国;放眼世界、学贯中西);正——有顽强的意志品格(积极乐观的心态、严明的纪律约束、勇敢不屈的意志、坚韧不拔的精神);智——有创新的思维能力(问题力、行动力、全球胜任力,学识功底深厚、多角度思考,合作分析解决、大胆实践探究);真——有儒雅的言谈气质(礼仪文明、谈吐得体,志趣高雅、交往有度,讲大气、见广闻,弃庸俗、展高雅,拜良师、传友善)。

三、学校课程建设理念

(一)课程建设的理论依据

1.理解课程建设的逻辑

理解课程建设的逻辑,首先要明白课程建设的立场。

学生立场:立足教育的根本任务,以学生发展为本,建设面向未来的课程。

学校立场:思考“怎样培养人”,明确办学定位,提供课程建设价值引领。

学科立场:理解课程育人价值,遵循教育规律,落实学科核心素养。

未来立场:当下的课程,培育的是适应未来社会的素养,未来即现在。

理解课程建设的逻辑,其次要明白课程建设的进阶层级。(如图1)

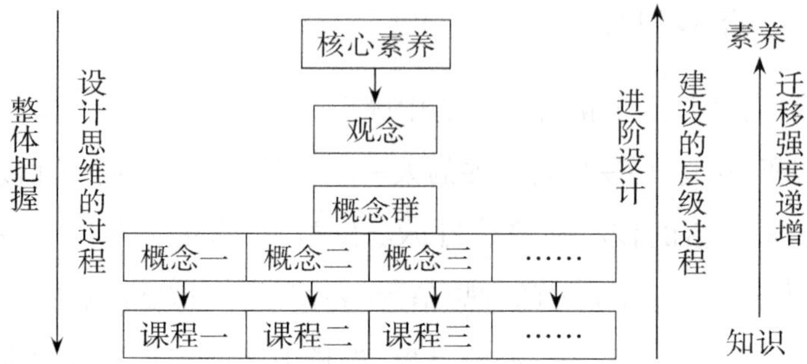

图1　课程建设逻辑

2.把握学科课程建设科学性

学科课程建设的科学性应从以下三个方面把握:

明晰性。学科课程建设的目标明确:学科课程建设是分阶段、有层次的推进过程,明确的目标既有长期的远大目标,又有近期的具体目标。学科课程建设目标切实可行:遵循学科本身的特点,立足学校的现实基础,满足学生的需要,并且能够直接指导后续的课程实施与评价。学科课程建设目标与课程标准的关系把握得当:国家课程标准被视为学科课程建设的"宪法"。

系统性。一方面,学科课程建设具有全面性,即学科课程建设指向课程的各个构成要素,包括课程目标、内容、实施方式、评价与管理等。另一方面,学科课程建设各个构成要素是有机关联的,即学科课程建设要正确把握课程各个构成要素的关系,使之能够有效衔接、相互促进,实现学科课程系统育人的价值。

适切性。学科边界把握的适切、课程内容选择的适切、课程内容组织的适切。

(二)课程哲学理念

纵观中国教育史,我们不难发现从诸子百家到独尊儒术,再到近现代的融合,关于教育的目的均落在"人"上。最具代表性的有:孔子的培养"君子",管子的"百年树人"等,蔡元培先生的"全人格"教育、鲁迅先生的"立人"等,中国近现代教育家均延续了中国传统育人观,并有了新的发展。马克思强调教育应重视人的“自由全面发展”，重视“完整的人”的培养。毛泽东强调教育要使受教育者在德、智、体、美、劳等几方面都得到发展。王国维先生在《论教育之宗旨》中说“教育之宗旨何在？在使人为完全之人物而已。何谓完全之人物？谓人之能力无不发达且调和是也”。用德国哲学家雅斯贝尔斯的话说，教育的目标就是“培养全人”。

中关村中学自建校以来，结合时代发展，始终坚持教育是为了“人”、发展“人”，学校特色从“科技教育”发展到“科学教育”与“人文教育”并举的时代。结合新课程改革，我们重新思考学校育人的价值，于2017年正式提出“全人教育”的学校育人哲学。中关村中学“全人教育”的内涵为：以人为本，全体发展，全面发展，个性发展，全程发展，终身发展。即实现共同基础与个性特长发展相结合的育人观，既整体把握，又根据个体间的共性关联和个体特性，思考、设计、实践、评价学校的各项工作。

（三）课程体系中的关键概念

平面化建设：抓住本质，系统建设。即整体地规划，广泛地整合，系统地创生，开发思辨、交流、体验的课程（如图2）。

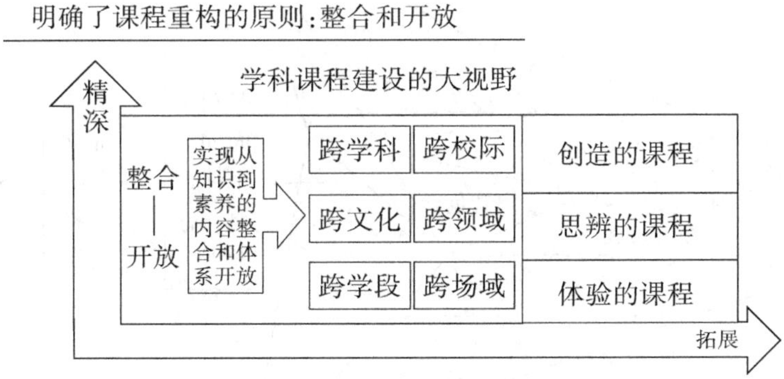

图2 学科课程建设维度

课程特征分析：二维关系——学校发展需求+学生发展需求，相辅相成，和谐统一；二维向度——水平充实+垂直充实，沿着纵、横两个方向，富有弹性和张力；二维需求——公共需求+个性需求，指向终端需求，为了更好地体验和参与。

层级性：即基础课程（公共基础）、拓展综合课程（个性需求）、研究课程（未来发展）。具体解析：基础——以学科知识学习为主，强调学科内部之间的联系和实践。借助真实的问题情境，选取真实的活动内容，进行积极有效的知识、思想、方法的学习，夯实基础。拓展——以学生兴趣及水平为主，以选学、选修为主要方式对学科知识进行拓展探究，对学科进行整合和相互融合，整体提升学生核心素养。精深——以学生生涯规划为方向，综合使用校内、校外的多种资源，以真实任务开展有意义的综合性学习实践，创新性地解决问题，确定未来职业理想。

四、学校课程内容体系

通过梳理育人课程的内涵，中关村中学建立了“雁翔”课程模型，它既代表中关村中学整体就是一个雁阵，一起起飞远航，又代表中关村中学的每一名师生就是一只大雁，与同伴一起飞翔。课程模型的具体内涵表述如图3。

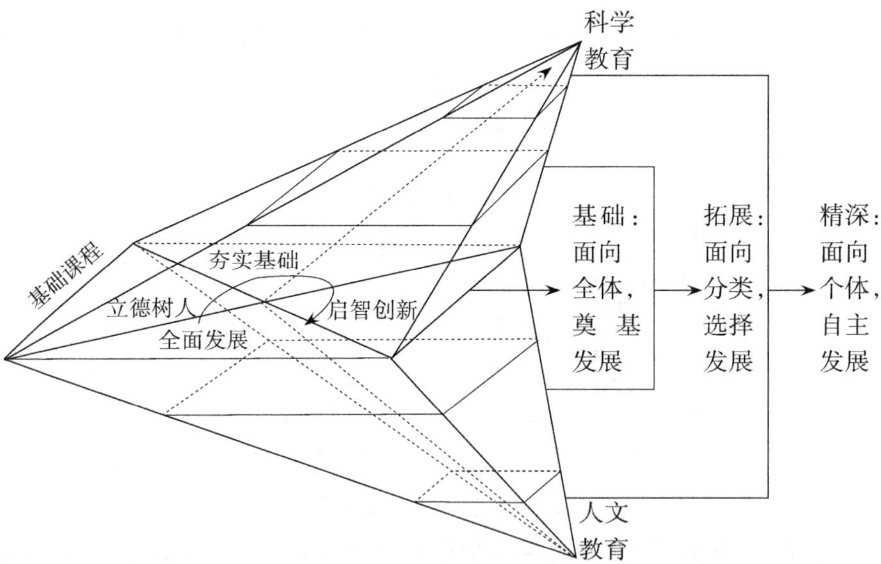

图3 “雁翔”课程模型

雁乃“禽中之冠”，自古被视为“五常俱全”的灵物（仁、义、礼、智、信是为“五常”）。雁有仁心，重情义，尊礼节，拥智慧，守诚信，此正切合北京市中关村中学“崇德、尚礼、笃学、求真”校训之含义。

天空中的雁阵，飞行时或为“一”字，或为“人”字，从头到尾依长幼之序而排，是为“雁序”。宏观上，“雁翔”代表着学校课程体系，犹如雁阵，一起翱翔在天空，共同飞向梦想的地方。中观上，“雁翔”体代表着学校一个个为实现教育目标的学校课程群，每一种课程群都为雁序做出贡献。微观上，“雁”的形象代表着学校每一门课程，承载着育人责任，振翅高飞。“雁翔”课程模型，描绘了一个雁阵，亦象征着每一只大雁。

雁体代表国家必修课程，其功能定位是：立德树人，夯实基础，启智创新，全面发展。

雁的“上翼”代表学校的特色课程之“科学教育”课程，其功能定位是：培养学生具有广阔的科学研究视野、浓厚的科学探索兴趣，让学生获得更加丰富的科学实践体验，形成基本的科学探究能力，希望更多学生有志投身于科学领域，为国家科技进步培养后备人才奠基。

雁的“下翼”代表学校的特色课程之“人文教育”课程，其功能定位：对学生进行全人格教育，传承中华优秀传统文化，培养家国情怀，增强责任意识，开阔国际视野，为幸福人生奠基。

“科学教育”课程与“人文教育”课程交汇融合的地方，是课程结构第一层，我们认为是“基础”的育人课程，它以国家课程中的必修课程、选择性必修课程等为主体，其建设强调基础性，是学校课程的主干，面向全体学生，奠基学生发展的共性基础，即普及知识，提升素养，实现全人教育。“科学教育”课程与“人文教育”课程第二层级的课程，定位于“拓展”，指向学生的兴趣爱好，便于学生分类选择，实现分类发展。即面向具有共同兴趣爱好的学生团队，传授思考、研究问题的方法，培育他们的科学精神，引导他们自主选择未来发展的方向。“科学教育”课程与“人文教育”课程第三层级的课程，定位于“精深”，课程指向是满足学生个体自主发展的需求。即面向个体学生，通过贯通培养，引领学生创新，实现学生全面而又个性的发展。

学校课程结构如图4所示。

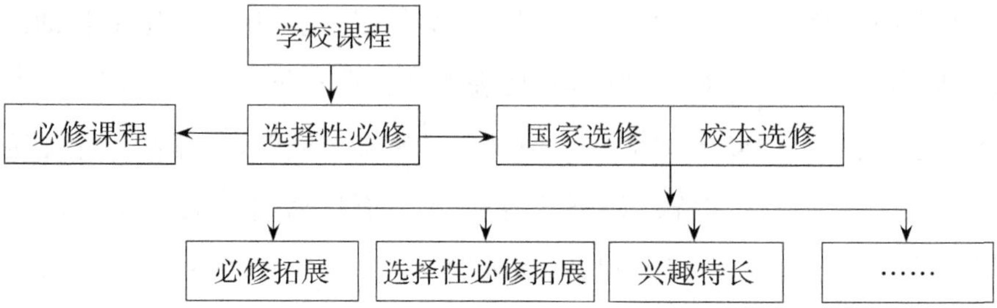

图4　学校课程结构

五、课程实施

（一）理解课程，描绘学校课程蓝图

2017年7月14日起，根据教育部调研的课程方案、课标内容，中关村中学开启了新课程建设的实践期。学校利用假期，首先对全校市区校级骨干教师、学科带头人、教研组长、备课组长等进行课程方案、课程标准培训，采用分组自主研讨的形式，以“认识课标”为主题，完成研讨任务，在新学期在教研组内交流，向全体教师分享研讨成果，并要求全体教师在日常教学活动中，尝试运用新课程理念、新的标准、新的教学方式进行课程实施。2018年1月27日，经过半年的实践探索，学校组织全体教师进行“课程理解”自我培训，通过设计学科课程的育人Logo，理解学科课程，取得课程建设阶段性成果。各学科组结合学科课程育人方式、学科课程学习规律、学科组教师素质等设计出课程育人Logo、课程图谱等，充分体现中关村中学教师对新课程方案的理解、认同、同化，用新的视角认识学科课程，提升自身课程建设能力。

语文和生物学科课程是代表案例，是我校新课程建设的一个缩影，我们既要开足开齐国家课程，又要基于学校理念和学生情况，创造性地探索新课程的建设与实施路径。

语文学科“火光”育人课程模型。火光代表点亮学子的人生，温暖学子的生命，照亮学子的前程。此火通过语文学习活动燃起的是学生的心灵之火、生命之火。通过“审美的鉴赏与创造”“文化的传承与理解”提升学子的审美情趣，深厚学子的文化底蕴，以高雅的审美趣味、脱俗的文化品位为熠熠闪光的生命奠基；通过“语言的建构与运用”“思维的发展与提升”助力学子的交往与创造、发展与创新，以得体的表达、高阶的思维为繁花似锦的人生添翼。以四大核心素养奠基“堂堂正正的中国人”，实现全人教育。火光还寓意语文教研组以众筹之火、共研之火点燃教师才思之火；语文教师以学术之火、情怀之火点燃学子的生命之火；中关学子以智慧之火、创造之火助燃学校辉煌之火；中关村中学以耕耘之火、革新之火点亮中华民族复兴之火，愿语文教育的心灵篝火永不熄灭，愿中华民族的复兴之火永不熄灭。

生物学科TRNA课程模型。生物学科结合学科特点把学校的生物学科课程主题定位在“探秘生物”，实施路径是突出实践育人，既凸显科学研究方法课程要素，也强调科学的学习方法，具有学科独特的特点。在课程的层次划分和目标定位上分为三类：一是基础类课程，目标定位于“理解科学、相信科学和传播科学”，这类课程面向全体学生供其选择，强调基本的科学素养的培养；第二是探究实践类课程，目标定位在“体验科学、感悟科学和激发兴趣”，突出学生探究能力的培养，让学生学会做科学，获得科学精神的滋养；第三是拓展类课程，目标定位在“探究科学、创造知识和投身科学”，面向对科学有着浓厚兴趣的有特长学生，为培养科学领域的后备人才做准备。选择生物学科独特的一种物质作为Logo的模型，使课程体系图示化，凸显生物学科的特征，突出课程的整体性、关联性、系统性和学校辨识度，清晰有特色。

语文和生物两个学科是学校落实国家课程校本化、创造性实施、加强学科建设的两个典型案例。

（二）设计课程，提升学校课程品质

1.策略一：继承与升级

案例一：传统文化课程群

学校原有的传统文化校本课程包含社团课程（民乐团、京昆团、武术团、美术社团、舞蹈团等）、选修课程（中国历代服饰文化、中国美食等）、通识课

程(多元文化课程),课程门类较多,为培养学生综合素养起到重要作用。根据学校育人目标,我们发现现有的传统文化课程群内部课程与课程之间的互补性欠缺,课程门类不足等问题。针对问题,学校采用“继承与升级”策略,实现传统文化课程群的优化与升级。

明确课程育人目标:传承中华优秀传统文化,培养家国情怀,增强责任意识,开阔国际视野,为幸福人生奠基。具体课程建设如图5所示。

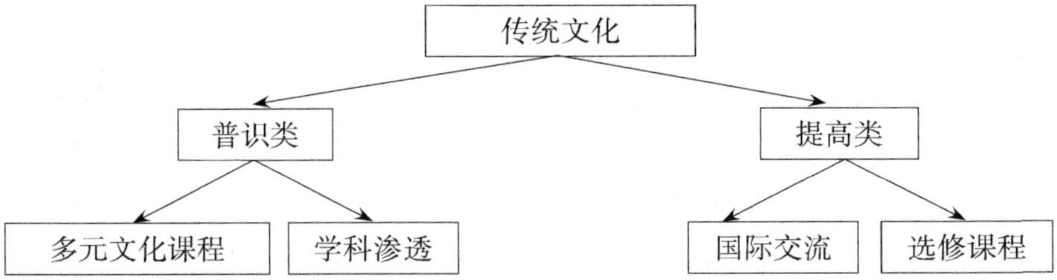

图5　传统文化课程结构

实现学段统整合课程内容统整。从学段上,初中阶段课程主要立足“了解,认同”,强调“认识传统文化和基本国情。”主要课程为:临摹名家书法、诵读古代诗词、欣赏传统音乐等艺术作品、参加传统礼仪和节庆活动,了解传统习俗的文化内涵。高中阶段课程立足“理性认识,感悟精神内涵”,强调“增强文化自信心”。从内容上实现统整:根据学生成长与发展需求,整合与升级课程。主要课程为:阅读经典作品+经典戏剧作品课程。

以经典戏剧作品课程为例,课程开设目的:搭建跨学科人才培养平台,滋润学生心灵。

新课标指出,高中语文课程要积极倡导自主、合作、探究的学习方式。语文教学应为学生创设良好的自主学习情境,帮助他们树立主体意识,重视探究与合作的学习方式,戏剧课程的学习方法正是与新课标对语文学习方式提出的要求相契合的。

戏剧教育是以表演为手段,激发学生深入文本理解人物、深入生活感受人生、深入人心捕捉人性的一种教育。其本身的形式生动鲜活,有助于调动学生学习的热情,激发青年人的生命朝气,在声体形表中他们释放自我,解放天性,无疑是变革了学习方式。学生在演绎角色的过程中需要将文学经典、剧本台词等文字语码通过深入理解、深刻体悟转化成表现中的声体形表语言，需要在揣摩人物的过程中尝试分析、理解、想象、审辨和创造角色，需要在戏剧展现的百态人生中通过演绎来审美辨丑，形成健康的审美品位，培养高尚的道德情操，滋润出高贵的心灵，亦需要在广阔的文学舞台上通过演绎体会复杂的社会人生，感受博大的民族文化，了解悠久的人类文明，并且在追求艺术之真、艺术之美、艺术之严谨中深谙戏剧文化，这无疑又是对语文核心素养的培养与提升。学生在塑造角色、参与剧目的过程中，常常自主探究，想方设法走进人物的心灵世界；往往结成团队，相互协作地完成复杂艰巨的任务；在与角色和同伴的朝夕相处中渐养同理心与共情力，然后慢慢变得包容博大、温雅和睦；在一日复一日地练习与精进中慢慢懂得唯有认真付出，才能收获尊重。这无疑培养了他们明日踏入社会为人与为事必备的能力与品格。

具体实践经验是，根据学生不同年龄及特点，把学生分为三组：选修课程组(高中)；综合实践课程组(初中)；戏剧展演组(戏剧社团)。学生在感受鉴赏、思考领悟、表达交流、拓展创新等方面都上了一个新的台阶，参与课程的每个学生几乎都经历了一个“笑—哭—笑—哭”的过程，这其实是一个“憧憬—坚持—收获—成长的过程。他们知道了热爱、坚持、奋斗的具体意义是什么，他们也知道了合作、理解、包容意味着什么，展演最终落幕的时候他们又落泪了，这泪水就是一种成长：学生的综合素养提升了。戏剧课程发展历程见表1。

表1 戏剧课程发展历程

<table>
<tr><td>2008年</td><td>戏剧选修</td><td>依托教材，介绍基本常识，欣赏经典戏剧</td><td rowspan="2">欣赏</td></tr>
<tr><td>2012年</td><td>戏剧选修</td><td>“走进电影圣殿”影视文化，影视欣赏</td></tr>
<tr><td>2015年</td><td>特色课程</td><td>排练《雷雨》片段并公演</td><td rowspan="2">实践</td></tr>
<tr><td>2016年</td><td>戏剧选修</td><td>排演《雷雨》《茶馆》《威尼斯商人》片段并公演</td></tr>
<tr><td>2017年</td><td>戏剧课程</td><td>专业教师指导课程</td><td>发展</td></tr>
<tr><td>2018年</td><td>戏剧教育</td><td>公演《四世同堂》全剧</td><td>创新</td></tr>
</table>

2.策略二:特色与创生

案例二:建设科学特色课程群,形成“1+1”科学创新人才培养模式

2014年12月,中国科学院、海淀区教育委员会、北京市中关村中学签署三方合作协议,共建中关村中学,推进“科教协同,共育英才”。2015年,学校创办“国科大科学实验班”,目的在于培养具有“高尚的道德品质、宽厚的基础知识、广阔的科学视野、浓厚的探究兴趣、丰富的实践体验、基本的探究能力,投身科研的志趣”的科学创新后备人才。实验班形成了完备的课程群。

第一类课程是科学理解课程,包括院士文化课程、科学场馆课程、多元文化欣赏微视频课程和科学人讲坛课程,面向全体学生,课程教育价值定位于培育学生的科学精神,开阔科学视野,传播科学知识。

第二类课程是科学体验课程,教育功能定位于培养科学探索兴趣和好奇心。包括参观体验课程、野外台站体验课程和高端选修课程。主要包括参观中科院各院所高端实验室、利用寒暑假到中科院10余个野外台站体验科研。课程实施模式采用三种模式:一是“1+1”模式,由一位研究单位专家和学校一位学科教师共同实施;二是“多+1”模式,由多位研究单位专家和学校一位相关学科教师共同实施;三是“1+多”模式,由一位研究单位专家和学校多位相关学科教师共同实施。

第三类课程是科学实践课程,面向特长学生“量身定做”的课程。包括中科院提供的项目研究课程和依托中国科协的英才计划、北京市科协的后备人才计划、北京市教委的翱翔计划、北京青少年科技俱乐部等平台高端项目研学课程。引导学生走进国家重点实验室,走近科学家,由科学家相伴全面有效进行科学探究实验,同时,学校为这些学生配备专业的学科指导教师,陪伴他们学习,让学生在科学家身边成长。教育功能定位在满足对科学研究有特长的学生需要,培养学生的科学志向,为培养科学创新后备人才奠定基础。自主定制课程呈现五个特点:对接学科、实践性、综合性、创新性、订单式,形成“1+1”科学创新人才培养模式。

在课程实施过程中,创造性地提出课程实施方式:“1+1”双导师教学模式进行跨学科的项目式学习,建设课程资源平台——“一所一课程,一所一

基地，一所一导师团队”。建设“3T”课程：特定课程、特惠课程、特创课程，课程内容包括国家课程、科学素养、人文素养、生涯规划等。经过5年建设，国科大科学实验班学生总结共开展160余项课题，有10余项成果获世界、国家、市、区科创奖，公开发表论文20余篇，有10余名学生进入清华大学、北京大学、中国科技大学等名校深造。

以国科大实验班课程群为例。

2014年12月，北京市中关村中学、海淀区教育委员会与中国科学院三方签订战略合作协议。2015年10月，北京市中关村中学创办“国科大科学实验班”，标志着北京市中关村中学在“科学教育”的探索中又迈出了坚实的一步。经过“志、趣、能、智”等综合考察，由学校主导组建的行政班级——“国科大科学实验班”，通过“量身定做”课程的方式进行课程学习。定做课程的基本原则：依托资源，整体统筹，重视体验，多元选择。

课程培养目标：具有广阔的科学研究视野、浓厚的科学探索兴趣、丰富的科学实践体验、基本的科学探究能力，有志于投身科学领域。课程采用“多+1”(中国科学院专家导师组+学校导师)，以项目研究为载体进行学习。

课程结构包括四部分：国家课程、项目研究课程、科学拓展课程、基地实践课程。国家课程是指学生在学校学习的各学科课程，通过国家课程学习，夯实学科基础知识，掌握基本的学科思想方法，了解开展探究性学习的基本路径，提升学生的创新能力。项目研究课程分三个阶段：第一阶段——走出教室，走进实验室，重复前人的成功实验，在重复中学会观察、学会分析、学会判断、学会写报告；第二阶段——尝试改进实验，尝试自创实验；第三阶段——尝试提炼项目学习成果。科学拓展课程分两个阶段：第一阶段——专题考察学习；第二阶段——微实验操作实践。基地实践课程分两个阶段：第一阶段——选择课题，确定目标；第二阶段——参与实验，提炼成果。自主定制课程呈现五个特点：对接学科、实践性、综合性、创新性、订单式。在课程目标的指引下，课程的教学过程做到：科学世界生活化，知识课堂互动化。课程学习学生做到：问题不断生成，智慧不断拓展，天性不断开拓，发展不断升华。学校用共同建设的课程,为培养学生的创造性奠基,为学生的未来奠基,为师生的共同发展奠基。

3.策略三:需求与创生

案例三:研学旅行课程群

为了培养全面发展的人,国家颁布研学旅行文件,我们认为,研学旅行课程体现三个"有利于":有利于促进学生培育和践行社会主义核心价值观,激发学生对党、对国家、对人民的热爱之情;有利于推动全面实施素质教育,创新人才培养模式,引导学生主动适应社会,促进书本知识和生活经验的深度融合;有利于加快提高人民生活质量,满足学生日益增长的旅游需求,从小培养学生文明旅游意识,养成文明旅游行为习惯。根据调研,学生有"参加亲近社会与自然的实践活动"需要。根据学校传统教育活动:社会实践活动——红色之旅、周恩来精神学习感悟之旅等,结合新时代、新情境、新需求,中关村中学重新梳理整合了社会实践活动,创生新的课程群——研学旅行课程。课程做到四个"一":一个主题研究、一种学习方法、一次生活体验、一篇研究美文。

研学旅行课程建设流程如图6所示。

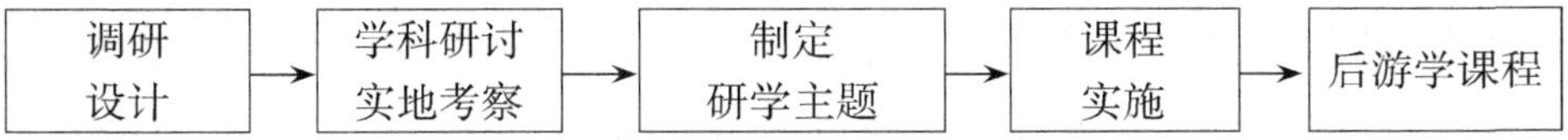

图6　研学旅行课程建设流程

在课程设计过程中,我们不断思考:游学课程中的"研"如何体现与落实?在跨学科的综合实践中如何提升学生的核心素养?在实践中我们形成了中关村中学研学旅行课程体系。

课程目标:对学生进行道德养成教育、社会教育、国情教育、爱国主义教育、优秀传统文化教育,培养学生的创新精神和实践能力,丰富学生的体验与实践经验,提升学生的综合素养。

课程内容:

三个主题——传统文化、红色精神、科学创新。

八条线路——传统文化主题:曲阜之旅、江南之旅、天府之旅、敦煌之旅;红色精神主题:井冈山之旅、南京之旅、天津之旅;科学创新主题中国科学院野外台站之旅。

(三)建设课程,完善学校课程结构

未来幸福生活的基础之一是科学认识生活,用科学的态度对待生活。面向全体学生,学校根据学生的年龄特点、需求,结合学校可利用的教育资源,除了高质量、高效率完成必修课程和必选课程之外,中关村中学还设计了面向全体学生的校本必修课程,旨在激发学生的科学兴趣,传播科普知识,奠基学生的未来生活。对这部分学生的培养,我们力求“三个层级课程”协调发展,“人文”与“科学”课程相互融合,“综合”与“分科”课程统筹并进,“校内”和“校外”课程优势互补。坚持“强调基础、突出特色”的原则,对全体学生进行科学知识的普及和科学素养的培养。受学校特色发展的影响,中关村中学的科学素养课程建设特色十分鲜明,而人文素养课程建设特色不明,在全校范围内调研显示,无论是教师,还是学生,都提出加强学校人文课程建设,以达到“科学”与“人文”育人的均衡。

2017年,学校在制订学校“十三五”发展规划时,明确提出攻坚学校人文课程建设工作,以学校课程中心牵头,积极开展人文课程建设的研究、设计、实施工作。结合“雁翔”课程模型,学校设计出人文课程建设蓝图。

理解人文课程。人文被解释为人类社会的各种文化的现象。我们理解的人文是指人类文化中先进的、科学的、优秀的、健康的部分,其核心是先进的价值观。其主要内容则是先进的规范。对社会——先进的法律与制度规范;对个人——先进的道德和习惯规范;对青少年——养成良好的习惯规范。人文素养——人文科学的研究能力、知识水平,以及人文科学体现出来的以人为对象、以研究人为中心的精神,即人的内在品质。

建构人文课程。我们认为,人文课程是以“人文”为主轴,融合语文、英语、政治、历史、地理、艺术、数学、科学课程、技术课程、综合实践课程、体育与健康等学科,通过国家课程校本化和校本化课程建立起的课程体系。具

体人文课程建设如下：

课程目标：理解与传承优秀文化，滋润心灵，养成高尚的品质。夯实学科基础知识，掌握学科基本思想与方法，奠定未来生活的基础。在人文情境中体验、学习、思考，实现个性发展。积极参与社会实践，乐于提出和解决问题，具有创新性。

课程结构层次及设计意图如表2所示。

表2　课程结构层次及设计意图

层次	设计意图
基础	以学科知识学习为主，强调学科内部之间的联系和实践。借助真实的问题情境，选取真实的活动内容，进行积极有效的知识、思想、方法的学习，夯实基础
拓展	以学生兴趣及水平为主，以选学、选修为主要方式对学科知识进行拓展探究，对学科进行整合和相互融合，整体提升学生核心素养
研究	以学生生涯规划为方向，综合使用校内、校外的多种资源，以真实任务开展有意义的综合性学习实践，创新性地解决问题，确定未来职业理想

人文课程结构如图7所示。

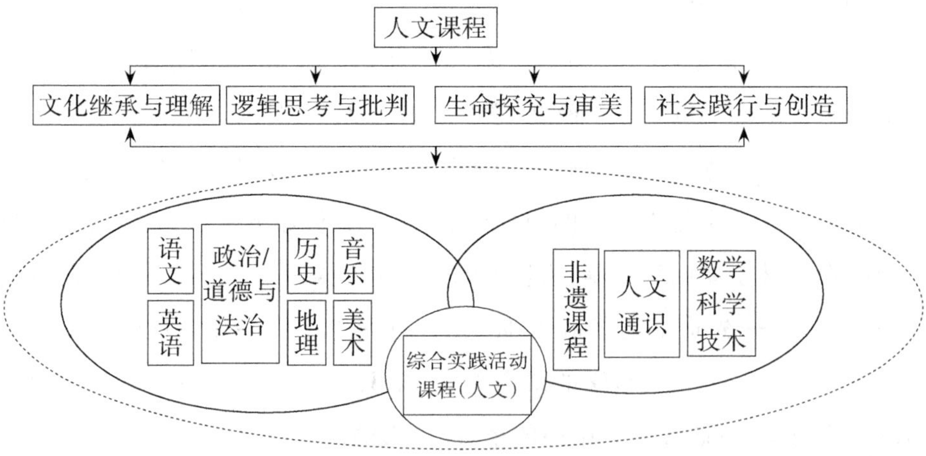

图7　人文课程结构图

回顾中关村中学人文课程建设，经历了课程结构梳理期、反思重构期、优化完善期、品质提升期，在实践中完成人文课程三层次建设，为学生人文素养发展提供了平台。

以汪德昭书院课程为例。

汪德昭书院是中国科学院声学所与学校共建的，旨在“知识创新，打通人文、自然、艺术等多学科壁垒，鼓励跨学科、项目式深度学习。兼容并包，满足个性，培养学生创新意识”。利用书院课程，引导学生“讲明义理以修其身”。课程内容包括经典课程、通识课程、讲会课程、研习课程。培养学生：对“善”的尊崇，注重伦理道德教育；对“真”的追求，普及自然科学知识；对“思”的领悟，注重文史哲教育。书院课程教学原则：平等、兼容、本源。书院课程面向学校全体学生和国际交流学生，促进在校生传承优秀传统文化并进行国际文化交流。

中关村中学课程建设伴随着新课程新教材的实施不断完善，从校本课程数量的单调递增，到根植于学校积淀和地域特色的课程开发，再到与素养关联的整合拓展多元发展的课程群。课程从自然生长到顶层设计，完成了1.0版到3.0版的升级，实现了点到线到网的课程跃迁。基于人的全面发展、个性学习，从科学和人文双视角出发，构建“关注发展，有层次；重视个性，多门类；突出实践，整合发展；辨识度高的‘雁翔’课程体系”。

六、课程评价

在推进课程过程中，北京市中关村中学重点做好了以下三个方面的探索。

1.开展表现性评价研究

各学科基于核心素养发展目标，以学业质量标准指导教—学—评一致。研究针对课堂核心学习活动制订表现性评价方案。参照课程标准、学业质量标准，对学生活动表现进行水平预设和行为描述，形成表现性评价指标。对照表现性评价指标，诊断课堂学习效果，对学生的活动表现进行即时评价和反馈，并结合水平进阶的关键点对学生给予指导，以表现性评价促进教学效果提升。

2.探索多样化作业设计

结合教学内容、学生情况、教学进阶，设计与实施分层（基础型、拓展型）

作业、任务式(实践型、探究型)作业、学科融合类(跨学科、主题式)作业和个性化作业。通过专题研究,提高教师作业设计与布置的能力、作业分析与反馈的能力,发挥作业的复习巩固、提升素养和过程性评价功能,提高学生在实际生活中解决问题的能力。

3.开展命题研究

依据核心素养发展目标、学业质量标准,开展命题研究,研究将知识技能、学科思想方法、关键能力考查嵌入真实的问题情境;设计任务引导学生呈现运用知识技能、学科思想解决问题的过程;根据学生的思维水平,制订分级评分标准。通过命题研究,提升教师对学科关键能力、必备品格与价值观念的理解。

七、课程管理与保障

新课程、新课标,对教研质量提出更高要求,选课走班制又对常态教学管理提出考验。新课程改革有其阶段性特点,从2017、2018级的"三新一旧",过渡到2019级开始的"四新"。每个年级工作背景不同,学段特点不同。依据新课程要求,基于校情、学情,学校从学段、学科两个维度创新教学管理机制,对教学研究、集体备课、课堂教学、作业考试、质量评价等教学全过程进行管理,完善教学管理规范,提高国家课程校本化实施的效果。

1.双轨制扁平化管理,探索学科建设共筹机制

实施教学干部年级负责制。教学干部分工深入年级,基于本年级特点,做好年级三年计划、一年计划及阶段工作计划,把握年级教学工作的思路与重点,统筹备课组、班主任、任课教师的力量,推进年级教学工作,确保新课程校本化实施的质量。

探索学科建设共筹机制。教学干部按照学科背景,分工深入学科教研组,探索"教研组长+学科首席教师+教学干部"共研共筹开展学科建设。深入学科教研组的干部,基于学科教师团队情况、教学研究特点,与教研组长、

学科首席教师一起，做好学科发展整体规划、课程建设、学科培训、教学研究、团队建设等工作，确保本学科中考、高考质量。

2. 开启选课走班新模式

根据新课程方案和学业水平考试的要求，2017年3月起，高中学生开启选课走班新学模式。等级考科目6选3，共20种组合，确保每一名学生都可以根据个性特长与发展需求进行自主选择，保障学生学习方式的多样性。“多元课程设置+自主选择修习”的新模式，“行政班+教学班”的新建制，“课堂合作学习+图书馆自主学习”的新样态，使选课走班制成为落实新课程“以学生发展为本”教育理念的重要举措。

3. 重构拓展学习资源空间

各教研组进行新课程学科教学资源建设，包括教学设计、课件、题库、参考文献、研修资料等。以图书馆为基地，与智慧中心合作推动教学与“互联网+”的紧密结合，各教研组建立本学科组的教学资源，也可以进行诸如发布通知、作业、各种类型的考试、答疑、专题讨论等教学活动。学生通过网络获取有关课程的学习资源、做作业、考试、参与有关课程的讨论等，使教师的教学和学生的学习不受时间和空间的限制。重构原有的学生学习空间，拓展四种教室学习空间：普通教室——行政班背景下的公共学习空间，不分学科；学科功能教室——学科教学、学科育人的最佳场所；普通实验室——学科专业实验的教室；创新实验室——跨学科学习和学科创新研究的场所。充分利用校外课程资源，建立课程基地、课题化社会活动基地；建立了信息化学习平台和数据处理系统。

八、课程发展展望

课程改革是由问题倒逼而实施的，课程改革的过程就是发现问题、解决问题的过程，又在不断解决问题中而深化。学校课程改革得以突破，不应该“天荒地老”地等待，而应该及时行动。学校课程建设不需要“洪荒之力”，它需要我们每一位教育工作者的一点智慧、一种眼光、一份执着，它需要我们每一位教育者的“工匠”精神。只有这样，我们才能基于学校特色建设好学校课程，同时享受课程改革所带来的巨大红利。

面对课程结构、课程内容、课程实施等不同的现实问题，从学校育人目标出发，我们将用常态化建设学校“雁翔”课程，实现必修、必选课程校本化，选修课程特色化，同时重点攻坚。未来的课程建设，我们坚守国家课程的主导性，因为坚守国家课程的主导性是对基础教育课程结构中各类课程关系的再认识、再明晰。坚守国家课程的主导性是对国家课程在践行社会主义核心价值观中主导作用的再确定、再提升。坚守国家课程的主导性是对教育根本目的和课程发展的世界趋势的再观察、再回应。我们将从以下三个方面彰显国家课程的主导性：其一，在践行社会主义核心价值观方面，国家课程要发挥主导作用；其二，课程校本化融合中优先考虑国家课程，规范课程内容选择，优化课程实施过程；其三，课程建设必须依据课程标准。

学生有未来，学校课程才有品质。我们相信，中关村中学的课程建设将充分体现“明德至善、道法自然、学而时习、美美与共”的特点，中关村中学的课程建设依然在路上。

【案例点评】

北京市中关村中学地处中关村科技园区核心地带，其“雁翎课程”紧紧围绕学生发展需求、学校发展需求，依托得天独厚的地理优势和丰富的科教人文资源，不断实现课程重构、实施方式转变、课程资源开发等一系列升级。课程建设中重视资源开发与建设是学校课程的亮点特色，从基础课程（公共基础）到拓展综合课程（个性需求）再到课程研究（未来发展），综合使用校内、校外多种资源，科学与人文并重，实现学生全面有个性的发展。

特色经验：

1.课程理念方面：整体课程目标体现学校办学理念——把人放在正中央，育人目标——做堂堂正正有骨气的中国人，课程建设具有明晰性、系统性及适切性等特征，符合学生素养发展的要求。

2. 课程结构方面：课程体系完备，课程结构合理，课程内容的选择与组织围绕目标开展，关注学生学习与生活经验。通过“必修课程”“科学课程”“人文课程”的分级、分类（即面向个体学生），通过贯通培养，逐步引导学生创新，实现学生全面而又健康的发展。

3. 课程实施方面：在课程实施策略上，学校以生物课程及语文课程为例，体现出国家课程实施的策略与路径校本化、特色化。在校本课程开发方面，在“继承与升级”“特色与创生”“需求与创生”等策略中，着力打造传统文化课程群、科学特色课程群、研学旅行课程群等，课程管理体现制度化、规范化，全方位满足学生多元发展需求。

4. 课程资源方面：学校重视课程资源的开发与利用，如依托中科院资源，联合打造系列课程，培育科学创新后备人才，有效满足学校课程发展的需求。重视课程评价的科学设计与实施，有效实现课程建设的自我优化。

随着时代的发展，未来学校的特征会在现代学校中逐渐凸显，这也就需要学校再次实现课程“升级”，以满足学生全面发展需求。中关村“雁翎课程体系”建设可以着重从以下几个方面进行尝试：

1. 进一步加强整体构建，系统协调。要着力反映社会发展需求和新发展态势，关注知识之间的关联，实现课程一体化。

2. 在课程实施方面应更加突出情境的真实性、问题驱动性、产品导向性等多种策略、路径的使用，利用信息技术支撑课程实施。

3. 在课程资源建设方面，可以将学习场景相互融通，利用信息技术打破学校“围墙”，扩大教育资源引入，课程内容可以实现极大扩展，使用混合式学习等方式，丰富学生学习资源。

4. 课程评价标准实现全面性、差异性及评价过程的形成性。

（点评人：宋永健，副高级教师，北京市海淀区教育科学研究院教育科研管理研究所副所长、科研员。）

依托地方特色构建七彩民族课程

◎云南昆明金岸小学　王琳　王晓霓　李欣芮

摘要

彩云之南，滇池湖畔，一所全新的未来学校，在教育改革的大潮中，怎样才能在办学过程中培养适应未来发展的社会主义建设人才，学校从领导、教师到学生、家长，结合生于斯长于斯的红土地，进行着认真的思考和探索。云南是一个多民族的省份，特别是滇中滇池流域地区，有着极深厚的民族历史底蕴和极丰富的民族文化资源，学校在未来学校项目的实践中，以民族文化课程建设为切入点，进行课程开发和开发课程的探索，在课程方案的框架内，上好国家课程，充实其内涵；创设地方课程或校本课程，特别是对具有云南民族特色、体现时代发展的课程进行了有意义的尝试。

一、学校简介及参与未来学校项目

（一）学校简介

昆明金岸小学是由云南筑友房地产开发有限公司与昆明第一中学合作创办的一所高标准、高起点、高质量的民办全日制学校，现有24个教学班，学生800余人，教师64人。学校连年获昆明市"平安校园""云南优质民办教育品牌""文明校园""AAAA级社会组织""语言文字示范校""心理健康示范校"等称号。

（二）参与未来学校项目沿革

昆明金岸小学于2017年11月申请加入中国未来学校创新计划，成为"中国未来学校示范校"。2018年1月，制定《昆明金岸小学未来学校三年发展规划》。2019年6月，中国教育科学研究院（以下简称"中国教科院"）在我校举行了以“高阶思维暨跨学科学习策略”为主题的中国未来学校大会，作为未来学校大会的承办方，学校展示了“主题式课程”“STEAM课程”、思维导图、民族课程。2020年5月，实施未来学校创新计划2.0课程体系。2020年11月，学校参加第六届中国未来学校大会，并加入新挑战——“教师蝶变”网络教研联盟。（图1，图2）

图1 昆明金岸小学参加2017年第四届中国未来学校大会，加入中国未来学校创新计划

图2 昆明金岸小学2019年承办中国教育科学研究院高阶思维跨学科学习策略研讨活动

二、学校办学理念及培养目标

(一)学校办学理念

按照中国教科院“未来学校”的办学理念及课程设置,学校认真研究、提炼和培育“让学生站在学校正中央”的办学理念,在国家课程教学的基础上,创设主题式课程,充分利用民族文化资源,挖掘民族文化价值,开设民族特色课程,培养学生对民族文化的兴趣,使学生在课程学习中了解并且传承民族文化。(图3)

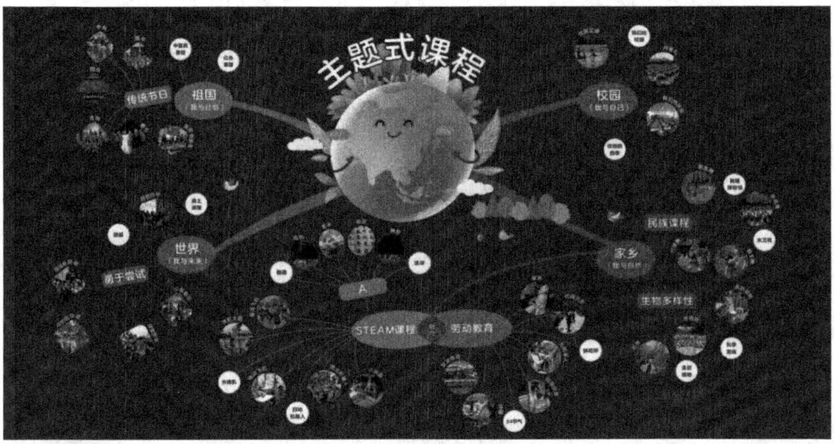

图3 昆明金岸小学创设的主题式课程

(二)学校培养目标

在我校已有的学校理论体系、教师能力框架、面向未来的学习空间和构建未来教育新生态的基础上,优化现行课程结构、完善课程配置,加强教师的多样化培养以及教育供给社会化,构建终身教育体系。

基于“培养充满自信、勇于担当、勇于创新、具有祖国情怀和世界视野的未来人才”的办学目标,学校依托云南省的地理位置优势,(云南作为“一带一路”建设中枢和窗口,且作为全国少数民族聚集最多的地区,民族文化资源富集、绚丽多姿),学校立足实际充分发掘自身文化,凝结全校教师智慧,开设具有民族特色的校本课程,努力探索构建未来学校课程体系和治理模式。以深化改革为动力，坚持育人为本，充分发挥“中国未来学校示范校”的窗口作用。在习近平新时代中国特色社会主义思想的指导下，落实立德树人根本任务，按照全面实施素质教育的要求，建设一支具备较强教育教学能力、敢于创新的教师队伍，培养一批身心健康、基础扎实、乐学进取的学生，创办一所令社会、家长满意，具有可持续发展力的学校。

三、学校课程建设理念

（一）课程建设的理论依据

未来学校是指“互联网+”背景下的学校结构性变革，通过空间、课程与技术的融合，形成个性化的学习支持体系，为每一个学生提供私人定制的教育。朱永新教授在《未来学校》一书中认为：“在未来，现在的学校将不再存在，取而代之的是学习中心。学校会成为学习共同体，不再是一个一个孤立的学校而存在。”

习近平总书记在阐述中国梦时明确指出：“实现中国梦必须凝聚中国力量 。这就是中国各族人民大团结的力量 。”民族作为一种人类命运共同体，对于实现中华民族伟大复兴的中国梦有着举足轻重的作用。应用研究丛书《民族关系的国家建构——以云南为例》中提到要加强各民族的相互了解、相互理解、相互尊重和相互信任；立足于把各民族精英纳入国家体制，让他们把自己的前途、民族的希望与党的事业、国家的繁荣紧密联系在一起。云南科学技术出版社出版的应用研究丛书《中国西南文化研究》中也表示民族地区是我国现代化建设中不可忽视的重要部分，它的发展对全国的社会主义建设有着巨大的影响。

昆明金岸小学在完成国家课程、落实课程方案、参与未来学校的项目实践中，设立“课程开发”和“开发课程”两大板块，开发以融入云南民族文化为特征的主题式校本课程。在“课程开发”板块，基于国家课程，主要选择人文学科和体育艺术类学科，研究课程标准，解读教材，遴选教法，完成课程实施。同时,结合课程特性及课程内容,选择恰当的云南民族文化素材与之融合,拓展课程外延,丰富师生的课程内容和民族文化知识。在“开发课程”板块,认真研究和领悟未来学校的课程内涵,认真研究学校周边可用可取的教育教学资源,认真研究云南民族文化中具有未来学校课程功能的元素,创设云南民族文化特征的主题式校本课程。

(二)课程哲学理念

曾住江苏省教育科学研究所(现江苏省教育科学研究院)所长成尚荣先生有一个著名的“未来学校的哲学追问”:“我是谁?我从哪里来?我要到哪里去?”如果将这一哲学的基本追问,用在未来学校的讨论中,那么就可以演化为这样的追问:未来学校的未来究竟在哪里?未来学校怎么走向未来?这些问题要讨论的是关于未来学校的基本问题,折射出未来学校发展的基本规律,因而是根本问题。对这些问题的讨论,是关于未来学校的哲学追问与思考。

昆明金岸小学在参与未来学校项目中,积极探索这一哲学命题。

“我”是谁?昆明金岸小学从一出生就是一个时代的弄潮儿,是顺应时代需求,进行教育改革、资源整合、输出品牌合作办学的典型,是一所学校建设高标准、办学要求高起点、办学成效高质量的民办学校,在昆明地区有着较高的声誉。随着教育改革并不断深入,办学体制转型,义务教育均衡发展加速推进,“双减”政策落地等刚性政策调整,留给了学校办学一道考题。

“我”从哪里来?党的十八大以来,中国特色社会主义进入了新时代,云南省持续深入推进民族团结进步示范区建设。昆明金岸小学将现代教育与云南多彩的民族文化相融合,创设主题式课程,有积极的现实意义。

“我”要到哪里去?成尚荣先生说:“未来不是虚空的,更不是虚无缥缈的,它一定有个落脚的地方,也一定有个出发的地方,出发的地方就是它的根。用文化的阐释来说,未来之根正是文化的本来,而文化的本来,正是文化传统。”

何为传统?“传统是围绕人类的不同活动领域而形成的代代相传的行事方式,是一种对社会行为具有规范作用和道德感召力的文化力量,同时也是人类在历史长河中的创造性想象的沉淀”(美国爱德华·希尔斯著,《论传统》,译序)。因此,传统具有稳定性和持久性,在人类历史的长河中,传统常常成为我们依恋的对象。为此,希尔斯甚至提出这样一个命题:“现在、未来总处在过去的掌心之中。”这绝不是怀旧,更不是复旧,恰恰表现为一种理性的认识和态度。显而易见,一个新时代的到来,不是从零开始,而是对传统文化的接续、突破和发展。未来学校建设正是这样,从历史深处走来,沉淀文化记忆和文化思考,延续传统的文化血脉。

对于生于斯长于斯的红土地,对于云南各族人民共同繁育的优秀儿女来说,在新课程改革如火如荼进行的今天,在教育改革的大潮中,在日新月异的云南经济社会飞速发展中,传承弘扬优秀民族文化,是昆明金岸小学参加未来学校项目的初衷,也是我们开发以传承云南民族文化为主旨的校本主题式课程的根,更是我们的办学发展方向。

(三)课程体系中的关键概念

1.名词界定

未来学校——学校成为技术、人文、社会与自然相互缝合、沟通、衔接和通会之地;成为安顿生命、温暖生命、超拔生命价值的场所。

课程开发——在执行义务教育课程方案,依据课程标准,完成课程要求的基础上,通过学校引领、教师钻研、同伴互助等方式,解读教材,领悟内涵,拓展外延,培养兴趣,增加知识,反哺课程教学。

开发课程——在义务教育课程方案的框架下,学校根据自己的办学条件、发展方向、办学特色、师资结构、课程资源等,创设、培育和实施校本课程。

主题式课程——也叫主题式学习(Theme Based-Learning),是指学校围绕一个或多个经过结构化的主题(Theme)开设的课程,并促使学生有效进行学习的一种学习方式。文中的“主题式课程”特指昆明金岸小学参加“未来学校”项目,所创设的基于民族文化素材的校本课程。

“STEAM 课程”——指由科学(Science)、技术(Technology)、工程(Engineering)、艺术(Art)、数学(Mathematics)等学科共同构成的跨学科课程。它

强调知识跨界、场景多元、问题生成、批判建构、创新驱动，既体现出课程综合化、实践化、活动化的诸多特征，又反映了课程回归生活、回归社会、回归自然的本质诉求。

2. 昆明金岸小学的主题式课程的顶层设计与构架

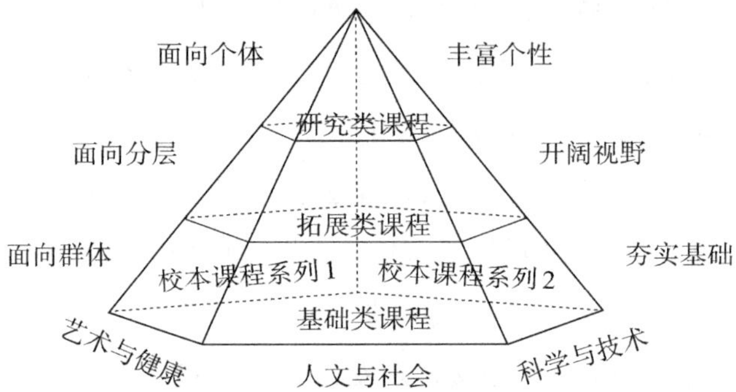

图4　昆明金岸小学主题式课程架构

以人文类、艺术类、科技类课程为基础，面向全体学生，认真上好国家课程，并在此基础上研究教材内涵，拓展课程外延，形成第一类校本课程；同时依据学校的办学条件和资源，创设校本主题式课程，以满足学生不同兴趣爱好、不同个性发展的需求。

3. 昆明金岸小学的主题式课程的板块、类别与层级设计如表1所示：

表1　昆明金岸小学主题式课程设计

课程板块	学科/类别	课程主题/内容/方式
课程开发（国家课程）	道德与法治	道德与法治，涉及云南素材8课，教材占比4.25 %
	语文	语文，涉及云南素材1课，教材占比0.33%
	科学	科学，涉及云南素材2课，教材占比0.07%
	音乐	音乐，涉及云南素材30课，教材占比12%
	体育	体育，涉及云南素材2章，教材占比7.40%
	美术	美术，涉及云南素材5课，教材占比2.55%
民族团结进步教育教材	民族常识	“多种多样的语言文字”学习

续表

课程板块	学科/类别	课程主题/内容/方式
开发课程（校本课程）	通识技能	具备民族文化通识技能“五会”
	校内课程	校内创设民族文化主题课程
	校内活动	校内举办民族文化主题活动
	校外研学	“云南光彩文化扶贫孟连行”
	辐射作用	对口帮扶云南省内七个民族自治州(县)小学

四、学校课程内容体系

(一)课程开发板块

整体设计和构建部编版义务教育教材中涉及“云南素材”的课程如表2所示。

表2 小学学科涉及云南相关课程数据统计明细

科目	涉及“云南素材”课目/1—6年级全册课目	涉及“云南素材”的课文目录
道德与法治	8课/188课，占比4.25%	一年级上册第四单元第15课《快乐过新年》 二年级上册第一单元第4课《团团圆圆过中秋》,第四单元第13课《我爱家乡的山和水》、第14课《家乡物产养育我》、第15课《可亲可敬的家乡人》、第16课《家乡新变化》 三年级下册第二单元第7课《请到我的家乡来》 四年级下册第四单元第10课《我们当地的风俗》、第11课《多姿多彩的民间艺术》 五年级上册第四单元第7课《中华民族一家亲　各民族谁也离不开谁》、第8课《美丽文字　民族瑰宝》、第9课《古代科技　耀我中华》、第10课《传统美德　源远流长》 六年级下册第三单元第6课《探访古代文明》、第7课《多元文化　多样魅力》

续表

科目	涉及“云南素材”课目/1—6年级全册课目	涉及“云南素材”的课文目录
语文	1篇/299篇课文，占比0.33%	二年级上册 第17课《难忘的泼水节》
科学	2课/254课，占比0.07%	六年级上册第四单元《生物多样性》第6课《原来是相互关联》 六年级下册第四单元《环境和我们》第7课《考察家乡的自然水域》
音乐	30课/252课，占比12%	一年级上册第1课 蒙古族民歌《唱呀，跳呀》，第2课 哈尼族童谣《其多列》 一年级下册第1课 藏族民歌《小鹿，小鹿》、第2课 哈尼族童谣《跳呀，快来跳舞》、第3课《彝家娃娃真幸福》、第6课苗族童谣《躲猫猫》、第7课壮族童谣《同坐小竹排》 二年级上册第1课纳西族民歌《阿里里》、第2课彝族民歌《阿细跳跃》(民乐合奏)、第3课彝族民歌《阿西里西》、第6课蒙古族民歌《蒙古小夜曲》 二年级下册第1课 藏族民歌《多快乐呀多幸福》、第2课彝族民间音调《快乐的诺苏》 三年级上册第1课《猜谜谣》、第3课苗族歌曲《苗岭的早晨》 三年级下册第3课蒙古族民歌《草原上》、第4课蒙古族民歌《嘎达梅林》、第9课蒙古族民歌《小黄鹂鸟》 四年级上册 第4课 藏族民歌《我的家乡日喀则》、第4课藏族民歌《阿坝夜会》(钢琴独奏) 四年级下册 第2课 蒙古族民歌《达古拉》《森吉德玛》《可爱的羊群》、第11课 云南民间音调《太阳出来啦》 五年级上册 第3课 独龙族民歌《我可爱的家乡》、第3课彝族民歌《凉山之最》、第3课 云南民歌《小河淌水》 五年级下册 第3课 回族民歌《坐上火车浪西宁》 六年级上册第3课 云南民歌《猜调》、第3课(认识乐器)葫芦丝、第3课(听赏)《月光下的凤尾竹》、第7课(听赏)《有一个美丽的地方》

续表

科目	涉及"云南素材"课目/1—6年级全册课目	涉及"云南素材"的课文目录
体育	2章/27章，占比7.40%	分别是一二年级水平一和三四年级水平二第八章《民族民间体育活动》
美术	5课/196课，占比2.55%	一年级上册第3课《田野的色彩》示例东川红土地，第17课《简笔画人》示例云南沧源岩画 三年级上册第5课《线的表现力》示例云南元阳梯田，第10课《花手帕》示例扎染 五年级上册第2课《家长的古建筑》示例云南傣族竹楼

【案例一】道德与法治课程教研组如表3所示

表3 昆明金岸小学道德与法治课程民族特色主题式课程表

年级	上/下册	民族特色课程	内容
一年级	上册	第四单元《天气虽冷有温暖》第15课《快乐过新年》第64页	课文内容：傣族泼水节、藏历新年 拓展延伸：彝族年 拓展方式：学生观看视频、图片，教师讲述
	下册	无	
二年级	上册	第一单元《我们的节假日》第4课《团团圆圆过中秋》第16—17页	课文内容：苗族赶秋节、藏族望果节 拓展延伸：彝族、白族火把节 拓展方式：学生观看视频、图片，对比两个民族过节的时间、习俗的不同来学习
		第四单元《我们生活的地方》第13课《我爱家乡的山和水》第50页，第14课《家乡物产养育我》第54页，第15课《可亲可敬的家乡人》第58页，第16课《家乡新变化》第62页	课文内容：草原、黄土高坡、傣家竹楼的传说、家乡物产藏袍、竹筒饭、家乡特色、糖画、风味小吃、传统手艺、地方戏等 拓展延伸：红土高原、阿诗玛的传说、乳扇、雕梅、漆油炒鸡，白族扎染、滇剧 拓展方式：学生观看视频、图片，学生收集资料
	下册	无	

续表

年级	上/下册	民族特色课程	内容
三年级	上册	无	
	下册	第二单元《我在这里长大》第7课《请到我的家乡来》第42页	课文内容:我是家乡小导游,介绍家乡,吐鲁番葡萄、无锡泥人——景海鹏 拓展延伸:学生自己收集资料介绍自己的家乡——褚橙、建水紫陶、彝族刺绣杨善洲 拓展方式:学生观看视频、图片,学生收集资料,家乡小导游
四年级	上册	无	
	下册	第四单元《感受家乡文化 关心家乡发展》第10课《我们当地的风俗》第72页,第11课《多姿多彩的民间艺术》第82页	课文内容:春节、端午节、尊老敬老风俗、京韵大鼓、东北秧歌、广东舞狮、叙事长诗《阿诗玛》 拓展延伸:三月三爬西山、花灯戏、红河彝族烟盒舞、傣剧 拓展方式:学生观看视频、图片,教师讲述,到民族村研学
五年级	上册	第四单元《骄人祖先 灿烂文化》第7课《中华民族一家亲 各民族谁也离不开谁》第56页,第8课《美丽文字 民族瑰宝》第62页,第9课《古代科技 耀我中华》第72页,第10课《传统美德 源远流长》第82页	课文内容:茶马古道、大理巍山火把节、彝文、古代科技、中医药学、苏武牧羊、天下兴亡、匹夫有责 拓展延伸:官渡古镇、丽江古城、纳西古文、彝医学、傣医学、腾冲国殇墓园 拓展方式:学生观看视频、图片,教师讲述,学生收集资料
	下册	无	

续表

年级	上/下册	民族特色课程	内容
六年级	上册	无	
	下册	第三单元《多样文明 多彩生活》第6课《探访古代文明》第44页，第7课《多元文化 多样魅力》第50页	课文内容：半坡遗址、奥林匹克遗址、甲骨文、东非高原北极、草裙舞、苏格兰凯利舞、杨丽萍舞蹈 拓展延伸：元谋猿人遗址、禄丰恐龙化石、澄江化石地自然博物馆、傣族舞、云南映像 拓展方式：学生观看视频、图片，教师讲述，观看舞剧《云南映象》

【案例二】音乐教研组

湘教版六年级上册第三课《月光下的凤尾竹》教案

教学目标：1.欣赏《月光下的凤尾竹》，感受乐曲情绪并能跟着音乐哼唱主要旋律和部分歌词。2.了解葫芦丝的构造，感受葫芦丝特有的音色，并能够吹奏简单乐曲。3.认识云南其他少数民族乐器和音乐，了解其音色特点和音乐风格。

教学重点：欣赏葫芦丝曲《月光下的凤尾竹》。

教学难点：感受葫芦丝的音色特点及乐曲所表达的情绪。

教学过程：

一、导入

1.师：同学们，这节音乐课，看看教师今天都给你们带了些什么？（出示竹餐垫、夹子、尺等。）

生答。

师：这些都是用什么做出来的呢？

生：竹子。

师：同学们还知道哪些竹制品？

生：……（竹笛、竹筏等）。

2.师：竹的种类有很多，我们国家就有500多种，有竹竿通体紫色的紫竹，竹竿上带有斑纹的斑竹，还有竿形高大的毛竹和竹叶形似凤尾的凤尾竹……（课件同时出示图片）从古至今，竹一直受到人们的青睐，许多大画家、大诗人都以竹为题材作画作诗呢！特别是清代“扬州八怪”之一的郑板桥先生就最擅长画竹(同时出示相关书画作品图片)。其实竹除了这些作用以外,还可以用来建造房子,今天我们就一起到云南的西双版纳去看看吧!

[设计意图:导入部分通过多媒体课件为学生创设一个较为生动的课堂情境,调动学生的学习情绪,激发学生的学习兴趣,让学生愉快学习。]

二、欣赏

1. 片段欣赏

师:刚刚看到的景色漂亮吗?走进这个美丽的地方,你听到了什么?(播放《月光下的凤尾竹》片段。)

生:答。

师:在这个美丽的地方,居住着善良勤劳、能歌善舞的傣族人。说到傣族,同学们会立刻想到什么呢?

生:孔雀舞、葫芦丝、竹筒饭等。

[设计意图:优秀的民族音乐是人类宝贵的文化,要让学生真正喜爱民族音乐,就得让学生从音乐中去感受一个民族的文化。这部分重点讲述了傣族的民俗风情文化,让学生带着浓郁的兴趣参与音乐教学,更深入地了解这个少数民族。]

2. 揭示课题

师:同学们知道的可真多,这么美丽的地方不仅有让人心旷神怡的景色,更有着优美动听的音乐。接下来我们就一起来欣赏这首《月光下的凤尾竹》吧。

3. 完整欣赏

(1)观看《月光下的凤尾竹》视频。

师:这首乐曲的情绪是怎样的?

师:结合刚才欣赏的美丽景色和动听的音乐,你的脑海中会浮现出什么样的画面呢?

生表述自己的感受。

[设计意图:设置疑问,使学生在聆听音乐后结合自己看到的和对傣族的了解来进一步发挥自己的想象力,感受歌曲所表达的情绪。]

(2)师简介乐曲:《月光下的凤尾竹》是著名作曲家施光南所作的一首节奏舒缓、富有傣族风情的歌曲,向我们展示了一幅优美的画卷。

师:你能说出演奏的乐器吗?

生:葫芦丝。

(3)出示葫芦丝实物并简单介绍。

师:有同学知道葫芦的传说吗?

生:葫芦丝又称葫芦箫,它的起源可追溯到先秦时代,在民间还流传着一个动人的传说呢——在很久以前,一次山洪暴发,一位傣家小伙子抱起一个大葫芦,闯过惊涛骇浪,救出了自己的心上人。他忠贞不渝的精神感动了佛祖,佛祖把竹管插入金葫芦,送给勇敢的小伙子。小伙子捧起金葫芦,吹出了美妙的乐声。顿时,风平浪静,鲜花盛开,孔雀开屏,祝愿这对年轻人吉祥幸福。从此,葫芦丝就在傣族人家世代相传。

师:欣赏过用葫芦丝演奏的《月光下的凤尾竹》之后,谁来说说葫芦丝的音色有什么特点?

(4)师生共同总结葫芦丝的音色特点。

师:葫芦丝是傣族最具民族特色的吹管乐器,发音优美、亲切,略带鼻音。音色优美、柔和、圆润、婉转。

[设计意图:介绍葫芦丝的构造、传说、音质特色,让学生更全面地了解这件少数民族乐器。]

4.欣赏歌曲《月光下的凤尾竹》。

师:葫芦丝美妙的音色真让我们陶醉,同学们,这首《月光下的凤尾竹》不仅能用乐器演奏出来,人们还填入歌词把它唱出来了,同学们想不想听呀?

生:想。

(播放《月光下的凤尾竹》合唱版)课件出示歌词。

5.学唱主要旋律。(播放片段)

师:让我们一起试着唱一唱这优美、动听的旋律吧!

生:用“呜”哼唱旋律片段。

[设计意图:本环节回到这课的欣赏主题,通过欣赏不同版本的歌曲,从不同的审美角度,让学生对比欣赏,感受发现不同的音乐美。]

三、拓展

师：同学们，除了葫芦丝以外，你还知道我们云南的其他乐器吗？（课件：考考你）

生：巴乌、口弦、葫芦笙等。

师：今天教师准备了巴乌和葫芦笙的音乐片段，我们一起来听听，听完后大家对比一下这两种乐器的音色各有什么特点。

生：欣赏巴乌、葫芦笙乐器演奏的乐曲片段。（播放乐曲《彩云之南》《嘎玛威》片段）

师：说一说每一种乐器的音色或你的感受。

生答。

师总结。

巴乌：如怨如慕、如泣如诉、余音袅袅、不绝如缕。

葫芦笙：柔和悦耳、清脆悠扬。

［设计意图：结合“采集与分享”活动，让学生发现更多云南少数民族的乐器，并通过不同的乐器音乐片段了解其音色特点。］

四、小结

师：今天这节课，我们一起来到了美丽的西双版纳。在这儿，大家认识了用竹子制作的乐器葫芦丝、葫芦笙等，还聆听到了优美婉转、富有傣族风情的葫芦丝曲——《月光下的凤尾竹》。最后，就让我们一起在这美妙的乐曲声中，结束今天的课吧！

【案例三】美术教研组

《花手帕》教案

教学目标：

1.了解染缬工艺的特点和历史，以及图案的基本知识。

2.掌握染缬的基本方法和要领，在实际操作中感受色彩的变化与韵味。

3.培养学生耐心、细致的学习态度和对民间传统艺术的热爱。

教学重难点：

染缬的基本方法和要领。

课前准备：

师生：生宣纸、颜料等。

教学过程：

一、尝试表现

1. 导入新课，提问引导思考：制作纸手帕染前要先折。那么，制作布手帕时，在染前，你准备将布料做怎样的处理呢？

2. 学生讨论、尝试。

3. 揭示课题：今天，我们就仿效民间艺人的手法，制作扎染手帕。

4. 板书课题：花手帕——布手帕

二、方法指导

1. 观看幻灯片，了解民间扎染的发展和制作过程、方法，以及民间扎染作品欣赏，画面配讲：

扎染是云南大理白族人民传统的手工艺制品，是根据大理的一些民间图案，把它制成艺术化和抽象化的手工艺品，染料采用纯植物制成，不仅美观，对人体无伤害，而且还富有民族特色，2006年被列为第一批国家级非物质文化遗产。其制作方法是把布料用绳线捆扎后，再用染料煮染。凡是扎了的部分染料进不去，这样就保留了布料原有颜色的面貌而形成图案，因此叫扎染。

2. 教师模拟民间扎染作坊师傅的身份，示范、讲解课堂制作扎染花手帕的基本过程和方法：

(1)捆扎布料的方法：捆扎、夹扎、缝扎、包扎。

(2)浸染布料。

(3)展开呈现。

三、观察分析

1. 将扎法图示和染出的图案两两对比欣赏，从中明了制作扎染手帕的关键所在：扎的方法、位置、松紧等直接影响扎染纹样的样式，扎、染前可以根据自己的喜好先进行设计。

2. 学生欣赏书中作品。

四、创作表现

1. 学生动手制作扎染手帕。

2.教师随堂巡视指导。

五、评析交流

1.将学生的扎染作品悬挂在教师课前挂好的铁丝或绳线上，让学生体验成功的喜悦。

2.提问：

(1)你是如何做出扎染手帕的？有小窍门吗？

(2)你最喜欢哪一块？说说你的理由。

(3)再给你一块白布，你还可以用什么方法制作成花手帕？

(二)开发课程板块

学校在全面认真完成国家课程的前提下，在课程体系创新方面做了大胆尝试，积极探索开发校本课程，采取跨学科融合的方式，形成以开放、体验、生成为主要特征的新型学校课程体系。

1.民族文化通识技能

创设“民族文化”主题课程，要求全校师生都应具备学习民族文化的基本能力，人人做到“五会”，即：会演奏一种民族乐器，会用一种民族语言原生态唱一首民族歌曲，会一项民族体育竞技活动，会跳八种民族舞蹈的基本动作，会完整地跳出两个民族的舞蹈。

2.校内创设民族文化主题课程

(1)教师带领不同年级的学生对云南民族文化做主题式探究性学习。(表4)

表4　昆明金岸小学分年级民族主题课程

年级	主题：最美大云南　最炫民族课　泛学习共成长
一年级	彝族主题课程探究性学习
二年级	傣族主题课程探究性学习
三年级	白族主题课程探究性学习
四年级	佤族主题课程探究性学习
五年级	纳西族主题课程探究性学习

(2)教师根据书本教材,带领学生走进阅读世界,重点指导少数民族儿童文学的阅读。(表5)

表5 昆明金岸小学分年级少数民族儿童文学阅读书目

年级	阅读书目	目录
一年级	《绿叶》	1.新朋友;2.谁美丽;3.妈妈没有亲我;4.绿叶
二年级	《风来跳支舞》	1.火笑了;2.摔倒在春天里的那个女孩;3.快秧苞谷; 4.长着羽毛的月亮
三年级	《五色树》	1.七叉犄角的公鹿;2.可以触摸天空的地方;3.神鹰的翅膀;4.银亮的撅达钩
四年级	《赛罕萨尔河边的女孩》	1.静静的赛罕萨尔河;2.丫头片子就是树上的鸟;3.神秘的潮尔齐爷爷;4.时间就是最好的办法
五年级	《东巴妹妹吉佩儿》	1.我的名字叫云;2.在那废弃的小巷尽头;3.古老的盟约;4.变成微小的尘埃
六年级	《花石木鸟》	1.花木鸟;2.古树,壁画,破庙;3.曾祖奶是巫师吗;4.老衣裳

(3)学科教师根据所教科目,研发了独有的民族文化课程。同时,以民族文化课本剧、游戏、演唱、思维导图、诗歌朗诵、演讲等多种形式展现云南丰富的民族文化。(表6至表10)

表6 昆明金岸小学"民族课程"目录(一年级彝族系列课程)

科目	课程内容	任课教师
语文	《火把节》的故事	梁梦婷
数学	《彝族服饰中的数学问题》	王兰
英语	*Firefighter*	杨亲青
道德与法治	《美丽的石林》	程艳
美术	《花围腰》	胡家蕊
体育	游戏《斗鸡》	普杨浩然
音乐	《彝家娃娃爱跳舞》	杨丽莉
科学	《太阳历》	高杉

表7　昆明金岸小学“民族课程”目录（二年级傣族系列课程）

科目	课程内容	任课教师
语文	《难忘的泼水节》	洪雪玲
数学	《孔雀的朋友们》	杨林
英语	*Dai Food*	唐清
道德与法治	《走近傣族之乡》	白艳
美术	《孔雀贺卡》	刘艺
体育	《丢花包》	吴勃恒
音乐	《金孔雀轻轻跳》	赵弘明
科学	《西双版纳傣族热带雨林生态文化》	代金华

表8　昆明金岸小学“民族课程”目录（三年级白族系列课程）

科目	课程内容	任课教师
语文	《苍山洱海》	杨晓兰
数学	《测量——神奇的旅程》	郑鹏
英语	*I Love Mountain and Lake*	黄小雨
道德与法治	《白族传统文化——白族三道茶》	吉芮雯
美术	《白族扎染》	周然
体育	《苍山洱海》	罗银
音乐	舞蹈《霸王鞭》	王晓霓
科学	《蝴蝶会》	师嘉艺

表9　昆明金岸小学“民族课程”目录（四年级佤族系列课程）

科目	课程内容	任课教师
语文	《佤族的民间故事》	周源
数学	《佤族图腾》	李琳玮
英语	*The “MO NI HEI” Festival*	梁小红

续表

科目	课程内容	任课教师
道德与法治	《佤族的节日及风俗》	王萍
美术	《葫芦画》	杨青
体育	《打陀螺》	王正荣
音乐	舞蹈《加林赛》	梅恩睿
科学	《佤族崇拜之“牛”》	师嘉艺

表10 昆明金岸小学“民族课程”目录(五年级纳西族系列课程)

科目	课程内容	任课教师
语文	《金沙姑娘》	杨圣鸿
数学	《服饰中的图形运动》	张秋月
英语	*The Culture of the Naxi Nationality*	纳鸥
道德与法治	《棒棒会》	莫晶
美术	《纳西图腾》	刘艺
体育	《占占夺》	陈刚旭
音乐	《纳西歌舞乐》	杨丽莉
科学	《玉龙雪山地势地形》	代金华

(4)我校教师把歌曲《五十六个民族》创编为民族舞蹈课间操,其中包含大三弦、孔雀舞、烟盒舞、竹竿舞、霸王鞭、锅庄舞等民族舞蹈动作元素,于每周二大课间时段集体开展,全员参与,学生通过舞蹈感受民族文化。(图5,图6)

孔雀舞,傣语称之为“嘎洛涌”和“嘎楠洛”,是傣族舞蹈中最负盛名的传统表演性舞蹈。“孔雀”象征着吉祥与幸福,是傣族最具代表性的图腾标志之一,傣族人民常通过跳孔雀舞来表达对美好生活的愿景、对生命的歌颂和对自然的崇拜。霸王鞭是白族最具代表性的民间舞蹈之一,霸王鞭从白族人民劳作休息时的消遣动作转变为舞蹈,蕴含了白族人民田间劳作的智慧。而能歌善舞的彝族人民以手弹烟盒来控制节奏,增添舞蹈的热烈气氛,而这种相应的舞蹈便被称为烟盒舞。千百年来,烟盒舞已形成套路丰富、形象生动、妙趣横生、深受人民喜爱的民族民间传统性舞蹈,逐渐成为滇南地区彝族文化的一份珍贵遗产。竹竿舞则来源于我国黎族、傣族等少数民族的民间体育活动,利用竹竿有节奏地进行来回敲击,舞者在敲动的竹竿间轻快地来回穿梭,舞蹈极具趣味性和挑战性。

图5　烟盒舞

图6　　黎族竹竿舞

(5)学习制作和展示民族服饰。

学生们穿上民族服装,在教师的指导下,学习制作民族服饰图案展板,展示民族风采。(图7)

图7　学生制作和展示民族服饰

3.校外研学

（1）精准扶贫工作。2017年11月7日，昆明金岸小学的10名优秀教师和10名学生，带着全校师生的深情厚谊，前往位于祖国西南边陲的国家级贫困县——孟连县参加“云南光彩文化扶贫孟连行”活动，结对教师、儿童和企业家代表开展精准扶贫，教育先行的帮扶。（图8）

图8　云南光彩文化扶贫孟连行

（2）开展民族文化研学活动。各年级分别组织学生到“云南民族村”研学，按照年级对应的民族文化活动主题，进入到对应民族村落观看表演、开展询问，了解民族生活习性，体验不同的民族文化和风土人情。（图9）

图9　云南“民族村”研学

4.辐射作用

昆明金岸小学实施“未来学校”项目，同时与省内七个民族自治州(县)的七所小学开展校际联系，互信互访，介绍和推广“未来学校”项目，带动一批民族地区的小学，特别是民族小学共同发展。(表11)

表11　昆明金岸小学推广“未来学校”校际联系学校

区域	学校
红河哈尼族彝族自治州红河县	洛恩乡中心完小
楚雄彝族自治州姚安县	左门乡中心小学
大理白族自治州鹤庆县	金墩乡象山小学
西双版纳傣族自治州勐海县	勐海镇中心小学
丽江市玉龙纳西族自治县	城区小学
临沧市沧源佤族自治县	县民族小学
怒江傈僳族自治州兰坪白族普米族自治县	通甸镇中心完小

五、课程实施

(一)主题的提炼与确定

1. 以学生感兴趣的事物为主题:从学生感兴趣的事物中提炼课程主题,以学生的生活为线索,在内容的选择和教学的安排上,课程均为师生共同设计。由于是兴趣课程,所以强调知识的实际运用,在运用中提升学生的应用能力。

2. 以学生生活已有的经验为主题:从学生自身经验出发进行课程整合。学生的生活丰富多彩,感情纯真而又丰富。所以可以从他们的感性经验出发,提升课程主题,引导他们反思经验,从问题入手进行探究,从而掌握新知,培养能力。

3. 以社会中的热门话题为主题:“生活即教育,世界即教材。”今天,教育其实是引导每一个孩子去更好地认识世界,改造世界。每一个孩子都是未来世界的建设者,他们需要从当下吸取教训、积累经验、锻炼品格、提升能力。

4. 以学科知识概念为主题:按学科知识中有些概念具有学科间交叉的形式特点,把不同学科可能会出现相同或相似的概念进行综合课程设计。

5. 以时令为节目主题:学校除了结合节日组织一些有意义的活动外,还举行诸如开学的开笔礼、艺术节、足球节等活动。这些都已成为我校综合课程的主题。

(二)课程的指向与内容

国家课程标准体现了国家对不同阶段的学生在知识技能、过程与方法、情感态度与价值观等方面的基本要求,规定了各门课程的性质、目标、内容框架,提出了教学建议和评价建议。为不断优化和改善我校的课程教育,我校重视对教师队伍的建设。师生共同配合,撰写出多本我校独有的教学用书。我校针对不同年级开设了富有云南民族文化特色的相关课程。

一年级到二年级处于启蒙、感知阶段。针对这一阶段的学生想象力丰富、思维形式以形象思维为主的特点，我校通过“我与家乡”“我与民族”的主题开展教学。教师通过讲民族故事、将民族音乐与舞蹈相融合开展课程教学，不断促进学生充分发挥感知力，最终培养学生对民族文化的兴趣，帮助学生逐步学习了解云南地理地貌、人文景观、文化旅游、民族歌舞、民族文化、民族体育、植物动物、历史文化、矿产资源、民族服饰、民族民居、民俗民风。

三年级到四年级处于过渡阶段。这一阶段学生的主要特点是：思维发展水平由具体形象思维向抽象逻辑思维过渡，抽象思维逐渐成为一种重要思维形式 。因此，我校围绕“我与祖国”为主题展开课程讲解，帮助学生全方面地了解我国的国名、国歌、国旗、国徽、人口、地理位置、自然风光、国土面积、矿产资源、悠久历史、灿烂文化、综合国力。

五年级处于创新、改造阶段。这一阶段的学生第二信号系统开始占据优势，求知的欲望和能力开始增强，对新鲜事物开始思考、追求、探索。我校鼓励学生独立思考问题，不断创新，改造与民族文化相关的手工艺品，并从中积累经验、锻炼品格，最终成为一个具备多元化思维的学生。

（三）课程的实施与研究

1. 在教学设计与教案中，明确各主题课程的教学目标、教学重点和教学难点。

2. 根据各主题课程的特点，遴选教学地点、教学时间和教学方式。

3. 制订详细的、确实可行的教学流程。

4. 准备有利于课程实施的条件和材料，包括：音频、视频、图片、场地、服装和道具等。

5. 由于主题式课程在教学方式上突破了原有的班级授课形式，打破了师生原有的教学惯性。因此，需要特别在组织形式上更细致、更严谨，管理更有力。

6. 确定主题式课程教学的安全预案。

六、课程评价

评价方式体现多样化,要将以下几个方面的评价方式结合起来。

1. 档案袋评价:要求主题式课程建立活动档案袋,包括:课程计划、课堂记录、调查表、出勤登记表、活动记录表或调查记录表、原始数据、学习体会、日记等与活动有关的文字、图片、音像资料,作为小组成绩评价的主要依据。

2. 日常观察评价:日常观察评价要贯穿于活动的整个过程。一方面,可以随时随地激励学生,调节课程的实施;另一方面,日常观察能有效地提高形成性评价的准确度和有效率。

3. 成果展示:成果展示包括小论文、调查报告、研究笔记、表演等。学校定期举办研究型学习成果展示评价活动,举办手抄报或书签展示评比活动。

4. 项目评价与阶段综合评价:在每个活动项目结束后,组织学生进行评价,促使学生在活动之后能及时进行总结和反思,指导后继的活动,并为每学期的阶段性综合评价提供依据。阶段评价作为学生每学期综合实践活动课程评价的主要依据,考核结果使用等级制。

七、课程管理与保障

学校课程管理是国家基础教育课程改革课程管理体系中的一个重要组成部分,是学校及其相关人员行使课程管理权力并履行责任的具体表现,是国家基础教育课程质量在学校一级的重要保障,是学校管理工作的核心内容。为此,我校不仅积极健全组织机构,明确部门及人员职责,而且积极建立相关制度,确保校本课程实施。

(一)健全组织机构,明确部门及人员职责

1. 领导小组工作职能。主要职能是审议决定校本课程开发项目,形成校本课程开发方案。同时,负责课程教材建设、教师培训、教学指导、监控与评价,承担校本课程的日常管理工作。

2.审核组工作职能。负责协助编制和完善各项相关制度和流程,并监督实施。

3.课程研发小组工作职能。负责在现有的基础上,完善已有成熟课程设计,开发新课程,以及根据学校的整体安排做好校本课程实施的各项业务工作。

(二)建立相关制度,确保校本课程实施

1.审议制度

学校全体教师均有权参加校本课程的开发与实施,骨干教师及青年教师要积极参与。在学校进行动员与培训后,可以自主申报。教师在接受专门培训的基础上,将《教学设计》等相关资料上交学校校本课程领导小组审核。学校校本课程领导小组在进行全面、综合分析和评审后,决定开发科目及实施的人员。

2.管理、监控、督导制度

建立计划、总结交流制。凡承担校本课程的教师在教导处及教研组的指导下,对学校所开发的校本课程制订出切实可行的学期计划,组织集体交流、互相借鉴;学期末教师进行全面总结。教导处每学期要安排专题督导,监控、指导教师校本课程开发与实施的具体工作情况,做出科学的评价。开课情况将在评选优秀教研组与备课组时作为重要参考。每学期必检查项目有教学计划、教案、课堂教学、评价成绩、学生满意率等。教师必须严格按照课程表上课,按照教学常规进行教学。

3.激励制度

(1)参加校本课程的教师的工作考核纳入日常考核与期末考核之中。

(2)有关校本课程的相关资料学校给予优先办理。

(3)参加校本课程的教师,参加评优、评先、晋级时在同等条件下优先考虑。

(4)参加校本课程的开发与实施作为评选校级骨干教师和优秀课的优先条件。

4.学校创设的所有主题式课程向属地教育行政部门备案

八、课程发展展望

朱永新教授在《未来学校展望》一文中指出:“我们一直在比较深入地思考未来的教育走势,这是一个摆在我们面前非常关键的问题。”“在一个一个传统的行业发生变革的时候,教育走向何方?教育也会像商业那样,像金融那样吗?未来的学校也会消减吗?这是一个值得我们思考的问题。”

面对教育2035的发展目标,未来学校会变成提供学习者相互学习的支撑,学习者相互鼓励、相互影响的一个重要场所。学校的学习方式将更加多样,将更加尊重人的选择,符合个性化学习的特点。因材施教,因人施教。都说好的大学没有围墙,那么未来学校的教育也将突破围墙的概念,将为更多人的个性化学习提供学习支撑,将建设成学习主题多元、教学形式多样的教学环境。

云南是一个多民族的省份,26个民族中有15个独有的世居民族,七彩的云南有七彩的民族文化支撑着昆明金岸小学的七彩课堂。学校创设的主题式校本课程,以学生成人成才为中心,基于云南民族文化,在现代教育的办学中,努力把学生培养成为“充满自信,敢于担当,具有家国情怀,世界视野的未来人才”。

【案例点评】

昆明金岸小学依托云南省的地理位置优势,以丰富的少数民族文化资源为载体,深入挖掘民族文化价值,通过研究性学习和研学旅行相结合的方式,研发系列民族文化主题课程,培养学生的民族团结情感,落实立德树人的教育目标。学校通过“层级+领域”的结构化课程设计,重塑课堂教学文化生态，形成了以艺促教、以美育人、以体健身的艺体教育特色，探索未来教育新生态，创造性地发展文化育人形式。

昆明金岸小学在民族特色课程的构建中具有以下几方面的特征：

一是重视民族文化课程的顶层设计。学校在校本课程开发中抓住云南民族文化资源，对其进行整合、创新、分层，以主题教育的形式进行一体化设计，研发了民族文化主题课程。学校通过严密的系统思考和整体设计，将民族传统艺术文化融入课程开发和教学资源建设的全过程，使民族文化内容更具深度和广度，凸显国家认同和立德树人的立场，提升学生的文化自信。

二是整合学科课程。以民族文化为抓手有效整合学科知识，如“彝族文化的研究”就是通过综合实践课、美术、音乐的融合，通过参观村寨、云南民族文化博物馆，参与当地村民的歌舞活动，学习民族语言文字，整合了不同了学科的内容，达到了不同学科之间的相互促进，丰富了民族文化内涵。

三是构建阶梯形课程。按照学生认知发展的水平层次，针对学生年龄特点，考虑不同学段之间的有机衔接，学校形成四个主题的云南民族文化特色课程。如小学一、二年级的课程主题是“我与家乡”和“我与民族”，三、四年级的课程主题是“我与祖国”，五年级鼓励学生进行民族手工艺品制作。进阶的各课程主题随着年级提高逐步增加活动难度，让学生在学习中不断提升学习动力，也有助于自身文化的积淀，学校形成与学生发展紧密联系的开放、可持续发展的课程特色。

四是推行研学旅行课程化。利用校外资源，学生走进活态文化，在观察、体验中增强民族文化自信和爱国爱民族的情怀，开发民族文化研学课程案例，拓展了民族文化的校外实践育人路径。如在“云南光彩文化扶贫孟连行”的研学实践活动中，学生通过亲身的体验与实践，认识丰富多彩的当地文化，浸润乡土气息，感受民族文化的内涵，培养人文素养。

五是改进以文化人的课程评价。学校的课程评价坚持基于文化知识构建提升人文素养，采用多元化的评价方式达成“完整的人”的培养。如研制民族特色课程的表现性评价方式，采用活动小组的学生自主记录、同伴互评，教师对儿童日常生活中行为表现的发展性见证等方式。学校注重通过课程评价将民族文化推向具体化、大众化的生活世界,教师不断创造性地转化中华优秀传统文化内容,以更利于学生理解和接受的方式呈现。如根据教材中民族课题创作课本剧、改编民族舞蹈课间操、少数民族儿童文学阅读等。

学校对地方文化素材进行科学筛选,通过与学科教材的深度融合,让民族文化有机地进入课程中,对于培养乡土情怀、家国认同感有着重要价值。如何挖掘中华优秀传统文化的素材,将文化话语转换为教学话语,加强与学科的深度融合,设计立体多元的呈现方式,这也是学校教育教学融入中华优秀传统文化面临的问题与困难。

(点评人:王威,哈尔滨师范大学教育科学学院副教授)

构建开放融合的全学科育人未来课程观

◎河北保定师范附属学校　王淑英　孙宁

摘要

随着人工智能时代的到来，学校教育要更好地为社会经济发展培养人才，对传统的学校教育进行变革，满足未来社会对创新型人才的需求和人的个性化发展需要，最关键的环节是课程的变革。为找到新时代人才培养的突破口，学校通过构建开放融合的未来课程，实现全学科育人，聚焦"培养什么人、怎样培养人、为谁培养人"的根本问题，以"互联网思维"革新教育理念和重塑学校形态，为构建数字时代以"跨界融合、开放体验、数据决策"的新型开放融合的教育生态，重新定义学校，重新认识学习，重新理解课堂，重新构建学习路径。扎根保定大地，打造适合中国国情的高品质未来学校，培养适合中国发展需要的新时代人才。

一、学校及参与未来学校项目概况

(一)学校简介

保定师范附属学校(以下简称"保师附校")始建于1896年，中国最早的官办新式学堂之一，是中国基础教育第一个外国教习基地、第一个音乐讲习所、第一个美术教育基地，培养出了著名词作家阎肃、作家苏叔阳、中国科学院院士张玉奎等杰出人才。新时期学校秉承"尽本分，尽本能，求发达"的校训精神，构建了适应学生核心素养的"幸福全人'达素养'课程"体系，创新性地打造了开放融合、灵巧精准的深度学习未来课堂，打破学科边界，设计宽泛、多元、个性化和可选择的“互联网＋课程”未来课程新图景，积极拓展“研学结合”的学习方式和“线上线下”混合学习的教学策略，培养具有民族情怀、国际视野、高洁幸福的公民。（图1）

图1 STEAM主题花园

（二）参与未来学校项目沿革

2017年，保师附校成为教育部学校规划建设发展中心“未来学校”研究课题实验校。同年，学校申报的河北省“十三五”规划资助重点课题“百年名校基于未来学校结构变革培养新时代人才的案例研究”正式立项。2018年，学校成为河北省首个“中国教育科学研究院课题实验校”，中国教育科学研究院（以下简称“中国教科院”）未来学校实验室副主任罗夫运参加了揭牌仪式，学校开始从智慧环境、智慧学习、智慧管理、智慧服务等维度，研究课程、技术、课堂、空间怎样融合等问题，省级规划课题“基于英语学科核心素养的‘学—研—创’线上线下双课堂校本模式研究”结题并获河北省教学成果二等奖。2019年，以“‘未来之树’文化促进未来学校重构的案例研究”结题并获教育部规建中心创新成果奖。同年，学校承办了保定市“聚焦核心素养，全学科育人向未来”主题研讨会，中国教科院康建朝博士参加了活动并进行了点评，提出了未来学校发展“契合、融合、联合”的理念，为学校发展指明了方向。2020年，在第五届中国教育智库年会暨新技术与教育融合创新发展研讨会上，“百年名校基于未来学校结构变革培养新时代人才的案例研究”

获“未来教育创新成果奖”，保师附校与北京一零一中等12所学校成为未来智慧校园研究中心首批协同创新基地校。下一步，保师附校将从学校空间改造、学习方式变革、管理模式创新、学习生态开放融合等多维度，共同探索未来智慧校园的评价标准，以理论为指导共同撰写《全国中小学未来智慧校园蓝皮书》，同时打造智慧校园联盟，共建课程、教研资源平台。

二、学校办学理念及培养目标

（一）学校办学理念

1.核心价值观（教育哲学）：教育是让学生拥有幸福完整的生活，学校是学生体验社会生活的实践基地。这是对杜威“教育即生活”“学校即社会”教育哲学的回应，是以少年儿童成长为中心，强调教育要联系生活，强调生活本身的发展性和教育性。

2.办学理念：“高洁挺立社会，服务国家民族。”这出自老校友、著名作家苏叔阳先生为学校所编的《百年名校：校园文化的传承与创新》一书中所作的序言，既是学校的使命，也是师生的责任，与清末蒙养学堂提出的培养“经世致用”人才培养目标一脉相承，符合立德树人的价值判断。

（二）学校培养目标

培养具有民族情怀、国际视野，高洁幸福的公民，这是扎根中国大地的百年名校面向未来提出的培养目标。新时期，结合苏叔阳先生提出的“高洁挺立社会，服务国家民族”的理念，将“高洁幸福公民”作为培养目标的落脚点，体现了百年来人才培养目标的一脉相承。

学校围绕“高、洁、仁、智、乐、活”建立了面向未来的学生素养体系。

高：理想信念方面，培养“国家认同、诚心仁爱、和而不同”的素养，是未来国家的建设者。

洁：人文底蕴方面，培养“人文积淀、人文情怀、及时反思”的素养，是终身不渝的学习者。

仁:社会参与方面,培养“胸襟开阔、懂得关爱”的素养,是责任担当的行动者。

智:学会学习方面,培养审美意识,全面发展,是全人发展的领导者。

乐:人际沟通方面,培养“国际理解、坚持原则、善于沟通”的素养,是世界事务的参与者。

活:创造与科学方面,培养“理性思维、批判质疑、积极探究”的素养,是独立判断的思想者。

三、学校课程建设理念

(一)课程建设的理论依据

1.课程目标上切合人本主义教育思想。将教育彻底置于人性的充分发展和培养“完整的人”的价值取向上,强调学生潜能的发展、学生身心与情感的发展、学生的“自我”实现。

2.课程内容上契合多元智能理论。多元智能理论认为,每一位正常的人至少有八种智能,不同阶段的人的智能构成是处于不断变化、可塑造发展中的。基于多元智能理论的观点,人的智能特点可概括为整体性(都含有至少八种智能)、个性化(各有所长且可发展)、自主化(内因是发展的关键)。

3.课程评价上符合建构主义教育思想。强调课程评价的过程性和情境性,以评价的多元化为基础,以社会建构与协商的意义为标准,将教师和学生的评价与社会和家长的评价进行整合,强调在真实而富有意义的情境中进行学习与教学,评价的标准源于丰富的背景支持。

(二)课程哲学理念

开放融合的课程哲学理念,依据过程哲学和中国传统“和合”思想,“有机整体、和谐共存、创生化进”为课程建设原则,具体表现为各课程要素及其与外部环境之间的相互作用关系,促进每个人自由而全面的发展。在课程目标上契合未来人才培养方向，关注个体发展，充分理解并尊重学生的主体性，着重培养他们的创新精神和实践能力；在课程内容上打破文本权威，突破学科、学习、学校边界，实现课程真正的基于儿童及其生活的统整，赋予师生理解课程文本的主体地位；在课程实施上改进教学方式，突破时空促进个性化、协作式、自主性学习，促进技术与教育深度融合；在课程评价上以发展理性为统摄，关注形成性评价，联合家、校、社会，采用动态的、生长的、行动导向的、统整的评价策略，围绕师生综合发展数据，形成便捷的数据采集与全面评价体系。

（三）课程体系中的关键概念

1.“达”课程

“达”课程的“达”字，源于校训：尽本分，尽本能，求发达。

尽本分——凡人各有其本分，本分应为之事，绝不可放弃之。无责任心诚为一般人之通病，本校欲以教育之力矫正之，故学校取尽本分为第一条。

尽本能——人之生也，各有天赋之能，即各有其能为之事，能为而不为或为之而不尽其力，皆不足以发展本能，而独立以营事业。

求发达——发达之意，如植物之由播种而成苗，由苗而花，由花而实，至于实则种子之本能，而播种之目的达矣，本校为改良人心，使学生做事以恒为目的，学校取求发达为第三条。

学校始终以老校训为根，走出“达”文化传承创新之路，让学生拥有幸福完整的教育生活。这是新时期学校培育优秀创新人才的根基。新时期“求发达”，取“事业兴盛、人才向上生长”之意，意味着学生如同一朵含苞待放的花蕾，散发出绵长优雅的芳香，每个人都能找到个性发展的道路，捧出饱满的果实服务国家和民族。

2.基于核心素养的开放融合的全人课程体系图

在“高洁挺立社会，服务国家民族”理念指导下重构以国家课程为核心的多层次的无边界课程体系，让办学理念所倡导的六大核心素养“高、洁、仁、智、乐、活”价值观具体化。创新了“国家课程+未来荷塘”课程体系，五育并举，构建开放融合的全人素养统整课程，形成“学科融合+文化传承+智能智造”课程特色，构建高品质未来学校“开放融合”课程新样态，实现全学科育人。

3.“达”素养统整课程关系融合分解图谱

完善“国家基础课程+金蕾项目课程、荷香广场课程、金莲亮点课程、莲藕定制特需课程”阶梯递进的课程体系。莲藕定制课程以“互联网+”为依托，为学生打造“莲池书院、艺术书院、北大优才学院、张玉奎科技研究院、国际理解学院”等一系列课程。金莲课程是学校的亮点课程，它涵盖戏剧、故事创作、模拟联合国大会、六大德育课程、超学科（跨学科）项目主题学习、科技生态、生物技术、STEAM课程等深受学生喜爱且全国出名的课程。荷香广场课程有人文广场、艺术广场、科技广场组成，它的经典诵读、创意写作、合唱队、体育队、三模三电、无人机、机器人等课程，充分挖掘学生的特长，让每个人都精彩。金蕾课程中“高洁挺立+”系列、“服务+”系列、“幸福生命+”系列、“自主践行+”系列、“学科+”活动系列，让学生走进生活，在真实的生活情境中学习，感受学习的魅力、生命的精彩。（图2）

三层六类“全人素养统整”课程

图2　“达”素养统整课程关系融合分解图谱

四、学校课程内容体系

学校课程体现“契合、融合、联合”的开放融合理念，体现统整性。

（一）提高立德树人的高度——开放融合“互联网+pad”国家课程

对国家课程进行统整，融合新技术资源和学科领域。以语文学科为例，体现“三开放”“七融合”，即学习空间开放，线上推送主题阅读网站或材料，创设智能性的泛在无缝学习空间；学习内容开放，在国家课程校本化实施中找准素养点，以项目学习方式争做“小小朗读者”、设计好书推介海报等；阅读空间开放，学生线上线下阅读结合，师生间在社区互动评论，在公众号上发布所评选的师生最喜欢的文章。实现学习时空的融合、互联网与现场学习的融合、实践与知识的融合、学—导—研—评的融合、课内外的融合、课前课中课后的融合。

（二）拓展立德树人的深度——“思政融合”育人

思政课程“四融合”：一个模拟人大，思政融合项目；一个学习强国App，思政融合意识形态；一个模拟法庭，思政融合生活；一个法治基地，思政融合情境。充分发挥思政育人的功能，以育人为本，让道德与法治（思想政治）成果站起来；以生活为本，让思政课人格美起来；以体验为主，让道德与法治（思想政治）学生动起来；以综合为主，让道德与法治（思想政治）方式活起来。

（三）增加立德树人的广度——“学科融合”育人

从学科教学走向学科教育。

1.学科融合劳动

劳动课程以“三爱”教育理念为核心。知：通过课程培养学生爱劳动的观念；行：生活与职场体验领域养成爱劳动的能力；志：在知行合一的体验基础上涵养爱劳动的习惯与品质，形成爱劳动的精神。构建了三层进阶课程体系：国家基础课程突出进阶贯通，九大任务群面向全体学生，体现“做中学”;小镇兴趣课程突出选择性,学生根据兴趣选择课程,体现“用中学”;学园研究性课程突出研究性,开展跨学科项目及课题研究,体现“创中学”。课程实施通过家校社协同,达成劳动综合育人目标。

2. 学科融合健康:开展保师附校师生健康工程,构建“健康小镇”课程,提高健康素养

对照国家课程方案,统整课程与学生生活,将“运动与健康领域”课程整合为“健康小镇”。不同学段根据少年儿童成长规律体现为进阶式的课程目标、内容和实施方式,涵盖慢性病预防、心理疾病预防、疫情防控、全民健康素养四个方面,涉及急救、营养、眼健康、心理、青春期、中医药、呼吸、骨外等专题,系统开展生命健康教育。中医药专题,开展基于种植园的跨学科项目探究,由中医药专家、各学科教师把健康知识与耕读教育结合,弘扬优秀传统文化。

在全国“爱眼日”健康主题学习中,学校分管健康的副校长带领生物、物理学科教师与眼科专家一起,和学生开展了“跨学科解析近视,全方位行动防控”跨学科项目主题学习。首先,由生物教师带领学生情境导入,开始眼球结构与功能探究。然后,物理教师借助实验,带领学生探究眼球成像原理——凸透镜成像原理;模拟近视后眼轴变长——成像模糊;近视镜矫正视力——凹透镜重新使物像清晰。临床医学眼科专家讲解近视危害及近视防控方法。最后,布置作业:眼操打卡,防控近视宣传海报创制,制作爱眼书签等,学生谈课堂收获。通过项目式课程探究,整合医教卫媒各方资源,以系统思维解决近视防控问题,让健康意识真正渗透到学生的脑子里、心里、生活里,真正看到学生有效的行动与实质性的提升。

疫情期间,学校创新了“‘12345’暨‘一米爱’联防联控联包联学方案”在全市推广。师生拍摄了《七步洗手法》MV并在多家媒体发布,在保定的公交、企业、高校、医院等公共场所循环播放,影响带动12万人次养成健康洗手习惯。制作了一套防疫环创绿色书签,编写了一系列健康防疫诗歌,形成了一套防疫大健康物表环创体系,成为保定市疫情防控和生命教育的先锋。

3. 学科融合服务，提高实践能力

开发学生一日生活课程，在真实的生活情境中开展服务活动，提高生活能力，培养责任感。如食育课程，形成健康用餐五个步骤：准备就餐、排队打餐、齐读经典、安静就餐、清洁物品。

准备打餐三环节：上午第四节课下课后收书包（将课桌桌面物品收回书包）—擦桌子（将桌面擦拭干净）—正确洗手（用肥皂或洗手液按照七步洗手法把手洗干净）。

排队打餐礼仪三部曲：安静排队（以班级为单位，在楼道排队，安静有序排成一路纵队）—表示感谢（尊重食堂工作人员，接过餐盘时眼睛注视打餐阿姨面带微笑说“谢谢”）—轻声返回（慢步轻声回到就餐教室）。

齐读经典：每日一诵心感恩.返回教室以后，由跟餐教师组织学生在用餐前集体诵读一首以节约粮食为主题的经典诗词，引导学生懂得粮食来之不易，心怀感恩对待每一粒粮食。

餐后清洁三责任：收餐具（将餐盘、勺子等物品有序放回回收箱）—擦桌子（用湿巾、抹布将桌面擦拭干净）—清地面（将座位周围地面的污渍、杂物清理干净）。

4. 学科融合艺术，提高审美修养

开设戏剧课，聚焦“表现”“创造”“欣赏”“融合”四类艺术实践，以展示百年校史历程中可歌可泣的英雄人物为主题，将戏剧课程与现实生活相联系，与语文、历史、音乐、美术等其他学科相融合，完成《军校枪声》《红二师学潮》等十六幕校史剧，整个课程历时六周。通过剧目选定、实地考察，基于史实构思故事。岗位自选，创编剧本：学生根据特长爱好，在编导组、报道组、道具组、海报组、影视组等岗位中自主选择，创编剧本。集体评议，选拔演员：学生自主报名，依次上台试演一段剧情，根据自主设计的“演员评分量表”，全班投票选举，确定角色扮演者。排练戏剧，打磨角色，设计海报，制作舞美。成果展示，微信报道。活动反思，复盘成长。戏剧课程结束后，教师带领学生复盘，反思收获与不足，提出改进方向。

（四）延展立德树人的宽度——项目式课程育人

围绕保师附校学生核心素养，以学生生活为半径，提出关键问题，进行项目式跨学科主题探究。围绕个人、家庭、学校、社区、国家、世界层面提出“我是谁”“我们所处的时空”“我们如何管理自己”“人类如何与自然共处”“我们如何表达自己”“世界如何运作”等关键性问题，引导学生在生活中探究，形成“解码青春期，跟着党史立信仰”“献礼二十大，礼赞保定这十年”“未来智慧城市”“学习新思想，做好接班人”“非遗让生活更美好”等代表性项目，培养了学生高、洁、仁、智、乐、活的价值观。

六、课程实施

建立管理共同体、课堂共同体、教研共同体、资源共同体，培养“高洁挺立社会，服务国家民族”的时代新人。

（一）管理共同体

集团互联互动，形成“理念互联、管理互动，课程互联，课堂互动，项目互联、师生成长互动”的共识、共享、共赢管理模式，实现优质资源带动城乡教育一体化发展，这也是高品质未来学校的历史使命。采用弹性学制和扁平化的组织架构，利用大数据提供精准的教育管理服务，实行学院制、走课制、导师制、学分制，构建“集团共商、校区共建、年级自治、学院特治”管理模式。

（二）课堂共同体

重构课堂，把课堂变成学生突破时空的立体学习场、学习要素高度互动的活动社区。建立”生态智慧“课堂模型。坚持三个观念——生态观、生活观、生命观，体现思想性、和谐性、创造性，开展问题化、情景化、结构化、主题化的学习活动，研究互联网学习与现场学习融合的未来课堂教学模式，构建“三三六”线上线下课堂学习模式：“三个教学支撑”——电子课本、预学资源库、前置任务单;“三个学习阶段”——课前自主学习、课中协作学习、课后个性化学习;“六个教学步骤”——自主先学—检测反馈—互动研学—展示评价—导学启发—拓展提升。创设适宜学生发展的未来课堂,优化促进核心素养发展的学习空间。

(三)教研共同体

1.以名师名校长工作室“1+N”教研引领,充分发挥名师作用。直播以名师为主(“1”),面向全体学生。答疑以全学科教师为主体(N),每位教师针对自己班级学生通过多种形式互动答疑。发挥集团化办学优势,主校区学科名师引领(“1”),面向阜平、涞水、雄安新区分校(N),构建“疫情防控在线教育共同体”,通过网络共享课程资源,开展网络教研“微行动”:共享微课,共建线上微社区,共治微教研。

2.建立两个在线反馈社区。如“全息在线示范课堂”在线教学交流社区和“全息在线点评”社区,以此提升教师专业发展水平。建立“巡—审—改—管”四环节,保障线上线下教学质量,科学评价。

3.参加中国教科院组织的以“课堂革命中的教师蝶变”为主题的第六届中国未来学校大会,通过挑战任务、线上课程、线下集训、导师指导等多种方式培养“未来种子教师”。

(四)资源共同体

重构“无限校园”管理方式,研究高品质未来学校“开放体验+智慧创新+品质行动”维度场景变革。重组物理空间、社会空间、信息空间三元空间融合的资源共同体。重组课时,突破时限。

1.线下重组物理空间,建好“主题课程小镇、跨学科STEAM园、开放的校史馆、主题活动展厅、学科教室、未成年人法治教育基地”六大环境育人载体,环境育人。

2.广泛融合社会空间,形成“家—警—校”“家—检—校”共育的青少年法治安全教育体系；让学校成为社区的精神高地，形成“学校—社区”育人共同体。

3.重构资源空间，实现信息技术与学科深度融合，基于软件跨平台运行。以保定深圳园·燕云校区为实验区，构建基于实际教学场景的互联网化的互动教学支持系统，建设智慧教室、互联网+物理线下教室，拓展学校线上线下混合教学。建立自主学习平台——试题资源库、教学资料库、MOOC，提供校内外开放式在线课程，实现高效的“自助分层学习模式”。

七、课程评价

开展基于互联网的综合素质评价。学校成立了评价研究室，研制和改进评价内容与形式，编制了“基于核心素养的学生综合素质评价手册”，建立基于信息技术的评价管理平台、积分式奖励评价机制。以年级为单位统一评价标准，以学期为节点生成综合分数，并转化成相应的等级和积分。

评价过程由学生以“手账”的形式及时记录下来，进行日反馈、周反思、月总结。以“停课不停学”期间学生的自主管理评价为例（见表1）：

表1 自主管理，培根铸魂

项目		争星标准	知行争星榜（打“√”或涂色）	总星数
生命教育	日常防疫	知道新冠肺炎的症状居家积极采取预防措施	☆ ☆ ☆ ☆ ☆	
	眼保健操	每天网课后，洗手做操	☆ ☆ ☆ ☆ ☆	
生命教育	颈腰操	每天上、下午各一次	☆ ☆ ☆ ☆ ☆	
	体育锻炼	每天按计划锻炼	☆ ☆ ☆ ☆ ☆	
	健康日记	每周1篇，体现认知深度	☆ ☆ ☆ ☆ ☆	

续表

<table>
<tr><th colspan="2">项目</th><th>争星标准</th><th>知行争星榜(打“√”或涂色)</th><th>总星数</th></tr>
<tr><td rowspan="2">信仰教育</td><td>信仰日记</td><td>每周1篇,有思想内涵</td><td>☆ ☆ ☆ ☆ ☆</td><td></td></tr>
<tr><td>每日一思</td><td>字数不限,见解独到
思考主题见提示</td><td>☆ ☆ ☆ ☆ ☆</td><td></td></tr>
<tr><td rowspan="2">劳动教育</td><td>承包一项家务劳动</td><td>常规家务,贵在每天坚持</td><td>☆ ☆ ☆ ☆ ☆</td><td></td></tr>
<tr><td>新技能学习</td><td>每周一次,可以是烹饪类、园艺类、缝纫类,家居饰品制作</td><td>☆ ☆ ☆ ☆ ☆</td><td></td></tr>
<tr><td rowspan="4">自主管理</td><td>早读</td><td>1.有背诵计划
2.准时到位
3.站立
4.出声背诵</td><td>☆ ☆ ☆ ☆ ☆</td><td></td></tr>
<tr><td>网络课堂</td><td>1.穿着、桌面整齐
2.不迟到,不早退
3.专注。
4.积极参与</td><td>☆ ☆ ☆ ☆ ☆</td><td></td></tr>
<tr><td>自主学习(40分钟/段)</td><td>1.专注
2.作业(搬山运行)不频繁更换
3.准时提交各项作业</td><td>☆ ☆ ☆ ☆ ☆</td><td></td></tr>
<tr><td>合理作息</td><td>1.中午保证一个小时休息时间
2.晚上10:20之前睡觉</td><td>☆ ☆ ☆ ☆ ☆</td><td></td></tr>
<tr><td>周总结</td><td colspan="4"></td></tr>
</table>

坚持评价方案与课程实施方案一起研制,学科评价聚焦学科素养,以过程记录,促过程发展。

八、课程管理与保障

1.及时、高效、互动、联通的管理品质助力课程改革。高品质无线网络覆盖了校园每一个角落,学校管理从半金字塔式层级管理走向无边界扁平化管理,三校区、各部门的沟通因信息技术的融入而变得更加及时、高效,互动性更强。全体教师例会充分利用视频直播,结合 Apple TV 进行投影,异地视频避免了因远程沟通带来的不便。全体教师只需通过登录校园网、浏览微信群、邮件等方式,即可快速了解每周工作重点。“在线资源平台”能够供师生随时浏览和下载相关学习内容。

2. 建网、建队、建库、建模的资源品质提速课程创新。学校每年投入专项经费 100 万元,完成网络升级工程、未来教室打造工程、电子书包升级工程、绿色网络管理工程、信息素养提升工程、家长培训工程等十余项,累计完成专业培训万余人次。实现有效教学资源班班通、网络学习空间人人通。每个空间打通,管理、服务、教学、学习、教研、交流都依托网络空间进行。充分发挥以资源为核心的教学平台和管理平台的作用,“二通两平台”基于“云”的学习环境,更关注数字文化浸润下师生的新需求。

3. 选择、开发、创新的课程品质保障课程实施。每个教师都是资源的开发者,人人参与资源建设,人人做电子课本(生成性资源),建设了一个个模块化的“知识点”,而不是整堂课的教学视频录像,整理成按学科规律生成的资源,是活的资源,而不是一个静态资源,它后面有学科的工具和强大的云计算作支撑。

九、课程发展展望

面向未来的教育一定是连接灵魂的学习共同体,打造更美好教育的未来之笔。“全人达素养统整课程”要迈向一个“个性化、适应性、选择性”很强的创新课程时代。

未来学校是“有人性、有温度、有故事、有美感”的学校。它有绿色、智能和泛在互联的基础设施,集成、智慧、因变的新学习场景,灵巧学习及创新的赋能场,开放融合的学习生态,创新的知识和信息网络拓扑结构,人工智能融合的教师——课程智慧系统。未来我们的课程发展要从以下三个方面进行更多的投入：

（一）课程引导学校教育活动

更加重视学生的个性化和多样性，实现因材施教。要精准了解学习者的认知结构、能力结构及情感特征，呈现最适合学习者特征的知识与内容、策略与方法。

（二）课程的纵向连贯要加强

聚集课程的研发与推广、学校教育教学质量的诊断与提升、优秀创新人才系统培养三大方面，构建“研发未来课程”的附校标准。

（三）课程的宏观与微观兼顾

以国家课程为核心，形成更加开放融合的课程新样态。建立线上线下融合，个性化、选择性强的精准教学空间，精准推荐知识、数据、学习内容、学习活动任务选择，开展学习过程的评价，增加学习适应性和可选择性，实现“跟每个人能力相匹配”的高质量服务、支持与评价反馈，兼顾学生发展多样性，未来实现公平的教育。

【案例点评】

作为一所百年老校，河北保定师范附属学校基于对人工智能时代学校价值定位的思考，将课程变革作为学校教育变革的关键环节，以满足未来社会对创新型人才的需求和人的个性化发展需要。学校在对“培养什么人、怎样培养人、为谁培养人”根本问题的思考中，重新认识和定位学校、学习、课堂，以“互联网思维”革新教育理念和重塑学校形态，构建以“跨界融合、开放体验、数据决策”为特征的数字时代的新型开放融合的教育生态，努力探索未来课程的形态，建设高品质未来学校。

河北保定师范附属学校关于未来课程的探索具有以下几方面的特征。一是理论自觉。学校努力基于对教育理论的梳理和思考实现课程建设的理论自觉，基于人本主义、建构主义、多元智能等教育理论寻求课程建设的学理依据，在中西融合中建构自己的课程哲学。二是扎根历史。学校基于自身的历史发展脉络进行面向未来的课程建设，自觉传承学校优秀的办学传统，将历史校训“尽本分，尽本能，求发达”与未来课程相融合，以“高、洁、仁、智、乐、活”等具有自身文化特色和民族特色的概念表达学生发展核心素养。三是技术融合。面向未来的课程建设必然要善用新的技术以提高教育教学的效益，实现学校教育教学的高质量发展。学校在课程变革中自觉借力新的信息技术，探索新的学习方式和教学心态，如构建互联网化的互动教学支持系统，建设智慧教室，拓展线上线下混合教学，建立自主学习平台等。四是问题导向。问题驱动是学校未来课程建设的显著特点。比如“健康小镇课程”就是新冠肺炎疫情下学校在课程建设中的积极回应。同时，重视学生健康素养也是面向未来学校课程建设的重要内容。五是学科融合。探索多学科融合教学，实现学科育人，是当前和未来学校课程建设的重要趋势，是更好地实现学生全面和个性化发展的内在要求。学校在课程建设中把学科融合作为重要追求，以立德树人为统领，探索新技术条件下的学科教学和学生学习新形态，实现国家课程统整合校本课程建设，形成完整的学校课程体系。

面向未来，学校课程建设要回到课程和学生自身，基于学科特点和学生发展规律自觉地应用新技术，警惕技术应用的形式化和烦琐化。比如语文学科就有自身的特点，更多强调学生对文本的涵泳和文化的浸润。基于语文学科的特点，新的技术如何介入，介入到何种程度，这些问题都需要深入思考。总之，学校课程建设对于新技术的应用要“役物，而不役于物”。

（点评人：崔若峰，中小学管理杂志社教学研究中心主任）

构建面向未来的“互联网+”鸿鹄创客课程

◎重庆市九龙坡区鹅公岩小学　王宇

摘要

随着学校教育飞速发展，新的未来学校的教育形式、教育结构不断出现，创客教育就是其中一种。创客教育是未来学校当中重要的一部分，创客教育对于核心素养、课程建设、专业技术、创新思维的发展都起到了巨大的作用。为了适应未来教育发展的需要，鹅公岩小学践行“智启天赋，雅润人生”的办学理念，坚守“慧学雅行，恒德尚美”的校训，积极实践“互联网+创客教育”，依托教育信息化项目和未来学校创新计划项目建设，全面实施创客教育，系统建设创客学习空间，着力打造创客精品课程，通过“加强建设、提升能力、丰富平台、注重研究、打造特色、实施课程”六项举措，促进学生和教师的共同成长，助推学校创客教育发展。

一、学校简介

重庆市九龙坡区鹅公岩小学创建于1941年，是一所历史悠久的学校。曾以“存诚小学”“战斗小学”“十七小学”命名。学校经重庆市九龙坡区委区政府投资逾亿元改扩建后于2012年9月重新投入使用。之后，学校经过8年迅速发展，规模不断扩大，从2012年的8个教学班，学生249人，到现在的48个教学班，学生2300余人。学校现有教职工127人，其中本科教育学士85人，硕士研究生11人，市级骨干教师2人，区级骨干教师9人，副高级教师8人。

教职工整体呈现“高学历”“年轻化”的特点，这让学校的教育团队更加充满学习力与进取心，对“未来学校”等新生事物充满着探索和学习的欲望。学校被评为九龙坡区信息化项目学校、未来学校创新计划项目学校、科技教育特色学校、重庆市青少年创客教育联盟学校。

学校参加“未来学校创新计划项目”以来，成立了以校长为项目组长的研究团队，积极开展未来学校项目研究。首先，学校进行总体规划设计未来学校构架，以“守正创新，奠基未来”为核心理念，以“面向未来，走向世界，守道德之正，育时代新人”的核心目标为指导，坚持“智能智造，物联世界”的课程理念，形成“面向未来，走向世界”的课程视野，以“空间建设”“课程建设”“未来课堂建设”为抓手，立足学生的亲身体验，架设科学世界与生活世界的桥梁，整合各学科的工程类综合实践，综合运用各个学科的基础知识与基础技能，通过数字化设计制造实践，开展“未来学校创新计划”项目研究，培养具有“守道德之正的时代新人”。

二、课程理念

（一）办学理念及培养目标

1.办学理念

学校践行“智启天赋，雅润人生”的办学理念，形成“立足当下，面向未来”的课程视野，培养具有创客素养的时代新人。

2.育人目标

创客精品课程育人目标：“立足当下，面向未来，培养具有创客素养的时代新人。”通过“鸿鹄创意坊”精品课程建设，引领更多学生走上爱科学、爱学习的道路，培养学生的创客精神、创客能力和创客价值，推广创客文化。

3.创客精品课程培养目标

(1)通过了解创客文化,创意设计,逐步培养学生善于观察生活中的现象,遵循客观、科学的思维方法,针对现象或事物提出自己的改进意见,形成创新思维的思维习惯。

(2)通过动手操作实现自己的创意,逐步培养学生的工匠造物的能力。即培养学生具有较强的学习能力、动手能力,能把自己的想法、构思转变成实际事物的能力。

(3)通过分享、交流,逐步培养学生乐于分享的品质。即培养学生养成与他人分享的习惯,能较准确地表达自己的观点,乐于接受别人的观点,敢于批判质疑的品质。

(二)课程理念及理论依据

课程理念:智能智造,物联世界,即具有智慧的头脑,用智慧创造实物,为人类的生产生活提供服务,制造出的物品通过物联网,构成一个未来便捷、智能化的世界。

1.建构主义学习理论

建构主义的思想来源于认知加工学说,以及维果茨基、皮亚杰和布鲁纳等人的思想,学习过程同时包含两方面的建构:一方面是对新信息的意义的建构,同时又包含对原有经验的改造和重组。建构主义者强调学习的主动性、社会性,学习不是被动接收信息,而是主动地建构意义,是根据自己的经验背景,对外部信息进行主动的选择、加工和处理,从而获得自己的意义。

2.以儿童心理特征和生活经验为中心的课程理论

(1)课程教学思想核心在于创造性地发展儿童内部的“自然力”,即既要适应受教育者身心成熟的阶段,又要适应受教育者的个性差异和两性差异。

(2)重视“直接经验”,让儿童在体验中获得知识,在做中学,学中做。

(3)把儿童的发展放在首位,注重个性差异,尊重儿童的身心发展规律。

(4)教学过程应成为解决问题、思维训练的过程。

3.加德纳的多元智能理论

传统智力理论认为语言能力和数理逻辑能力是智力的核心，智力是将这两者整合而存在的一种能力。20世纪80年代哈佛大学认知心理学家加德纳所提出的多元智能理论，定义智能是人在特定情境中解决问题并有所创造的能力。他认为我们每个人都拥有八种主要智力：语言智力、数理逻辑智力、空间智力、运动智力、音乐智力、人际交往智力、内省智力、自然智力。对于教师来讲，由于多元智能理论有助于教师从学生的智能分布去更了解学生，我们可以将理论用于两方面：(1)可以利用多元智能理论来发掘资优学生，进而为他们提供合适的发展机会，使他们茁壮成长；(2)可以利用多元智能理论来扶助有问题的学生，并采取对他们更合适的方法去促进学生学习，而这两个方面均与创客课程的开设相契合。

4.课程核心概念界定

创客教育也是未来学校的重要组成部分，且学生的主动学习与深度学习成为创客教育的重要特点。精品创客课程的科学研究、科学设置与有效实施势在必行。

创客："创"指创造，"客"指从事某种活动的人，"创客"本指勇于创新，努力将自己的创意变为现实的人。

精品课程是指具有特色和一流教学水平的示范性课程。精品课程建设要体现现代教育思想，符合科学性、先进性和教育教学的普遍规律，具有鲜明特色，并能恰当运用现代教学技术、方法与手段，教学效果显著，具有示范性和辐射推广作用。

创客精品课程是指依托国家综合实践课程的基本内容，因地制宜、因校制宜、因人(师生)制宜整合科技、综合实践、艺术、数学等学科，以STEAM理论为指导，以实现创客课程的育人目标，落实科学精神，实践创新，提高育人质量的示范性课程。

(三)课程结构

课程框架图说明如图1:鹅公岩小学创客精品课程以“智能智造,物联世界”课程理念为引领,以“培养具有创客素养的时代新人”的育人目标为动力,以“趣味生活、创享搭建、3D设计、创意电子和人工智能”课程内容为载体,以“智创”评价体系为支撑,全面实施创客教育,培养学生的创客精神、创客能力和创客价值,推广创客文化。

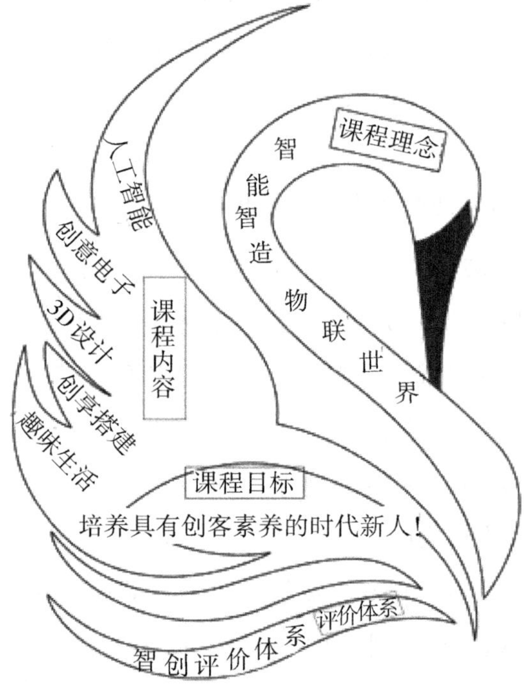

图1　重庆市九龙坡区鹅公岩小学校创客精品课程框架图

三、课程内容

(一)课程设置

学校将信息技术、综合实践、科技、艺术、数学等进行融合,在创客社团的基础上,开设普及创客课程,具体分为趣味生活、创享搭建、3D创新设计、创意电子、人工智能等五类如图2。一至六年级每学期开设两节趣味生活课程,三年级每两周开设一节创享搭建,四年级每两周开设一节3D创新设计,五年级每两周开设一节创意电子,六年级每两周开设一节人工智能,以上各类活动的开设现主要借助于科学学科、信息技术学科、半日活动为主进行,通过对学生一至六年级的创客活动进行规划,既符合不同年龄阶段学生的认知特点,又保证了学习的延伸性和系统性,为学生创新意识和能力的培养奠定良好的基础。课程各教学模块培养目标及内容见表1:

表1 课程各教学模块培养目标及内容

课程名称	趣味生活	创享搭建	3D创新设计	创意电子	人工智能
培养目标	树立正确的人生观	培养创新思维、动手能力、学习能力、交流能力	培养空间思维、动手能力、学习能力、交流能力	培养科学思维、动手能力、学习能力、交流能力	培养空间思维、逻辑思维、学习能力、交流能力
基本内容	餐饮文化 中餐烹饪 西餐烹饪 糕点制作 水果拼盘 厨神争霸	创客文化 电子搭建 物联搭建 智能搭建 木工搭建 搭建达人	3D文化 3D设计 3D主题 3D打印 3D精英	电子文化 电子与灯光 电子与声音 电子与时间 电子精灵	人工智能文化 人工智能体验 基础编程 机器人编程 无人机编程 智能之星
课时安排	一至六年级利用半日活动每期开设两课时	三年级每两周开设一课时	四年级每两周开设一课时	五年级每两周开设一课时	六年级每两周开设一课时

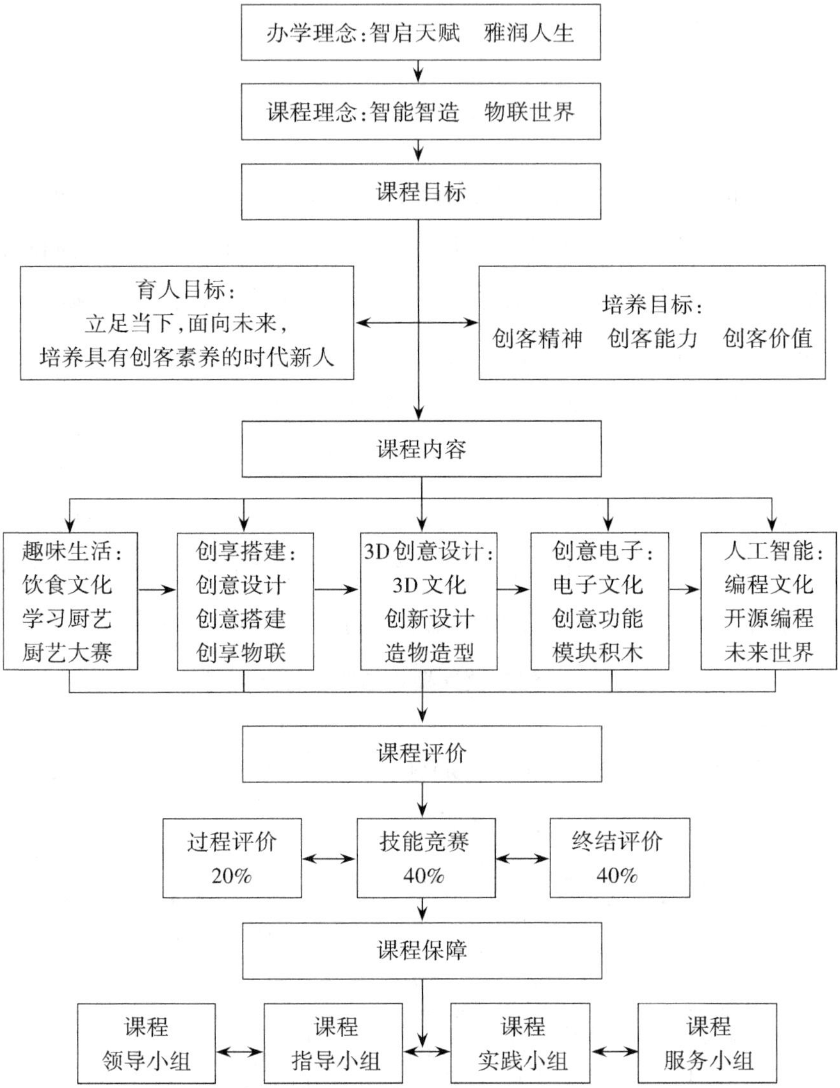

图2 精品课程分图

(二)课程基本内容

1.趣味生活

趣味生活课程主要教学内容为烹饪,课程开展形式有两种:一是教师引领讲解,学生尝试制作;二是家校共育,邀请家长进入课堂,与孩子一起制作餐食。根据学校培养创新型学生的育人总目标,趣味生活课程目标为培养学生会生活、学会欣赏和热爱生活的能力与情操；了解饮食文化、餐桌礼仪，能掌握部分美食制作方法并能对美食进行品鉴，其中一至六年级的学生每学期至少学会两道家常菜的烹饪方法，至六年级毕业时能完成一桌简单的家常菜。（图3）

图3 趣味生活

2.创享搭建

创享搭建课程注重对生活的观察，在此基础上选定创意搭建主题，在熟悉工程模块的前提下通过思考拟定创意设计图，通过小组内交流碰撞，确定最终搭建方案并动手搭建，然后在班级内分享交流，通过以上教学过程深化学生对于生活的关注与热爱，培养其独立思考的习惯，锻炼其表达交流能力，提高其动手操作能力，增强其团队协作意识和乐于分享的品质。（图4）

图4 创享搭建

3.3D创新设计

3D创新设计课程旨在让学生了解3D文化，关注生活物品，感知三维模型世界，并在此基础上借助3D One软件，实现从实物到三维模型设计的初阶目标，进而实现从三维模型设计打印出实物的中阶目标，最后实现利用三维模型设计创新实物或工程部件的高阶目标，循序渐进培养学生的立体思维、善于观察生活并发现问题的能力，以及团队协作和乐于分享的品质。(图5)

图5 3D创新设计

4.创意电子

本课程旨在让学生在了解电子元件和工具的基础上，进一步讲解电子电路原理，随后结合生活中常见的电路进行分析，从而鼓励学生进行思考并自行设计电子物品或改进优化某电子物品电路，最终实现创意电子设计。通过课程的开设培养学生的逻辑思维能力、创新能力、团队协作能力和动手能力，以及乐于分享的品质。(图6)

图6 创意电子

5. 人工智能

学生通过了解机器人元件，理解机器人搭建和编程原理，实现创意设计，锻炼学生的编程思维和问题解决思维，培养学生独立思考、团队协作、动手能力和乐于分享的品质。（图7）

图7　人工智能

四、课程实施

（一）课程实施原则

1. 实事求是原则：一要在课程设置、学生身心发展特点上考虑实际；二要客观反映实践工作中出现的问题，有的放矢地寻找解决问题的办法。

2. 科研引领原则：抓住精品课程建设的契机，将精品课程的实施过程作为科学研究过程，各种方案的制订和实施均以项目和课题的形式出现，以此提高学校和教师的科研水平。

3. 开放性原则：注重培养学生的独立性和自主性，引导学生质疑、调查、探究，在实践中学习，促进学生在教师指导下主动地、富有个性地学习。

4. 示范性原则：创客精品课程配备一流师资、一流课程内容、一流课程资源，实施一流课程评价，实现一流育人效果，在区域学科领域起到示范作用，可供其他学校借鉴。

(二)课程实施步骤

1.第一阶段:理论学习,制订实施细则

加强理论学习,每月定期召开专题会议,研讨制订出创客精品课程目标、课程内容初步设置、课程实施基本方式、课程保障要素等内容的学科精品课程建设初步方案。将骨干教师送出去学习、专家请进来培训,小组内进行专项研讨,制订出创客精品课程实施细则,对课程的建设起到指导性作用。

2.第二阶段:深入研究,具体实践

培养学生的核心素养需要通过学校的课程设置以及适合的课程实施方式来实现。在教学方面,学校组建未来校园工作室,分成"趣味生活、创享搭建、3D创新设计、创意电子和人工智能"5个小组,结合创客空间资源编写具有学校特色的校本创客教材,在实践探索中形成具有个性和鲜明特色的创客课程内容,满足学生充分发展和面向未来的创新人才培养的需要,彰显课程育人功能。学校开展"聚焦学科核心素养,探究深度学习方式"青年教师赛课活动;开展"探究深度学习方式,提升课堂教学质量"管理干部献课活动;开展"深度学习,我们行走在路上"小组合作学习展示活动。学校以九龙杯赛为契机,融入创客教育内容,通过校级初赛和区级决赛,提高教师团队的教学研究水平;还开展教师综合素质大赛,提高教师的专业素质。通过以上活动的开展,探究深度学习,聚焦核心素养,培养具有综合素养的优质师资,为能培养出更多的优秀创客教师打好基础。在学习方面,小学生的特点是注意力不稳定、不持久,且学习效果常与兴趣密切相关。小学生的想象从片面、模糊逐步向完整、正确的方向发展,低年级的小学生,想象具有模仿、简单再现和直观、具体的特点,到中高年级,他们对具体形象的依赖性会越来越小,创造想象开始发展起来,他们的创意往往代表着未来科技的发展方向,具有先进性。由于水平的限制,我们的器材要具有低技术、可操作的特点,具有实用性,要能够让更多的孩子参与活动。

3.第三阶段:深入研究,提炼总结

学校开展市级创客课题研究——“借助功能室资源,探索校本创客课程的实践研究”已结题,通过提炼总结,建成科学、高效、个性化、有特色的创客精品课程,形成科学合理的课程开发、实施、管理和评价运行机制,具有示范性。

在创享搭建、创意电子、3D创新设计、人工智能和趣味生活5个方面均打造出示范型课例:

课例1:创意搭建中有一个项目“智慧桥梁”。根据重庆地域特点,学生首先画出自己想象的桥梁形状,再根据画出的形状利用器材进行搭建,完成之后分享自己的创意,学生从以下角度进行设计分享:(1)为什么要设计这个作品?(2)这个作品带给人们什么好处?(3)用在什么地方?(4)工作原理是什么?创客的重点就是分享交流,在思维碰撞中产生新的东西。这种方式也成为鹅公岩小学的学子们进行创新思维训练的一种模式。(这个项目来源于学校2015年五年级学生参加重庆市物联网竞赛获得一等奖的作品。)

课例2:创意电子中有一个项目“光控开关”。首先,让学生认识电子元件:三极管、普通电阻、光敏电阻、电源、用电器。然后,提供“开关电路图”并分析原理,让学生知道其中的电子电路原理。随后,为学生提供面包板、面包线等原件让学生进行电路实验,再鼓励学生根据此电路进行创新思考。如:可以将这种光控开关运用到生活中的哪些地方?不固定应用范围,形成开放性的活动。引入传感器技术作为拓展,还可以利用其他哪些方法可以实现对电路的控制?比如:可以说一说在路灯控制、安全防控等方面怎样实现控制。

课例3:3D创新设计。三维设计软件很多,但为了符合小学生的年龄特点,我们采用3D One这个界面简单的三维软件进行教学。其中有《扭曲的茶杯》这一课,课程开始后,教师呈现了实际生活中的各种茶杯,让学生通过观察比较,得出茶杯的基本构造,以及扭曲的茶杯与普通的茶杯的区别,然后通过基本建模(六面体)、抽壳、拔模、扭曲四个步骤,完成扭曲的茶杯的基本

制作。学生了解了这些工具的用途和使用效果后,就可利用这些方法尝试创新设计出自己的作品。一直以来,我们都告诉学生,3D One只是帮助我们实现创意的一个工具而已,在这个三维模型的世界,使用3D One软件和3D打印机,你可以创作出自己的零件或物品,快速地实现你的发明创造。比如:学生在搭建一个转动系统时,差一个特定大小的齿轮,我们可以设计出来,再用3D打印机打印出成品,这样又快速,成本又低,学生就很容易完成作品。

课例4:人工智能。时逢重庆的信息技术课采用重大版教材,编程得以普及,而信息技术课程中采用的编程软件即Kittenblock,为了更好地契合学生的认知习惯,在人工智能课程中,我们采用的开发平台也是Kittenblock,这个平台可以支持多种开源硬件,同时结合乐高EV3。比如:“悬崖勒马”一课中,需要学生先搭建一个机器人,这个机器人有颜色传感器、电机,然后使用EV3编程平台通过编程控制机器人,机器人在正常行进的过程中,颜色传感器会一直检测路线颜色,若路线颜色一直为黑色则控制电机继续往前行进,若线路颜色变为白色时,机器人则停止运动。在整个过程中,学生就像搭建积木一样,将脚本指令块按照程序的逻辑关系连接起来,控制机器人的颜色传感器,获取环境数据,进行条件处理,给电机发出指令,让机器人做出相应的动作。在学生已完成上述操作后,还鼓励学生继续思考,能否添加更多硬件和脚本控制,使得机器人的行为更丰富。

课例5:趣味生活。学生可在这里体验生活,了解厨房各种用具的使用方法,学会做各种菜品的制作方法,思考膳食的营养搭配、用餐礼仪等。“番茄炒蛋”就是其中的一课,这个菜基本符合全中国人的口味。首先,在上课前,我们会先讲解膳食营养金字塔,了解番茄炒鸡蛋这个菜的主材料“番茄”和“鸡蛋”的主要营养成分。其次,请学生回忆吃过的番茄炒鸡蛋的配料有哪些,然后在班级内进行交流补充,随后准备这个菜所需的材料:生姜、大蒜、食盐、色拉油,以及主菜番茄和蛋。一切准备就绪后,学生将番茄和大蒜用刀切片,生姜切丝,将鸡蛋调匀。准备好少许食盐和色拉油,在教师的指导下将锅烧热,再放入色拉油,待油温达到合适时就可以将鸡蛋、生姜、大蒜、盐和番茄放入锅中进行翻炒，待番茄炒熟就可以起锅。让学生体验这样一个快乐的过程。其中，放入配料和主菜的顺序、用料的多少不进行控制，让学生自己尝试得出什么样的口味，总结出经验。

4.总结推广、展示、评优评先

定期召开项目小组研讨会、学校项目管理会，研制鹅公岩小学精品课程评价指标体系，上交各种精品课程案例，形成精品课程系列物化成果；参加区域精品课程现场展示交流会，争取推广创客精品课程建设成果。学校家委会代表观摩了未来学校建设和未来课程展示；同期，谢家湾片区党支部书记工作会在我校进行，各学校书记们对学校艺体和创客课程给予了高度评价。重庆市教育学会信息技术专业委员会年会在我校成功举办，学校向与会领导、专家、教师展示了未来课程的开展情况，获得一致好评。与此同时，在大会上作“未来学校　课程再造”主题报告，分享我们在未来学校建设上所取得的成绩，获得了一致认可。撰写的鹅公岩小学创客教育实施方案获重庆市一等奖。市级“小学科技创新教育学科融合教学改革试点”项目顺利结项；市级课题“借助功能室资源，探索校本创客课程的实践研究”顺利结题。学校形成鹅公岩小学校“鸿鹄”未来学校项目建设规划，对未来学校课程再造、未来学习方式变革、未来学习空间设计做总体设计，现阶段以“鸿鹄·数媒体验厅”“鸿鹄·天赋创意坊”“鸿鹄·未来学习厅”“鸿鹄·普教云教室”“鸿鹄·自然生态园”构成未来学校的学习区域。数媒体验厅、天赋创意坊、自然生态园构成非正式学习区域，未来学习厅和普教云教室构成互联互通的正式学习区域。

五、课程评价

（一）评价原则

1.科学性原则。统一评价标准，提高评价的效度和信度。

2.可操作性原则。利用信息化平台“班级优化大师”进行点评，评价方法简单可行，可操作性强。同时，该评价系统具备后台数据统计功能，大大地提升了评价的生成性。

3. 参与性原则。评价时，除了对结果进行评价，还需要加强过程性评价，评价时注重学生学习过程中的参与情况。

4. 全面性原则。评价需面向全体学生，面向整个教学过程，针对各个维度进行评价，形成具有思维、素养、能力、合作、分享和道德等全面性的评价。

（二）评价方式

学校探索"智创"评价体系（如表2），紧紧围绕"创客精神、创客能力和创客价值"三个维度，结合学校"四四二"评价体系，平时创客学习占20%，创客嘉年华活动和科技创新大赛占40%，期末创客作品创作及分享占40%，采用过程性评价和综合性评价相结合，面向全体学生，关注创客教育全过程，促进学生全面发展。

表2 "智创"评价体系

评价指标		评价主体			评价结果	
评价项目	评价标准	自评	互评	师评	分值	等级
创客精神	1. 创客文化 2. 工匠精神 3. 乐于分享					
创客能力	1. 设计能力 2. 工匠能力 3. 团队协作 4. 表达能力					
创客价值	1. 成果价值 2. 成长价值 3. 推广价值					

六、课程实施效果与拓展方向

编写创客精品课程校本教材，形成学校创客精品课程教材资源，以及相匹配的教学素材资源、课例资源，便于全校教师推广应用，提高效率。开展学校创客教育课题研究，强化学校创客课程体系，促进未来学校项目建设研究，打造具有我校特色的创客教育模式。进一步提炼、完善创客精品课程系列内容，以及适合小学生开展创客活动的资源。形成校本创客实施指南、创客教材，建设与之匹配的创客空间。在现有创客空间的基础上，拓展“数媒创客教育”“创客与学科深度融合教育”。开展数字音乐创意、数字美术创意、数字视频创意等活动；将学科知识教学与创客项目式活动相结合，形成开放式的创客教育活动。满足不同学生在创客教育上的不同教育需求，进而实现个性化发展。

【案例点评】

鹅公岩小学是中国教科院九龙坡实验区未来学校创新计划项目学校，也是重庆市九龙坡区首批信息化建设项目、科技教育特色学校，实施创客教育具有良好的师资和氛围基础。该校的创客教育已经形成一门课程，有整套的课程理念、框架结构、实施路径、评价策略等，体系较为健全。根据小学生的知识水平、行为特点和兴趣爱好等，学校坚持在一至六年级全程实施创客教育，不同年段开设不同侧重的创客课程，坚定不移地培养学生的创新品质和能力。经过数年的实施，已形成了一套有效的运行体制和保障机制。

鹅公岩小学的创客课程具有如下特点：

一是践行区域课程理念，具有区域推广价值。创客教育旨在培养学生基于未来生活的核心素养，既关照社会责任、科学精神，又扎根健康生活、实践创新。在区域“关注生活、引领生长、经验改造”的区域总体课程理念指导下，鹅公岩小学着力将创客教育打造为具有本校特色和一流教学水平的区域示范性课程，符合现代教育思想和教育教学的普遍规律，具有科学性、先进性，并能恰当运用现代教学技术、方法与手段，效果显著、特色鲜明，具有示范性和辐射推广作用。区域内已获得推广。

二是创客课程结构完备，符合课程建设要求。学校从空间改造开始，着力于创客功能室的建设，总体规划创客教育的空间建设以满足课程建设需要。开发的趣味生活、创享搭建、3D创新设计、创意电子和人工智能五大课程内容极具显著的校本特色。趣味生活：在一至六年级学生设置趣味生活课，激发学生爱生活的热情，提高他们会生活的能力。创享搭建：在三年级每两周开设一节创享搭建课，培养学生的创新思维、动手能力、学习能力、交流能力。3D创新设计：在四年级每两周开设一节3D创新设计课，培养空间思维、动手能力、学习能力、交流能力。创意电子：在五年级每两周开设一节创意电子课，培养学生的科学思维、动手能力、学习能力、交流能力。人工智能：在六年级每两周开设一节人工智能，培养学生的空间思维、逻辑思维、学习能力、交流能力。

三是体系健全现实可行，符合课程评价规范。该校五类创客课程均已有完整的课程具体内容和实施策略，还有典型课例可供借鉴。创客课程的开设主要借助于科学学科、信息技术学科、半日活动进行，对学生一至六年级的创客活动进行规划，既符合不同年龄阶段学生的认知特点，又保证了学习的延伸性和系统性，为学生创新意识和能力的培养奠定了良好的基础。利用信息化平台“班级优化大师”进行点评，评价方法简单可行，可操作性强，同时该评价系统具备后台数据统计功能，大大地提升了评价的生成性。

该案例的改进方向：创客课程理念与学校教育理念契合度还需提高，需更加关注未来生活的人的培养。创客课程体系还需更健全，让课程各要素得到充分挖掘、利用，需向建设精品课程方向努力。创客空间尚不能完全满足课程实施的需要，学校建设的创客功能室，经历一间创客功能室向多间创客坊的发展历程，规划不成体系，造成当前创客教育实施内容还不够全面，需进一步进行空间改造。创客教育的体制机制尚不健全，当前依赖有关键人才的强力支撑，课程可以有效推进，但未形成师师创客、生生创客的运行机制，后续发展缺乏美好预期。

（点评人：唐杰，重庆九龙坡区进修学院副院长）

学科—生活融合育人课程体系构建与实践探索

◎重庆市江北区玉带山小学 邹红 曾维义 万红云 谭晓泉

【摘要】

儿童的学习是在学习的高度提炼了生活世界的学科世界，并把高度提炼了生活的学科世界与现实的生活世界深度融合，再感受并创生自己向往的生活世界。学科—生活融合育人课程让不同的生活世界在学生那儿走向了融合。让国家课程生活化，把有教育意义的生活经验课程化，并在真实生活中评价学生的学习所获，是玉带山小学实现教育使命和育人价值的不二选择。

一、学校及参与未来学校项目概况

（一）学校简介

重庆市江北区玉带山小学校始建于1941年，现有两个小学部校区，附属幼儿园两所，小学生5170人，105个班级，小学部教职工302名。学校建有全国唯一的“徐悲鸿少儿美术馆”以及创客空间、3D打印教室等功能室，拥有全国领先、重庆首家电子音乐编程室。（图1—图4）

学校办学成效显著。学生成果获得国内外大奖千余次，一等奖百余次。学校承担市级以上课题18项，出版生活教育论著18本，发表论文105篇；教师获全国优秀教师等市（省）级及以上荣誉43人次，开发课程65门，赛课市（省）级以上获奖52人；课改成果在中央电视台等媒体报道400余次，学校先后被命名为全国优秀文化传承学校、中国未来学校领航学校等32项荣誉。

图1　3D打印教室

图2　智慧课堂

图3　数字音乐教室

图4　创客空间

(二)学校参加未来学校项目沿革

我校因综合实践活动课程建设特色而进入未来学校项目行列。1994年以来,我校先后开始了“儿童生活版画”“留住盘溪记忆”“走向世界第一站”等学生生活性实践课程项目的建设,学生的成果和作品冲出国门、走向世界。形成了“第一站”综合实践课程体系,包括“家庭、学校、社区、世界”四大主题以及“妈妈的高跟鞋”“轻轨”等20门课程,具有“目标问题化、内容真实化、领域综合化、形式项目化”的未来课程特征。

2018年,“第五届中国未来学校大会”在重庆市江北区召开,我校与本区其他4所中小学校一起,被中国教育科学研究院审批为“未来学校项目领航学校”,开始了未来学校建设的实践探索。

二、学校办学理念及培养目标

（一）学校办学理念

我校的办学理念是：走向世界第一站。旨在实践探索并回答：学生从哪里来、到哪里去；我们的学校以及在学校的学习，是学生走向未来世界和生活的第一站。

“走向世界第一站”的主要含义是：这里是小学生知识和能力得到全面启蒙的地方，是他们从儿童向少年过渡，从不成熟走向逐步成熟的关键阶段，是他们的智力、能力和良好习惯形成的最佳时期，是他们身心、知识和德行萌生滋长的奠基之地，而学校教育就是要成为孩子们成功地走向世界的“第一站”。

图5 玉带山小学育人目标体系图

（二）学校培养目标

我校深入思考党和国家关于“培养什么人、怎样培养人、为谁培养人”这一教育的关键问题，继承学校办学的历史文化，形成了“天地玉成、四季花开”的育人理念，确立了“培养创造未来中国的学习者”的育人目标，厘清了这种学习者需要具备的“六会”和“三力”的课程教学目标如图5所示。“六会”

指：会阅读、会表达、会思考、会审美、会生活、会健体；“三力”指：自省力、创造力、领导力。从办学理念到育人理念，再到培养目标和能力素养目标，具有从宏观到微观，微观与宏观相互印证、支撑的逻辑魅力。

三、学校课程建设理念

小学学科—生活融合育人课程来自重庆市江北区玉带山小学学科—生活融合育人的实践路径（见图6），是未来学校课程建设的重要探索。它以国家课程为依据，以陶行知生活教育思想为指导，以学科为基础，以生活为路径，充分发挥学科走向生活、生活走进学科的双向互动作用，让学生知行合一，成为生活和学习的主人。

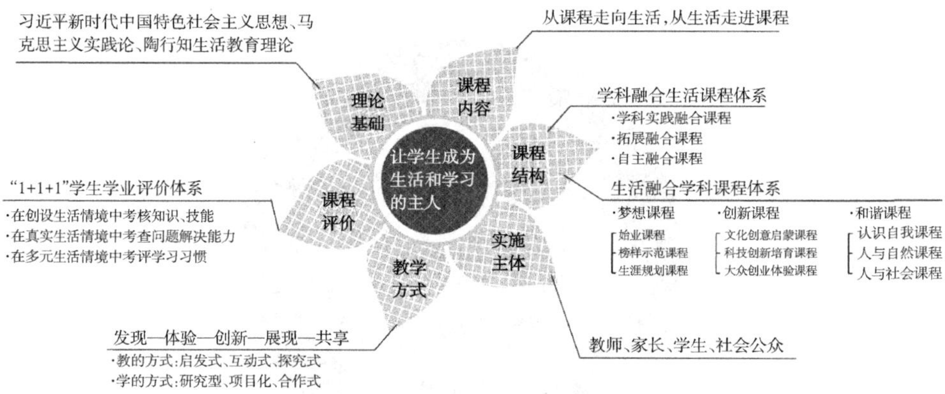

图6　玉带山小学学科—生活融合育人实践路径

（一）课程建设的理论依据

实践需要理论的指导，小学学科—生活融合育人课程建设有其重要的理论依据。

1. 马克思主义实践论

马克思主义实践论认为：教育要与生产劳动相结合，这是实现儿童全面发展的重要且必要路径。人是实践的主体，人总是在实践中提升和完善自身，并进一步提高实践能力，这种实践、提升和完善是在生活中实现的。而生活的范畴很广泛,学校教育和学生学习是学生生活的一部分;同理,一切学生能够感知的生活也是教育和学习的一部分。学生只有在包括学校教育、课程学习的一切生活实践之中,才能不断地发展、完善自己。

2.陶行知"生活教育"理论

陶行知"生活教育"理论的主要观点是"生活即教育、社会即学校、教学做合一",认为生活教育是生活所原有,生活所自营,生活所必需的教育。教育的根本意义是生活之变化。生活无时不变,即生活无时不含有教育的意义。显然,作为学生最为重要的成长空间,生活世界具有不可替代的教育功能。基于上述两大理论观点,我们力求改善小学普遍存在的课程实施与生活脱节、儿童生活与课程脱节的问题,开发儿童生活中的课程资源,构建好"生活融合"课程体系,有效发挥"生活融合"课程的育人功能,适应未来学校的建设与未来人才的培养。

(二)课程哲学理念

建构课程,必然基于哲学思想。学科—生活融合育人课程也体现着如下课程哲学的思想和理念。

1.基于马克思主义哲学思想建构学科—生活融合育人课程

恩格斯认为:全部哲学,特别是近代哲学的重大基本问题,即思维和存在的关系问题。马克思主义的实践观认为:实践是主客体之间的相互作用过程,是相互交换物质、能量、信息的过程,由于这种相互作用、相互交换,主客体双方都发生着变化,主体客体化,客体主体化。因此,在思维与存在之间,还有"实践"这座桥梁。把思维、存在与实践联系起来考察,我们的教育、教学、学习、课程,以及我校构建的学科—生活融合育人课程,就具有了如下纵横而深刻的关联:教育是实践,教学是实践,学习是实践,融合是实践;这种实践,是连接着思维与存在的实践;生活是存在,课程是存在,但生活与课程,也都因思维和实践才存在;生活是存在和思维的产物,融合是思维与实践的过程,课程不仅是思维和实践的产物,也是思维和实践的对象。所以,学科—生活融合课程，不仅体现了思维与存在的关系，而且表达了思维、存在与实践的关系，是唯物主义、辩证法和方法论的整体观照。

2. 实用主义哲学与学科—生活融合育人课程的整合性

杜威的课程哲学是一个包括“经验、生长和生活”在内的三维结构。他认为，课程的本质应该是具有教育意义的，具有连续、交互特点的儿童经验；这些经验从儿童的现有经验出发，是儿童生长和社会发展所共同需要的、不可或缺的。所以，承载、丰富并发展儿童经验的课程是有层级性的。我校的学科—生活融合育人课程，不仅主张课程的教与学是基于并发展儿童的现有经验，让学生边做边学，使课程走向生活，生活走进课程，而且是有层级化地促进学生适应自身生长并适应社会生活发展的。

3. 人本主义哲学与学科—生活融合育人课程的个性化

人本主义哲学主张以人为本，教育上强调学生的个性化发展，充分挖掘学生的潜能，让学生的身心和情感得到同步发展，从而促进学生实现自我价值。当前的课程教学，仍然没有足够重视学生的发展问题，一定程度上限制了学生健康全面以及个性化发展。生活融合课程则以人本主义为导向，从学生的成长需求来建设课程体系，开展以实现人的个性化和全面发展为目标的课程教学活动。

（三）课程体系中的关键概念

学科—生活融合育人课程确立了“从生活走进学科，从学科走向生活”的课程理念，创立了学科—生活融合育人课程体系，探索了“五位一体”的教学方式，建立了生活情境下“1+1+1”学生学业评价体系。其中，需要界定的核心概念主要有：学科—生活融合育人、从学科走向生活、从生活走进学科。

1. 学科—生活融合育人

学科—生活融合育人是基于马克思主义实践观、胡塞尔生活世界理论、杜威生活教育理论、陶行知生活教育思想所提出的课程改革的探索方向和实践内容。具体而言，学科—生活融合育人就是指打通儿童的学科世界与生活世界，将生活还给教育，让教育走向生活，形成一种教育与生活互相促进、彼此依存的良性互动。

2.从学科走向生活

生活世界是儿童最为重要的成长空间，包含了众多的教育教学资源。所谓“从学科走向生活”，就是指进行儿童生活中的教学资源开发，对儿童熟悉的生活元素、生活场景、生活文化等加以筛选、整合与构建，最终以学校课程的形式，让儿童在学校学习中实现由生活感性经验向学科理性认识的蝶变，真正达到学科从生活中来，又能更好地服务于生活的教学目标。

3.从生活走进学科

学科是学校教学的科目和进程的总和，是学校教育的重要形式。所谓“从生活走进学科”，就是对学科内容、教学、评价等进行探索和改革。一方面，将儿童所需学习的课程知识更加具象生活化；另一方面，识别儿童的各种生活需要，进行学科内容、教学、评价的改革，以生活为导向开展、评价儿童的学科学习，做到知行合一。

四、学校课程内容体系

玉带山小学对学校的课程体系建设进行了不断的探索和实践，经过27年教育教学改革创新实践的系统总结，玉带山小学以国家课程为依据，以陶行知生活教育思想为指导，以生活为路径，构建了小学学科—生活融合育人课程体系。通过优化课程结构，充分发挥学科走向生活、生活走进学科的双向互动作用，创设更加适合学生发展的课程，促进学生学习方式的转变，让学生知行合一，培养学生的创新精神和实践能力，成为生活和学习的主人，旨在不断从课程教学向深层推进，迈向课程育人。

玉带山小学的学科—生活融合育人课程体系将国家课程与校本课程进行了整合与重组，形成了国家课程校本化实施的“学科融合生活课程”和校本课程特色化实施的"生活融合学科课程"两大部分的"生活融合"课程体系（如图7）。

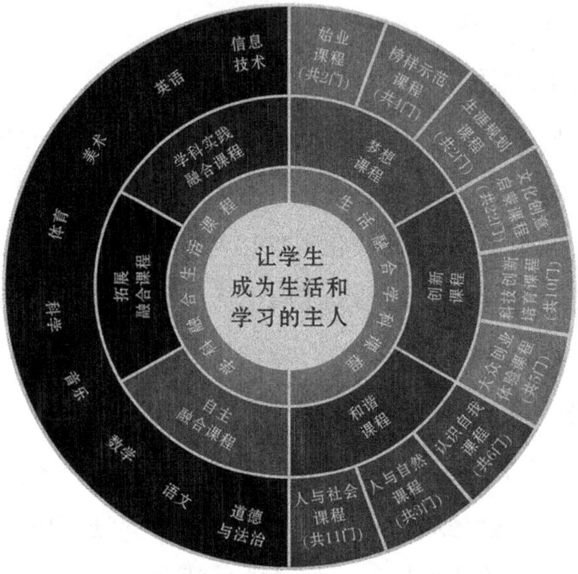

图7　玉带山小学学科—生活融合育人课程体系

玉带山小学的学科—生活融合育人课程体系是一个立体式的课程结构，使学生能够在校园空间中经历真实的、完整的生活问题和生活情境，有助于学生经历深刻的生活体验，形成立体化的生活概念和价值认知。玉带山小学整个学科—生活融合育人课程体系都指向学校"培养创造未来中国的学习者"这一育人目标，以提升学生"六会"（即会阅读、会表达、会思考、会审美、会生活、会健体）和"三力"（即自省力、创造力、领导力）作为课程教学目标。

（一）国家课程校本化——学科融合生活课程

国家课程校本化是指学校在国家课程标准和国家课程改革的要求下，坚持国家教育总体价值取向，结合本校的办学理念和培养目标，科学地提取并强化国家课程中重要的价值要素。国家课程校本化是国家课程的校本创生和实践优化。

国家课程校本化的建构需要对现有学科和课程内容进行重整和优化。为此,玉带山小学在全面落实国家课程方案和学科课程标准的基础上,积极探求国家课程校本化建设新路径。学校组织学科教师对学校现有的国家课程和教材进行梳理,充分挖掘国家课程中的生活要素,查找所有学年各学科与生活要素的联结点和可整合点,最终从“学科实践融合”“学科拓展融合”“学科自主融合”三个维度构建起学科融合生活课程,通过学科紧密联系生活,让学生更好地理解学科,用国家课程生活化来实现国家课程校本化。

1.学科实践融合课程

学科课程是国家统一规定的课程类型,是在学校教育中呈现次数最多的课程形式,玉带山小学立足于学科课程,充分挖掘出学科课程中对学生发展有价值的生活资源和生活要素,将学科与各种生活资源和生活要素相融合,注重学科课程和实际生活融合的全面性、契合性和实践性,确立学科实践课程。

学科实践融合课程在课程内容设置上引导学生必修好语文学科“综合性学习”、数学学科“综合与实践”、英语学科“语言与运用”、美术学科“综合·探索”、体育学科“感受体育”等国家课程中紧密联系生活实际的学科实践内容,发挥学科实践内容在学科与生活深度融合的积极效应,实现国家课程效益最大化。学科实践融合课程在课程内容组织形式上,不是仅仅将生活实践作为各学科内容的附属品,将各学科固定的内容和生活实践进行简单的叠加,而是要采用多样性和动态性的组织方式对内容进行融合,比如补充拓展形式即在不改变课程内容结构、顺序的情况下,在原有学科课程内容中找到恰当的生发点,加以进一步的引申与拓展,使之与生活实践相结合,使原有学科课程内容的学习与生活实践的学习成为前后衔接的自然过程。

2.学科拓展融合课程

国家的学科课程是小学课程的基础,学科拓展类课程则是学校课程的补充。学科拓展性课程不同于基础性课程,是对学生和谐生长、自主成长、有差异发展目标的完善和提升。

玉带山小学在学科实践融合课程的基础上设置了学科拓展融合课程，在学科拓展融合课程的内容研发上，主要以教材中的生活实践活动为基础，依据学生的学习效果，结合学校培养目标的要求等方面进行拓展和应用，将每门学科课程结合学科特点和学生学习需要，在严格控制学习负担的前提下，以“生活作业任务单”的方式，由学生自主完成学科拓展融合课程的学习。学科拓展融合课程是为了让学生更好地学习、感知、理解和运用而设计的，它更多地关注学生对于技能和方法的掌握以及在实际生活中的运用，它是高于学科课程的学习材料，是未来课程发展的需要，是未来学习者发展的需要。因此，学科拓展融合课程更加注重课程的趣味性、实用性、生活性、可操作性和发展性，注重学生个性化知识的建构，在各学科的拓展融合中，实现语文、数学、英语等全部国家课程的拓展延伸，让学生在具体的课程探究中，满足真实生活的需要，建立自我知识和能力体系。

3.学科自主融合课程

针对儿童学科兴趣和能力倾向存在的差异性，兼顾教师学科兴趣和能力倾向的差异性，学校开发出源于生活的学科自主融合课程。学科自主融合课程是由学校教师自主设计源于国家课程标准的课程内容，强调对学生生活和社会发展的关注。学科自主融合课程的设计需要教师拥有丰富的学科知识储备和相应的学科技能，能够清楚地掌握学生的认知发展规律和学科的知识结构，并能够感知学生的认知过程和学习方法，善于把学科的课程目标和学生的生活经验、生活需要建立勾连关系，开发出满足学生兴趣和个性化发展需求的学科自主融合课程。学科自主融合课程是一种灵活性的双向互动课程，学生可以根据自己的意向和能力倾向选择适合自己的领域和教师，双向选择，双向互动，力争让每个学生都能找到学习的兴趣点和突破点，尽量实现最佳发展。

（二）校本课程特色化——生活融合学科课程

课程内容作为课程的核心与实体，与学生的真实生活有着密不可分的联系。在构建特色化的校本课程过程中，课程内容应该体现儿童的现实生活情境，让学生熟悉的生活融入校园空间中，将生活以课程的形式呈现出来，使学生逐渐了解生活的意义，并在课程实践中延伸迸发出新的生机。

玉带山小学在全面落实国家课程方案和各学科课程标准的基础上，充分挖掘生活中具有教育价值和育人功能的教育资源，构建立足"梦想立志""创新科技""和谐人文"三个维度的生活融合学科课程体系，让课程体系更加完善、课程内容更加丰富、课程结构更加合理，实现生活资源课程化。

1.梦想课程

围绕落实立德树人根本任务，学校开发了梦想课程。梦想课程倡导"宽容、有爱、求真"的价值观，以学生适应社会发展所必需的健全品格和关键能力为课程开发的主要方向，按照学生的成长顺序，设置了入校课程类（伙伴课程、始业课程）、榜样示范课程类（重庆先烈榜样课程、红色革命传统体验课程、重庆榜样课程、身边的榜样课程）、生涯规划课程类（劳动成就梦想课程、生涯规划课程）等8门课程。引导学生坚定理想信念，厚植爱国主义情怀，立志肩负起民族复兴的时代重任，积极培育自信、从容、有尊严的个体。

2.创新课程

创新始终是一个国家发展的重要力量，也是一所学校发展的不竭动力。按照习近平总书记"当科学家是无数中国孩子的梦想，我们要让科技工作成为富有吸引力的工作，成为孩子们尊崇向往的职业"的重要指示，立足于新时代科技社会发展新趋势新形态新技术，玉带山小学开发出文化创新启蒙课程（生活版画课程、衍纸课程、纸浆画课程、电子音乐编程课程、口琴课程、拉丁舞课程、艺术体操课程、足球文化课程、教育戏剧课程、妈妈的高跟鞋课程、十元钱千分爱课程、DI社区问题解决课程、玩转"24点"课程、数学折纸课程、数学思维训练课程）、科技创新培育课程（WER课程、机器人课程、3D创意设计课程、编程课程、航模课程、网络世界课程、牛顿社团课程、国防科技体验课程、未来城市课程、生物课程)、大众创业体验课程(茶文化课程、职业体验课程、校园文创体验课程、快递课程、留住盘溪记忆课程)等三类30多门课程,激发学生创新志趣,培养学生创新精神,提高学生创新能力。

3.和谐课程

围绕和谐社会建设,玉带山小学开发认识自我课程(身体世界课程、心理世界课程、家庭公约课程、家谱课程、安全课程、体能拓展课程)、人与自然课程(校园紫荆花课程、房屋课程、垃圾世界课程、长江经济带生态研学课程、祖国大好河山体验课程)、人与社会课程(钱币课程、超市课程、轻轨课程、网络世界课程、中华优秀传统文化课程、茶艺体验课程、世界文化课程、字母世界课程、教师课程、小小调解员课程、紫荆晨礼课程)等三大类20多门课程,努力创建和谐的育人环境,构建和谐的课程体系,采用和谐的培养方法,培养和谐发展的人,引导学生历练敢于担当、不懈奋斗的精神,具有勇于奋斗的精神状态、乐观向上的人生态度,做到刚健有为、自强不息。

五、课程实施

(一)课程资源建设

学校充分发挥师生在课程资源开发中的主体性和创造性,及时总结、梳理来自教学一线的典型案例和鲜活经验,动态生成分年级、分专题、分项目地从课程走向生活,从生活走进课程的资源包。探索和建立优质资源的共享与利用机制,打造学区、领雁学校、同盟校等多校联动的共建共享平台,为课程实施提供高质量、常态化的资源支撑。

例如:学校作为重庆市领雁工程精品课程基地,负责对开州区南门镇中心小学在课程的开发和实施上开展帮扶工作。学校作为江北区玉带山学区长学校,负责对学区内三所学校开展课程建设进行引领和示范。学校作为重庆市校长培训基地和重庆市教师培训基地，也承担着培训全市乃至全国校长、教师的责任。

（二）课程实施主体

本课程实施的主体包括全体教师、家长、学生和社会公众。玉带山小学打造全员参与、分工合作、相对稳定的课程指导教师队伍，每一位教师都发挥各自的专业特长优势，承担相应的任务。充分调动全体学生的积极性和创造性，全程参与课程活动并创造课程资源。积极争取家长资源、校外活动场所指导教师、社区人才资源等社会公众力量协同指导学生开展课程活动。

（三）课程实施方式

基于学生认知规律，将解决生活实际问题的普适性方法迁移到课程深度融合改革中，通过课程实践和生活实践不断双向检验、校正、丰富和完善课程实施策略，探索总结出“发现美好生活（重在理性认识）、体验美好生活（重在用心感悟）、创新美好生活（重在探索创新）、展现美好生活（重在合理表达）、共享美好生活（重在交流分享）”的课程实施路径。在教学方式上全面推行启发式、互动式和探究式教学，在学习方式上全面采用研究型、项目化、合作式学习。

（四）教学方式

1.启发式教学

教师根据课程内容创设与学生生活相关的问题情境或者模拟相应的场景，启发学生的思考，调动学生学习的主动性和积极性，让学生在不断的启发中领悟知识、增强本领、弘扬精神。

例如：在榜样课程中，为了引导学生坚定理想信念，厚植爱国主义情怀，立志肩负起民族复兴的时代重任，教师启发学生通过寻找身边的红岩烈士、追寻烈士生活足迹、在社区演讲红岩烈士事迹、在学校担任红岩精神讲解员等途径，弘扬革命精神，传承红色基因，让爱国主义精神在学生心中牢牢扎根。

2. 互动式教学

在课程实施过程中，教师常采用互动式教学。如：在源于生活的学科自主融合课程中，教师自主设计出源于国家课程标准的课程内容，学生根据自己的兴趣爱好和能力倾向选择适合自己的课程和教师，教师和学生在课程活动中双向选择，双向互动。教师的能力发挥到极致，同时也力争让每一个学生都能找到学习的兴趣点和突破点，尽量实现最佳发展。

例如：《义务教育音乐课程标准》(2011年版)规定："把全体学生的普遍参与和发展不同个性有机结合起来，创造生动活泼、灵活多样的教学形式，为学生发展音乐才能提供空间。"音乐教师在教授民歌时，与学生共同创作《我把重庆轻轨夸》等歌曲，指导学生联系生活实际，将课前收集到的风声、行人忙碌奔波脚步声、乘客说话声、轻轨运行声音等用学校电子音乐编程室里面的编程软件制作成生活音效素材，对节奏、音效等进行编辑创新，同时通过唱、说、演等形式表现出来。一个班级，40多个学生就有40多个版本，每个学生都能在音乐课中学有所思、学有所获、学有所乐。

3. 探究式教学

教师在课程实施过程中全面推行探究式教学，让学生通过学习达成从生活中来、到生活中去以及从学科中来、到学科中去的目标，全面提升生活与课程融合教学的针对性和实效性。

例如：《义务教育数学课程标准》(2011年版)要求重视从学生的生活经验和已有的知识中学习数学和理解数学。数学五年级上册第一单元《解决问题例九》，教学内容是运用数学知识解决生活中坐计程车分段计费的问题。"分段计费"对学生来讲比较抽象、烦琐，理解起来有难度。学校数学教研组采取三步教学策略创新探究教学方式：第一步，将数学知识还原为生活经验形态，让学生实际乘坐出租车，收集车票，调查了解计费方法，积累感知认识,实现学科生活化;第二步,学生在课堂上交流分享乘坐出租车分段收费的实践经验,理解掌握分段收费的数量关系,实现学科知识抽象化;第三步,将出租车分段计费数学知识迁移运用到类似水电气阶梯收费等实际生活问题,实现生活学科化。

(五)学习方式

1.研究型学习

按照习近平总书记"当科学家是无数中国孩子的梦想,我们要让科技工作成为富有吸引力的工作,成为孩子们尊崇向往的职业"的重要指示,立足于新时代科技社会发展新趋势新形态新技术,教师在课程实施过程中,创设与生活紧密联系的情境和条件,让学生有计划、有目的、有思考地探究学习。

例如:学校开发出37门文化创意启蒙、科技创新培育、大众创业体验等课程,激发学生创新志趣,培养学生创新精神,提高学生创新能力。在融合科学、技术、艺术、人文等多学科要素的基础上,引导学生围绕校园生活中的欺凌问题,未来城市生活中的抑郁问题、城市环保问题等开展研究,让学生将所学知识转化为实实在在的生活创新能力。

又如:各个学科课程都结合该学科特点和学生学习需要,在严格控制学习负担的前提下,以"生活作业任务单"的方式,由学生自主完成、独立探究。通过这样独立自主的研究型学习方式将学科知识拓展到生活应用中。如:数学三年级下册《位置和方向》的"生活作业任务单",要求学生完成三个任务:一是观察学生家所在的位置八个方向(东、南、西、北、东南、西北、东北、西南)各有什么建筑物;二是按照"上北下南左西右东"的位置关系绘制一幅示意图;三是用文字描述这些建筑物分别在什么位置。

2.项目化学习

2018年,习近平总书记在全国教育大会上强调:"培养德智体美劳全面发展的社会主义建设者和接班人。"在课程实施过程中,多个课程内容均采用项目化的学习活动让生活走进全序列课程，让课程走向全维度生活，推动生活与课程深度融合、无缝连接，让学生知行合一，以期实现“让学生成为生活和学习的主人”的教育目标，力争做到全面发展。

例如：在开设的长江经济带生态研学课程中，组织学生通过项目化的学习活动考察长江经济带生态环境，调查长江消落带植物生长，研究长江濒危动植物生长生存状况，了解污水整治与垃圾处理，让“绿水青山就是金山银山”理念入脑入心。又如：围绕家庭生活中的“妈妈的高跟鞋”“旧衣服的处理”“垃圾分类”，社区生活中的“宠物饲养”“超市购物”“快递”“低成本创新师生创意行动”等项目来开展学习。

3. 合作式学习

在课程实施过程中，多以班级为单位开展落实，在班级内部以小组合作方式为主展开探究学习。既让学生有独立思考的时间和空间，又充分发挥合作学习的优势，重视培养学生的自主参与意识与合作沟通能力。

例如：在“妈妈的高跟鞋”课程学习中，教师引导学生以小组为单位合作探究高跟鞋从哪里来，让学生从历史的角度去研究高跟鞋，通过鞋的变迁历史感受时代的变迁。然后以小组为单位提出问题——谁喜欢穿高跟鞋，对此进行问卷调查，利用信息技术进行数据分析，写出调查报告，掌握问卷调查的方法，感受数据分析在生产生活中的巨大作用。

（六）学习生态

学校为课程的实施提供了配套硬件资源与耗材，积极争取校外活动场所支持，建立课程资源的协调与共享机制，充分发挥实验室、专用教室及各类教学设施在课堂实施过程中的作用。学校在上级部门的支持和重视下，投入大量资金，建设专用活动室，购买相关设备，助推课程建设发展。

例如：建设专门的创客工作室，3D打印教室、电子音乐编程室。购买智慧课堂设备和软件，让信息技术有机融入课堂教学和课程研究。购置了课堂反馈分析系统，让课堂教学更加高效和有质量。

六、课程评价

育人目标的落实需要课程设计来实现，而育人目标的落实情况需要课程评价来支撑。艾斯纳(E. W. Eisner)指出："评价具有五个功能——诊断、改良课程、比较、估计教育需要、确定目标是否达到。"可见，课程评价不仅仅是传统地对结果进行诊断性评价，而且要体现评价主体与评价内容的多元性，要从多方面取得对学生表现的反馈，既要有教师对学生发展、课程建设的评价，也要有家长和社会对课程的评价，更要有学生的自我评价和同伴之间的相互评价，以此促进学生不断自我反思和改进，培养学生终身学习的习惯，充分体现我校"天地玉成、四季花开"的育人理念和"培养创造未来中国的学习者"的育人目标。

（一）构建学生生活教育评价体系

我校采用量化评价和质性评价相结合的方式进行课程评价。通过对学生的问卷调查、访谈等形式收集数据，加以分析，了解学生对生活知识和技能的掌握情况，具有一定的客观性和有效性。但也不能仅仅以学生最终成果的呈现来考量学生，还要对学生进行过程性评价（如档案记录袋、语言表达等），考量学生参与课程的积极性、态度和学习习惯的养成，以表现性评价为主。评价体系坚持以人为本，充分体现学生的主体性，教师引导学生进行自我评价和小组互评，促进共同发展，同时结合家长评价和社会评价，促进学校教育、家庭教育、社会教育的有效衔接。

（二）强调教师能力水平评价

在对教师进行评价时，也强调访谈评价。通过访谈可方便及时了解课程实施的情况和遇到的困难，也可反映出教师对课程的认知和态度、教育教学能力水平、课程开发意识和科研能力等方面的情况，促进教师个体对生活课程的重视，增强课程育人意识，提高专业水平，整体上提升教师队伍的质量。

（三）加强对课程本身和实施过程的评价

课程评价是多元性的，它不仅包括对学生、教师表现的反馈，促进其在原有水平基础上的提高，还应包括通过实践应用对课程目标、课程内容、课程实施和课程结果的评价，以便对课程做出调整和完善，促进课程建设。实施课程时，通过评价有效找出其优缺点，分析原因，为修订课程找出可操作性的方案，在制订课程—实施课程—评价课程—修订课程—实施课程的循环往复中，我校的生活课程得到不断完善。（图8）

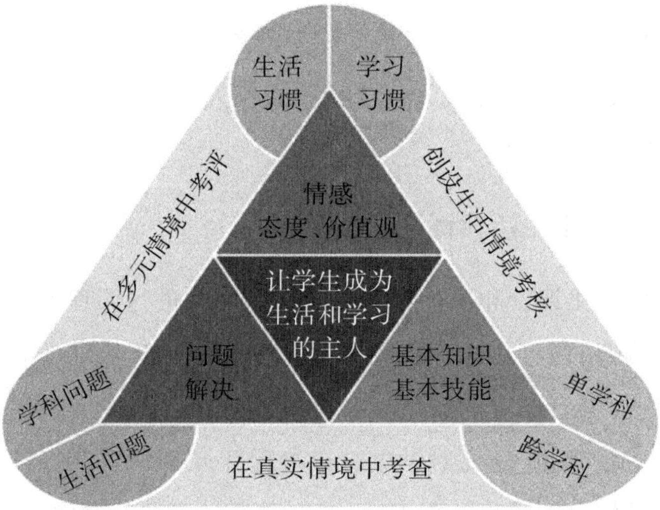

图8　玉带山小学学科—生活融合“1+1+1”评价机制

本课程在实施过程中，采用了生活情境下的“1+1+1”学生学业评价体系，充分发挥评价促进学生成长、教师发展和改进教学实践的功能，开展紧密联系生活实际的“1+1+1”学生学业评价生态评价改革。

第一个“1”是在创设生活情境中考核知识、技能。将生活中的知识、技能等有机融入学生学业水平考核，通过生活化命题，创设生活化情境，尽量让学生在熟悉的模拟生活场景中检验知识和技能掌握情况。

第二个“1”是在真实生活情境中考查问题解决能力。将“考场”搬到家庭、社区、商场、交通枢纽等场地，通过全程录像、陪同观察、在线交流、同伴反馈、自我评价等方式，以尊重、包容、平等、理解的态度，让学生在真实生活中、自然状态下接受问题解决能力考查，作为学生学业水平试卷评价的重要补充。

第三个“1”是在多元生活情境中考评习惯养成。采取社区回访、家长访谈、线上调查、同学互助等方式，让学生自己以及教师、同学、家长、邻居，甚至陌生人都有可能成为评价的考官，将学生学业水平由一次评价变为全程评价，将定时评价改为延迟评价，将单一评价调整为多元评价，让评价在生活中接受检验。

图9　2019年秋季学期二年级“1+1+1”评价案例

如，2019年秋季学期二年级期末学业水平评价中，重点考核学生的语文识字、口语交际、课外阅读能力和数学计算、动手操作、解决问题、综合能力。学校创设超市购物模拟环境，通过学生在家长义工处读出评价表上的购物清单内容、计算限时抢购时长、在购物情境中口语交际、选择指定重量和种类的糖果、帮助他人优化购物方案、协同伙伴购买货物、计算购物总价并支付货款、凭购物小票参加有奖问答、处理钱包遗失或商场火灾等突发问题，全面考评学生在真实生活情境中运用知识解决生活实际问题的综合能力，真正实现学以致用，发挥评价对“教”和“学”的导向和促进作用。(图9)

当然,生活课程的评价不是一次性完成的结果性评价,应是一个连续性的过程性评价,通过课程评价的有效反馈,及时发现问题、解决问题,真正落实生活课程的常态化实施,通过评价积极促进对“教”和“学”与生活的有效融合,真正达到育人目的。

七、课程管理与保障

(一)组织管理人员架构

形成课程领导小组、设计师团队、实施团队三级人员架构,各司其职,分工合作,统筹管理,共同做好课程设计、实施、评价与成果提炼。

(二)教师培训与教研指导

1.建立各类教师培训制度

邀请各类专家进行全员理念提升和设计师团队专项培训,设计师在课程实施前开展培训,课程实施过程中参与实时指导,课程结束开展调研。

2.建立健全日常教研制度

各年级设置专项教研组长,组织集体备课,做好课程资料的准备、过程性资料的收集整理。教导处将课程开展和实施纳入常规管理,确保课程有效实施。

(三)支持体系建设与保障

1.网络资源开发

充分利用网络平台,发挥师生在课程资源开发中的主体性与创造性,及时梳理、总结典型案例和鲜活经验,动态生成分年级、分专题的课程资源包。

2.硬件配套与利用

建立课程资源的协调与共享机制,提供硬件与耗材保障,并积极争取校外活动场所支持，充分发挥实验室、专用教室及各类教学设施的作用，提高使用效益，避免资源闲置与浪费。

3. 经费保障

确保课程开发、实施、展示、成果转化等所需经费，支持课程资源和实践基地建设以及专题研究等。

4. 安全保障

学校设立安全风险预警机制，建立规范化的安全管理制度及管理措施。

八、课程发展展望

27年的实践探索之路，我们对学科—生活融合育人的内在关联要素和外部制约因素进行了系统解构，对生活与课程深度融合的关键环节和重点内容进行了优化组合，确立了学科—生活融合育人路径，创立了学科—生活融合育人课程体系、“五位一体”的教学方式，建立了生活情境下的“1+1+1”学生学业评价体系。我们看到了小学学科—生活融合育人改革实践的无限可能和美好前景，同时也清醒地看到了需要进一步思考、行动的领域和方向。

1. 积极应对经济社会快速发展对教育的严峻挑战。超前谋划课程，妥善处理过去、现在和未来生活的关系，做好教育传承和创新，让课程既能适应经济社会发展需求，又能适度引领经济社会发展。

2. 克服家庭、社会教育的相对缺失。链接好学校、家庭和社会教育，多方引导和鼓励家长、社区公众积极参与儿童教育，形成教育合力。

3. 克服虚拟生活对现实生活的负面影响。开发更具针对性、吸引力的课程，用丰富有趣的课程充盈学生的课余生活，减少学生对电子产品的依赖性，让学生开心学习、收获成长。

我们将与时俱进继承创新，通过创新性、序列化、开放式设计，让生活走进全序列学科，让学科走向全维度生活，推动学科—生活深度融合，以期真正实现“让学生成为生活和学习的主人”的教育目标。

【案例点评】

重庆市江北区玉带山小学始建于1941年,先后荣获全国中小学中华优秀文化传承学校、中国未来学校领航学校等32项荣誉。学校建有“徐悲鸿少儿美术馆”、创客空间、3D打印教室等功能室,拥有全国领先、重庆首家的电子音乐编程室。课改成果在中央电视台等媒体报道400余次,教师获全国优秀教师等市(省)级及以上荣誉43人次、开发课程65门,学生成果获得国内外大奖千余次。该校作为重庆市领雁工程精品课程基地、校长培训基地和教师培训基地,承担着培训全市乃至全国校长、教师的责任。

玉带山小学积累了丰富的课程建设经验,让国家课程生活化,把有教育意义的生活经验课程化,并在生活情境中评价学生的课程学习所获。具体体现在:第一,精心设计的“六会”和“三力”课程教学目标符合小学生身心发展实际,易于为师生所理解和遵循,为师生教与学提供了前进方向。第二,课程设计既注重理论指导,又贴近学生生活。该校以马克思主义实践观、陶行知“生活教育”理论和人本主义哲学思想为依据,以国家课程为依托,构建了“学科—生活融合育人”课程体系,注重了国家课程校本化和校本课程特色化实施,促进了课程走向生活、生活走进课程。第三,拓展了“教育者”的范围。把全体教师、家长、学生和社会公众纳入了课程实施主体范畴,修正了传统学校中仅仅把教师作为教育者的封闭做法,把学生放在了平等的地位,广泛的社会资源也得到了充分利用。第四,探索总结出“发现美好生活(重在理性认识)、体验美好生活(重在用心感悟)、创新美好生活(重在探索创新)、展现美好生活(重在合理表达)、共享美好生活(重在交流分享)”的课程实施路径。第五,发挥评价的激励和监测作用。在充分调研的基础上,该校构建了生活情境下“1+1+1”学生学业评价体系,同时加强了对课程本身和实施过程的评价。第六,课程建设得到了课程管理与保障的保驾护航。该校形成了课程领导小组、设计师团队、实施团队三级人员架构,建立了教师培训制度和日常教研制度,并借助网络资源动态生成分年级、分专题的课程资源包,构建了课程资源的协调与共享机制。

玉带山小学在学生培养上取得了丰硕成果。在未来的建设中,还可以在以下方面做出努力:第一,在反复实践探索和实践检验的基础上,形成更为系统的“学科—生活融合育人”网络课程资源包,在更大范围内推广;第二,进一步完善教师发展制度,通过“走出去”的方式,定期派遣青年教师到全国甚至国际著名小学交流学习,为教师发展打造更为广阔的平台;第三,通过安排优秀教师送教帮扶薄弱学校达到资源辐射,带动区域义务教育均衡发展,同时促进优秀教师在更大范围和更大程度上发挥作用。

(点评人:李孔珍,首都师范大学教育学院教授,博士生导师)

第六章
学习方式类

“互联网+”背景下的混合式学习实践探索

◎北京市二十一世纪国际学校　范胜武　喻淑双　吴洁

摘要

北京市二十一世纪国际学校依托信息技术，开展混合式学习，致力于变革学生学习方式。学校提出了“以培训转变教师观念”和“以研究推进学习变革”的“两手抓”推进策略，重点从“学生学习需求”“数字资源建设”“混合式教学模式”三方面持续开展研究，形成了一些可借鉴的经验，并取得了良好的实践效果。通过开展“混合式学习”研究，优化教学环节，助力评价诊断；解决教学难题，落实因材施教；转变教学理念，促进教师发展、学生成长。

一、北京市二十一世纪国际学校与“未来学校”

（一）学校简介

北京市二十一世纪国际学校（原北京市二十一世纪实验学校）创办于

1993年，是全国首家“政府出政策、企业出资金、专家办学校”的寄宿制新型学校。

学校设有小学部、初中部、高中部，是一所十二年一贯制学校；位于海淀区恩济庄46号(西四环内)，占地面积88000平方米，校舍面积53366平方米；学校有普通教室111个，实验室5个，多功能科技教室1个，特色教室24个，计算机教室3个，为学生打造了新型的学习空间。(图1—图3)

图1 多功能科技教室

图2 地理星球教室

图3　常规教室

（二）学校办学理念及培养目标

作为一所十二年一贯制国际学校，“办一所学生喜欢、家长满意、教师发展、社会认可的学校”是我校的办学目标，也是我们一直努力的方向。学校在29年的办学历程中，一直将学生的发展放在首位，提出“三个一切”的办学理念，即：“一切为了学生，为了一切学生，为了学生的一切。”学校在建校之初就提出校训——“做豪迈的中国人”，并细化为培养目标：“培养具有中国灵魂、国际视野和跨文化交流能力的社会主义建设者和接班人。”

（三）学校参与未来学校项目的历程

我校于2016年开始参与未来学校项目，结合学校校情，将学习方式变革作为研究重点开展相关研究，填写了“中国未来学校联盟首批重点项目申报书”。

在此后的五年中，我校一直积极参加项目组组织的各类培训活动，按要求提交相关材料，从学习空间、课程体系、学习方式、管理体系这四个未来学校项目的研究方向中学习相关经验，并分享自己的点滴成果。

2017年5月，未来学校课题组调研团队莅临我校指导工作。我校范胜武校长介绍了学校的“世纪课程”、“OTO转型研究成果”、学习空间建设及学校的机制建构，并陪同考察团参观了校园环境，获得调研团各位专家的认可。

2017年11月27日下午，我校作为“第四届中国未来学校大会未来学校之旅”的12所名校代表之一，进行了系列展示活动，重点介绍了我校的“世纪课程体系”和“学校OTO转型行动研究”成果，获得与会专家的高度认可。

2020年，我校案例“打造促进学生发展的新型学习空间”入选教育部学校规划建设发展中心“未来学校研究与实验计划”未来学校探索案例库。

二、学校学习方式变革缘由与目标

我校学习方式变革主要通过开展混合式学习实践研究来进行。

（一）实施混合式学习的缘由

何克抗教授于2003年率先阐释了“混合式学习”的新含义，即“把传统学习的优势和E-Learning（即数字化或网络化学习）的优势结合起来”，“既要发挥教师引导、启发、监控教学过程的主导作用，又要充分体现学生作为学习过程主体的主动性、积极性与创造性”[①]。

我校开展“互联网+”背景下的混合式学习实践研究，源于以下三点。

1.国家“鼓励学校逐步探索网络化教育新模式”

2015年5月，习近平主席在致“国际教育信息化大会”的贺信中强调：“因应信息技术的发展，推动教育变革和创新……”2015年7月，《国务院关于积极推进“互联网+”行动的指导意见》颁布，进一步明确提出“鼓励学校利用数字教育资源及教育服务平台，逐步探索网络化教育新模式……”。

我校进行“互联网+背景下的混合式学习实践研究”是从学校层面深入进行网络化教育新模式的探索。

① 何克抗.从Blending Learning看教育技术理论的新发展（上）[J].电化教育研究，2004(3)：1-6.

2.满足学生发展需求,需要开展混合式学习

学生和家长希望为每个孩子提供适合的教育。但即使在实行小班化教学的我校,一位教师也要同时面对24位学生。面对众多的学生,教师必须借助信息技术,开展线上线下相结合的教学,才能真正做到因材施教,满足学生发展需求,更好地培养社会主义建设者和接班人。

3.培养学生核心素养,需要变革学习方式

2016年,《中国学生发展核心素养》框架发布。其中,在“学会学习”中提出了乐学善学、勤于反思、信息意识三个基本要点。培养学生“信息意识”和“乐学善学”的品质,混合式学习比传统学习方式更有优势。特别是在今天的“互联网+”时代,面对着数字化时代原住民的学生,传统的学习方式难以满足学生的需求。

因此,我校从新世纪学生发展核心素养要求出发,结合我校办学理念,决定变更学习方式,充分开展混合式学习实践研究

(二)主要目标

我校希望在“互联网+背景下的混合式学习实践研究”中进一步了解学生的个性化需求,对各类教学资源进行梳理整合,对教师开展系列培训,探讨各学段各学科开展混合式教学的基本模式,通过这些研究来提高学校的教学质量,有效落实“因材施教”,促进学生发展。

三、学习方式变革的实践路径

(一)实施混合式学习的“两手抓”策略

混合式学习本质上属于教育信息化。学校开展教育信息化变革,常常会遇到这样的问题:“设备买了,平台建了,但是用这些新技术、新设备上课的教师却寥寥无几。”

为什么？不是教师们不想用，是因为不能很好地用。有的教师学会了基本的操作，用了两次后发现比传统的教学更麻烦，也没有看到学生学习成绩的提高。于是，大家高喊着“不能让技术绑架教育”的口号不再使用，或者仅在公开课的时候用一两次。这大概是每所学校在进行教育信息化改革中都会遇到的问题。

如何克服这个难题？我校提出了“两手抓”的策略。一手抓教师信息化培训，一手抓课题研究。

1.以培训转变教师观念

转变教师观念，是成功变革学习方式的前提。

范胜武校长经常在各种学校大会上语重心长地对教师们说：“信息技术不会取代教师，只会为教师的教和学生的学提供诸多便利，帮助我们解决以前不好解决的教育难题。但是不用信息技术的教师终有一天会被用信息技术的教师取代。”同时，我校邀请了很多专家来校讲座，组织教师们参加各种信息化教学的相关培训，让教师们切实感觉到教育信息化变革的必然性。

“不管你愿不愿意，也不管你是否意识到，‘互联网+’时代已经来到，我们的教学必须改变！不改变我们就会被淘汰。”当听到一位教师在汇报中这样说时，范校长颇感欣慰。当校长和教师们的思想都真正转变时，教学改革可以说就成功了一半。接下来，我校针对具体的技术展开了多种培训，请公司的技术讲师来做技术培训，让教师们互相介绍使用心得，开展一对一互帮互学活动等；同时举办课件大赛、iPad展示课等多种激励活动。这些培训和活动根据教学需求分阶段、持续进行，没有终点。从面向全体的新技术、新观念培训到有针对性地分层培训，从专家讲座到同事间互相分享，全面提升教师素养，有效转变教师观念。

2.以研究推进学习变革

培训貌似已经很完美，为何我校还要开展课题研究呢？因为教育本身不简单，与互联网的结合只靠理念培训和技术培训只能解决“能用的问题”，却很难实现“用好”的效果。比如现在网上充斥着各种各样的App,各类的教育平台层出不穷,教师们如果使用不当,必然会浪费孩子们的学习时间,打消师生使用信息技术的积极性。所以,我校近五年来申请了中国教育学会“学校OTO转型行动研究”、全国教育信息技术研究课题“基于移动学习终端的小学课堂教学模式研究”、北京市教育技术研究课题“‘互联网+’背景下混合式学习实践研究——以北京市二十一世纪国际学校为例”等众多课题,同时也组织教师开展学校的信息技术小课题研究。

课题研究进一步推动教师观念转变,让信息技术更好地助力教学质量提升,推进混合式学习顺利实施。

(二)实施混合式学习的三个研究重点

在学校开展混合式学习,是一个系统工程,涉及互相制约的多个方面。除了上述提到的教师培训外,还有三个研究重点需要通过持续的课题研究来解决。

1.学生学习需求研究

混合式学习的最终目的是要为学生提供更适合的学习方式,落实因材施教,因此,我校开展了对学生学习需求的研究。

在学习中,不同的学习者由于个体差异,尤其是认知加工方式的不同,产生了不同的学习风格。所谓学习风格,是指人们在学习时所具有的或偏爱的方式。学习风格的个体差异,对学习活动和学习效果有着十分重要的影响,也形成了不同的学习需求。因此,我校把确定学生的学习风格作为“因材施教”的切入点。

在文献研究的基础上,我们提出了以学生“感知觉通道偏爱”为主要研究视角的学生学习风格确定模式,将学生学习风格分为视觉型、听觉型和动觉型,通过问卷调查、对话访谈、跟踪观察、分析会诊四环节来确定学生学习风格。

从易操作的模型开始,逐渐优化形成小学和中学的学习风格调查量表两份。初期进行了100人的试行,觉得符合学生情况,根据学生的学习风格进行学习方法和策略的指导取得了较好的效果。随后,进行了350份左右的问卷调查,将结果和建议反馈给任课教师,项目组成员对小学到高中九个年级30个学生进行个案追踪,形成学生电子档案。

根据学生的学习风格,教师会给他们提出具体的学习建议,如表1所示。

表1　学生学习风格案例表

类型	学生基本信息及学习风格调查情况	建议及学生变化
听觉型案例	小学五年级的小聪同学在学习英语时的表现是:阅读时注意力无法集中,阅读速度慢;容易记忆及复述别人的话,很会模仿;作业质量一般 用学习风格量表测量,我们发现他的视觉、听觉、动觉得分依次为24分、34分、24分。经过对话访谈和分析会诊,我们认为该生在听觉学习方面有明显偏好,属于听觉主导型学生	给学生的建议:阅读时出声,努力培养阅读习惯;听网络公开课音频教育资源;利用有声读物,扩大知识量 给授课教师的建议:引导该生阅读时出声,努力培养阅读习惯;让其多听网络公开课音频教育资源,多看有声读物 学生变化:经过一个月左右的针对性调整,该生英语成绩进步明显;其课堂小测和单元测的成绩都达到了优秀,课上开始积极发言,孩子在英语学习上的兴趣越来越浓
视觉型案例	13岁的初中生小亮同学精力旺盛,积极发言,成绩一般。存在课堂表现散漫,容易走神,情绪容易冲动等问题。但该同学课下和教师沟通良好,有些调皮,性格外向 他在视、听、动觉上分别得分为30分、26分、18分	给学生的建议:多用图表、图片等能够对视觉产生影响的资料进行学习;可以通过多次练习将词汇或概念等在脑海里形成图像;把每个知识点都写下来并随时迅速地进行回顾,也可以将所学过的知识画成知识结构图来复习 给授课教师的建议:利用iPad为学生提供大量的视频资料 学生变化:经过半学期的针对性调整,该生的平均成绩由上学期末的及格提升到了优秀

续表

类型	学生基本信息及学习风格调查情况	建议及学生变化
动觉型案例	17岁的高中生小纪同学上课时注意力不集中，尤其是在以教师讲授为主的课堂。当需要动手做实验或需要小组活动的环节，该生可以集中注意力很快完成 通过学习风格测试，该同学的视觉、听觉、动觉得分分别为28分、26分、34分。通过访谈再次确认，教师确认该同学的确在动觉学习方面有较明显的偏好，属于较典型的动觉主导型学生	给学生的建议：多做实验，通过实验来理解知识；模仿教师的教法讲给别的同学听；多听多看，结合多种学习材料，建立自己的知识框架和笔记复习体系 学生变化：该同学对教师的建议也很认同，有计划地进行了改进，并在该学科学习上取得了较大的突破

以上三个是较典型的某项感知觉较突出的案例，也有很多学生每一项得分都较高，或者三项得分均不高。我们对这样的学生进行了更加详细的了解，并将这些学生分类。三项得分都较高的学生，其成绩相对来讲比较优秀，这也验证了感知觉偏好与学生学习效果的正相关性。

在课堂教学中，教师可以根据学生的学习风格类型进行分组，设计适合不同类型学生学习的学案发给每组学生，为每组学生提供适合他们学习的学习资料。教师在制作课件时，也会充分考虑本班学生的认知风格，尽量做到“因材施教”。

2.数字资源研究与建设

混合式学习必须要有一定数字资源支持。我校通过两条途径解决资源问题。一是实施“拿来主义”，研究、梳理、筛选互联网上现成的数字资源，形成“教学软件推荐表”；二是建设学校的资源库平台。

（1）形成“教学软件推荐表”

互联网上有很多教育资源。教师首先针对各类教育App，编制教师调查问卷和学生调查问卷，分学部、分学科进行问卷调查。

在此基础上，教师们梳理出教学管理类App，如常用的ClassDojo；多种学科类App,如语文的“字宝宝”App、英语的“趣配音”App等;分析了58个App最终生成“常用教学类App推荐表”。(如表2)

表2 常用教学类App推荐表(部分)

类型	App名称	主要功能	适用课型	适用学科	适用时间段	使用策略	带来的变化
课堂教学探究类	Explain Everything	分类、配对、拖拽、涂色标注、互动式电子演示、课件共享	新授课,动手操作类课型	所有学科	课中	用于课堂检测、录音、绘图、导入文件、对比作品、记录轨迹等	教师可制作数字工具箱和学生共享使用,节约制作实物学具的时间。课上每个学生都可以动手操作,并记录操作轨迹,让教师能充分了解学生的操作情况
	Numberkiz-Pro	拥有直接使用的数学探究工具,有自学、授课、记录、分享等功能	探究类	数学	课中	适合用于分数的认识、平面图形的认识及拼凑、周长和面积公式的推理、立体图形的认识及平面展开图、三视图、七巧板拼图、角度大小、物体线段测量等知识的新授课学习	教师课前不用再花大量时间准备学具,因为App软件内有许多探究工具,课上每个学生都可以动手操作,展示自己的探究成果

续表

类型	App 名称	主要功能	适用课型	适用学科	适用时间段	使用策略	带来的变化
课堂教学探究类	Keynote	课件展示、文本批注、保存痕迹	所有课型	所有学科	课前、课中、课后	用于绘本共读、教学资源分享、作品汇报等	不用印制大量教学资源，学生可以根据自己的速度来学习课件，并直接批注
	Thoughts	制作图文并茂的思维导图	所有课型	所有学科	课前、课中、课后	用于课文教学，帮助学生厘清脉络，复习整理知识点	优化复习总结环节，学生制作思维导图能更快更美观，能更好地帮助学生梳理知识结构
	汉字宝、字宝宝、学汉字写字板、汉字宝典	汉字笔顺演示	写字课	语文	课前、课中、课后	用于汉字教学、写字课使用	多次动态演示汉字笔顺，更利于学生看清、掌握汉字的笔顺。游戏化练习，及时反馈，更能激发学习兴趣
	学拼音写字板	每个拼音字母都能练习书写	拼音课	语文（低段）	课前、课中、课后	用于拼音教学中书写环节，效果中等，书写还是落实在纸上好	游戏化练习，适量使用能增强学生积极性
	阅伴	布置阅读任务、闯关、班级共读	阅读课	语言学科（语文、英语）	课后	发布共读书目，学生答题闯关，展示共读效果排行榜，及时了解进度	以前学生的整本书阅读很难管理，现在能激发读书积极性，自动出题，及时反馈，用数据记录读书效果

续表

类型	App名称	主要功能	适用课型	适用学科	适用时间段	使用策略	带来的变化
虚拟仿真互动类	Solar Walk Lite	三维太阳系模型,帮助学生了解宇宙及太阳系的组成及运行	探究课	科学	课中 课后	用于学习太阳系相关知识,理解有一定难度的天体运行规律等	以前用图片、模型等演示,现在用软件,学生看得更直观、更清楚,还有相关的知识介绍,便于自学探究
	Pottery HD(陶艺)	手动体验	工艺制作课	美术手工	课中	制作各种陶艺	过去我们只能使用陶泥完成手工任务,现在我们可以使用平板电脑实现相同的功能,多了一种学习方式;过去我们用展台进行内容展示,现在用作品分享,效果相似

(2)搭建资源库平台

根据教与学的需要,我校自主建设学校数字资源库。我校混合式学习资源库平台已于2018年9月上线,成功接入学校云平台。

为了让资源库真正发挥实效,我校一方面在功能上不断完善、提升;另一方面组织教师制作、上传各类数字教学资源,研究、建立资源流通机制。如:将资源上传视为备课组常规工作,以备课组为单位筛选资源;对于上传资源进行评选,给优秀资源上传者奖励学术积分等。

3.混合式教学模式研究

每门学科都有自己的学科特点及常规教学模式。当iPad等移动终端进入教室且成为一种常态后，教师应该如何结合学科特点来充分发挥互联网的教学优势？我们必须将混合式学习的理念与具体的学科相结合，进行深入细致的实践研究。于是，我校开展了分学科、分学段的混合式教学模式研究。

在研究的基础上，教师们撰写课堂教学设计，多次修改完善后，将其应用于课堂教学实践，实践后反思教学，再次修改教学设计，再次用于课堂教学实践。每一个阶段都要进行总结，找出共同点，发现问题，并解决问题。由个人总结到集体总结，由单科总结到全科总结，最后总结提炼出混合式学习教学模式：小学和初中的教学模式为“1+N+1”，高中的教学模式为“N+1+N”。

小学和初中应用较多的“1+N+1”教学模式，前“1”主要是借用iPad进行前测或者引入；“N”是线上与线下师生、生生的探索交流环节；后“1”是用iPad中的App软件对本节课知识进行后测，或者是学生用iPad自制本节课知识的思维导图等。以小学数学教学模式“1+N+1”为例说明，如表3所示。

表3　小学数学教学模式“1+N+1”

教学环节	具体描述
1个课堂前置	利用“作业盒子”等App开展课前测，把全班学生的注意力吸引到当前学习主题上来
N种课堂框架（根据课型不同、学习内容不同、知识难度系数不同，有选择地开展右侧环节）	N1：依托“希沃白板”移动学习终端，创设与当前学习主题密切相关的真实情境 N2：利用Explain Everything App实现课堂翻转，创造出动态交互式的课程，学生尝试独立探究 N3：利用“希沃白板”移动学习终端、几何画板Geoboard等App开展小组合作，深入探索，形成多种解决策略 N4：利用Keynote App，学生进行汇报，展示多种解决问题路径
1个有效测评	依托作业盒子、狸米学习、问卷星、班级优化大师等App进行，利用这些软件强大的结果分析功能，可以形成科学的形成性评价

高中应用较多的是“N+1+N”教学模式，前“N”指用微课（翻转课堂）学习、在线诊断性检验、基于任务的网络学术搜索，主要是学生课前通过线上

平台或工具完成自学；“1”是课堂中在线下学生小组讨论、合作学习等，教师引导、评价，解决自学遇到的问题；后“N”是课后学生进行在线实践性检验，与课前的测试进行对比分析。

在混合式教学模式应用于教学实践后，我校收集了经典教学案例60多份，课件60多份，包括语文、数学、英语等各个学科，涉及小学、初中、高中各个学段。同时，在全校范围内开展问卷调查，了解教师在使用混合式教学模式进行教学时遇到的问题、建议及感受等情况。

四、学习方式变革的实践成效

（一）优化教学环节，助力评价诊断

目前，我校已经实现校园网络全覆盖，全校师生均配有移动终端，教学的各个环节因各种教育软件的助力变得趣味横生。

语文课上，用“娱乐大转盘”随机抽取同学当小教师领读词语，用“学拼音写字板”“汉字宝”等软件让拼音、汉字学习变成好玩的游戏；数学课上，学生自主提交作业，系统自动批改、统计，教师及时进行有针对性的指导，大大提高教学效率；音乐课上，同学们用“Garageband”软件演奏音乐，用“Explain Everything”软件画图来表示乐曲的节奏。（图4，图5）

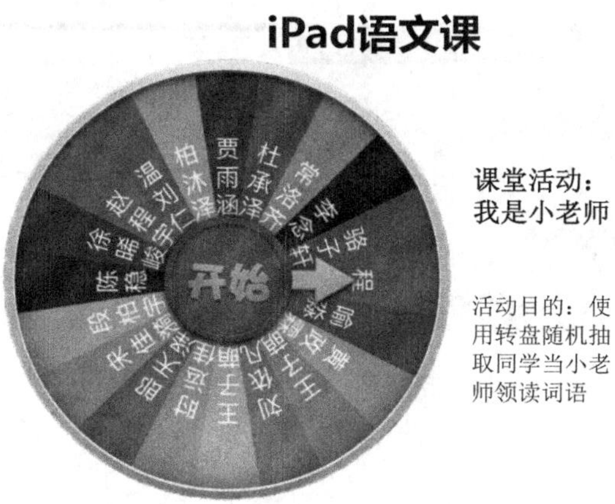

图4　语文课上的娱乐转盘

图5　音乐课使用软件

混合式学习让评价和诊断更为便捷。对师生评价、生生评价、自我评价、系统自动评价等多种评价，都可以使用信息技术记录，快速统计评价结果，便于教师及时给出针对性的指导。（图6，图7）

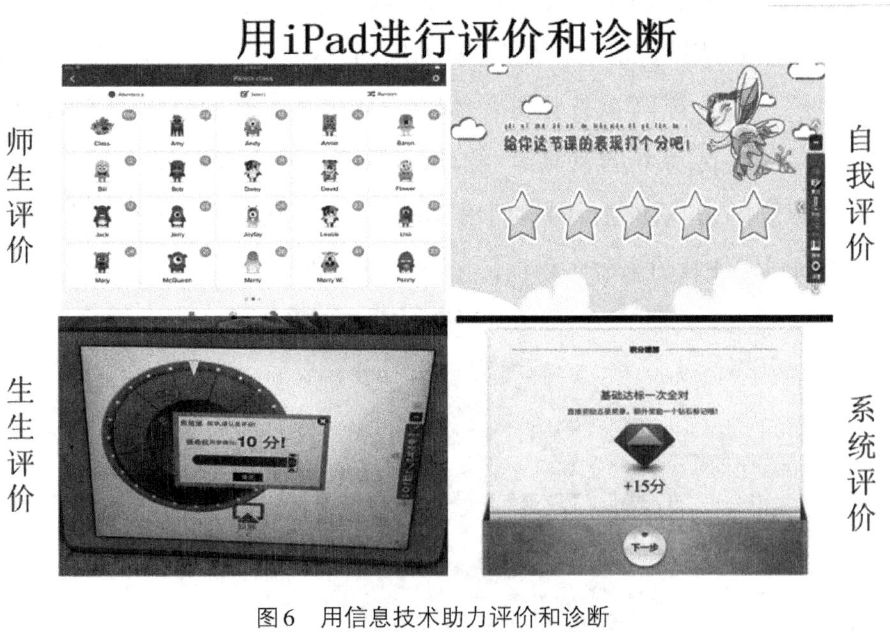

图6　用信息技术助力评价和诊断

图7 信息技术助力期末闯关

(二)解决教学难题,落实"因材施教"

通过混合式学习,教师解决了很多传统教学中不易解决的难题,并根据学生的不同情况给出不同的指导。下面以小学整本书阅读为例说明。

在课时有限的情况下,小学整本书阅读很多要在课外完成。那么学生到底读没读?读的效果怎么样?教师应该如何指导学生?这些问题一直困扰着语文教师。在学校开展混合式学习实践研究中,小学语文教师用"阅伴"App助力整本书阅读,轻松打造班级阅读氛围。全班一起讨论确定阅读书目后,教师会在线上发布闯关题目,学生在线下完成部分阅读内容后,进行线上闯关,教师可在线及时了解学生的阅读情况,有针对性地进行指导。

图8是我校三年级某班的三位同学在阅读《时代广场的蟋蟀》时的闯关情况。从表中数据可以看出:这三位同学对书的内容把握得清楚、全面,闯关时基本没有犹豫,说明了他们的阅读、理解能力很好,反应速度快,思维能力也很好。这样的学生已经具备了很好的自学能力,教师对其的助学方案重点就是提供丰富、优质的学习资源。而图9中的李同学在进行《西顿野生动物故事集》的阅读闯关时,每关平均用时在35分钟,这说明他是边查书边闯关的。但即使查了书,正确率也只有90%,也就是说拿着书都找不到答案,说明这位同学可能是阅读、理解水平偏低,而且思维不够灵活,独立思考能力不是太好。针对这样的学生,教师就要更多地进行侧重阅读方法和思维能力等方面的指导。

书名	《时代广场的蟋蟀》											
关卡	第1关		第2关		第3关		第4关		第5关		总分	正确率
	(15分)	闯关用时	(15分)	闯关用时	(15分)	闯关用时	(15分)	闯关用时	(15分)	闯关用时	75分	
赵××	15	1分7秒	15	1分35秒	15	1分22秒	13	1分31秒	15	1分12秒	73	97.3%
张××	14	1分42秒	15	2分11秒	15	1分21秒	13	1分35秒	15	1分48秒	72	96.0%
李××	15	1分38秒	15	2分4秒	14	2分56秒	14	2分15秒	15	3分2秒	73	97.3%

图8　三位同学在阅读《时代广场的蟋蟀》时的闯关情况

书名	《时代广场的蟋蟀》							
关卡	第1关		第2关		第3关		总分	正确率
	（15分）	闯关用时	（15分）	闯关用时	（20分）	闯关用时	50分	
李××	15	40分28秒	13	33分57秒	17	31分15秒	45	90%

图9　李同学的闯关记录

图10中的这组数据是同一个同学在一学期内阅读三本书的闯关情况。第一本书，其闯关用时很短，只有一关超过了10分钟，且总体正确率较高。这说明他的阅读、理解水平是比较好的。但是后面两本书《塔克的郊外》和《西顿野生动物故事集》的闯关用时缩短到2分钟以下，正确率突降到50%以下，显然是瞎蒙一气。对于这位同学，教师就要了解一下：是对这两本书不感兴趣吗？还是没有时间读？或者是遇到了什么事情？

《时代广场的蟋蟀》											
第1关		第2关		第3关		第4关		第5关		总分	正确率
(15分)	闯关用时	(15分)	闯关用时	(15分)	闯关用时	(15分)	闯关用时	(15分)	闯关用时	75分	
12	2分39秒	15	2分18秒	15	14分15秒	15	1分49秒	15	2分29秒	72	96.0%

《塔克的郊外》									
第1关		第2关		第3关		第4关		总分	正确率
(15分)	闯关用时	(15分)	闯关用时	(15分)	闯关用时	(15分)	闯关用时	75分	
7	1分23秒	8	1分53秒	6	1分46秒	10	2分4秒	31	47.7%

《西顿野生动物故事集》							
第1关		第2关		第3关		总分	正确率
(15分)	闯关用时	(15分)	闯关用时	(15分)	闯关用时	50分	
9	0分59秒	7	1分15秒	9	1分29秒	25	50.0%

图10 同一个同学在一学期内阅读三本书的闯关情况

从线上闯关数据里，我们不但可以了解到学生当前的阅读水平和思维水平，还可以了解到其阅读状态的变化，甚至发现隐藏在平静表象之下的问题。这些统计数据，系统会自动给出，能极大地提高教师的工作效率。同时，教师可以借助这些数据去分析学生的阅读行为和阅读效果的影响因素，并根据这些因素采取相应的教学优化措施，让整本书阅读教学在班级整体推进的同时，能兼顾到学生个体差异，让教与学都做到有的放矢。

在混合式学习理念的指导下，全班同学一起阅读，一起闯关，每天一关，养成阅读习惯；阅读面得到保障，阅读量激增，如我校现在的四年级8班在两年多的时间共读了40多本书，累计人均阅读量177万多字。

（三）转变教学理念，促进教师发展、学生成长

由于混合式学习模式的实施，教师参加了多种培训，有效转变了教学理

念，在教学中充分重视学生作为学习过程主体的主动性、积极性与创造性，有效促进了学生核心素养的形成。如：学生在线上学习过程中，教师帮助他们自觉、有效地获取、评估、鉴别、使用信息，形成网络伦理道德与信息安全意识；培养学生的数字化生存能力，主动适应"互联网+"等社会信息化发展趋势。再如：在混合式学习实践研究中，对学生认知风格的研究，能够帮助学生掌握适合自身的学习方法。这些正是核心素养中"学会学习"的部分要求。

为了支持混合式学习，教师们录制微课，并教学生自己录微课当"小教师"，有的教师还自己建立微信公众号，来分享知识、组织活动，如"数学大篷车"等。

教师的课堂教学能力和信息素养得到大幅度提升。以小学2018年为例，有80人次在国家和北京市各类比赛中获奖。如：张晓明教师获中央电教馆"2018年新媒体新技术教学应用研讨会暨第十一届全国中小学创新课堂教学实践观摩活动"教学课例评比及现场说课两个一等奖。在2018年海淀区中小学师生作品评选活动中，我校教师作品获一等奖23件、二等奖38件、三等奖29件，一等奖占全区一等奖总数的44.23%。基于混合式学习研究的多篇论文发表，以2020年为例，如表4所示。

表4　基于混合式学习研究发表的论文

论文题目	作者	发表刊物	发表时间
线上线下混合教学下的数学课前三分钟	彭丽国	《数学教学通讯》	2020年4月
三种课型上好语文整本书阅读课	范胜武，赵芳	《中小学数字化教学》	2020年7月
移动终端让思维可视化——以《认识钟表》一课为例	詹小妹	《试题与研究》	2020年9月
"互联网+"背景下的混合式学习探究	范胜武	《北京教育》	2020年8月

五、学习方式变革的未来展望

在五年的教学实践中,我校已构建起混合式学习的教育生态圈,并从中受益匪浅。在未来的日子里,我校将继续开展混合式学习,同时尝试借助信息技术开展PBL项目式学习,基于项目式、体验式学习(PEBL)等。“基于项目式、体验式学习(PEBL)下的高中英语课堂教学实践研究”已成功立项为北京市教育科学“十三五”规划2019年度校本研究专项课题。

我们相信只要教师遵循教育规律,充满激情地去研究,持之以恒地去实践,就一定能为孩子们提供更好更适合的学习方式。

【案例点评】

生活即教育,“数字化”时代的生活就应该有“数字化”时代的教育。北京市二十一世纪国际学校对学生的培养,既重视社会价值,又重视人的价值,面对“数字化”时代的学生,学校从2016年开始就致力于教师教学方式和学生学习方式变革的探索。学校认为每位学生的学习风格、学习水平和学习速度是不同的,所以强调教师在教学方式上不能整齐划一,教师要关注到每位学生的具体学习情况,根据不同学生的学习倾向制订个性化的教学方案。如何利用数字化时代的优势,落实“全人”教育理念,成为学校改革的切入点和归宿点。在不断努力的探索下,学校为我们呈现出了未来学校“混合式学习”的新样态。

一、“数字”助力使对学情的了解更为“个性化”和“清晰化”

学校运用数字化手段,通过问卷调查、对话访谈、跟踪观察、分析会诊四环节,针对学生不同的学习风格,实现了对从小学到高中十二个年级的每位学生的学习风格进行了清晰、详细的分析,并运用“电子化”,实现了“一生一档案”“一生一目标”“一生一方案”的个性化“混合”的学生培养计划和培养方案。

二、“数字”助力使教学方式和学习方式更为“动态化”和“趣味化”

学校实现校园网络全覆盖,全校师生均配有移动终端,各种教学App的推荐、自主搭建学校数字资源库等措施,小学和初中的“1+N+1” 教学模式和高中的“N+1+N”教学模式固化等，都实现了在“数字”环境下为教学的各个环节优化提供有效助力的目的。同时，数字化使教学过程增添了更多趣味性，“娱乐转盘”随机抽取同学当小教师，“汉字宝”使学习在游戏中进行等，使教学内容、教学工具、教学方式实现了动态“混合”。

三、“数字”助力使教学评价“及时化”和“精准化”

运用“数字”手段，同样达到了助力评价的目的，如作业批改软件使教师在课堂上能以最快的速度了解学生对知识的理解和掌握程度，能够提高教师对学生评价诊断的精准性等。

为使学校的改革和探索更为深入，建议：第一，加强“数字化时代”混合式教学和学习内容的研究。如“数字化”时代同一学科不同年段知识能力的贯通研究，“数字化”时代综合运用不同学科知识解决问题的能力提升研究，以及德育与学科融合的研究与拓展等。第二，加强混合式教学和学习方式的拓展、梳理研究。丰富的教学内容需要以不同的教学方式来落实，这就需要不断加强“数字化时代”的线上、线上+线下、翻转课堂、网络教学平台、多媒体课件、微课、慕课等教学方式变革的不断探索和梳理研究。第三，加强混合式教学和学习的评价研究。本着以评价促发展的理念，加强评价研究不可或缺。

（点评人：王笑梅，正高级教师，北京市海淀区教育科学研究院科研员）

面向未来变革学习方式实施路径

◎深圳市盐田区云海学校 曾焕 任钰泽 王少平 刘力硕 李嘉裕

摘要

深圳市盐田区云海学校,是一所2017年9月建校的公办九年一贯制学校,也是中国教育科学研究院未来学校实验校,“STEM教育2029计划”领航学校。学校通过构建幸福课程体系、大力推行“表现性学习、项目式学习、小组合作学习”等学习方式变革,夯实了学校课程内容、评价体系,提升了课程师资和效能。其中,以“一中心四研究所”的建设为突破口,以教育现代化建设为抓手,“科创教育”成为办学特色,“立足中华人文,与城市同步发展,领先教育创变;有幸福感、未来感、生长感的精品教育;有云海特色的幸福教育”,成为学校新的发展目标;特别是学校从顶层设计出发,推行学习方式变革的实施路径具有明显的样本意义,具有较强的辐射影响力,对于新建未来学校,具有极强的借鉴意义。

一、学校及其未来学校项目参与情况简介

(一)学校简介

云海学校地处梧桐山畔,背山面海,自然环境优美,空气清新,是盐田区一所现代化、高起点的九年一贯制公办学校。学校总投资1.8亿元,占地面积30182平方米,总建筑面积30550平方米。学校目前开设42个教学班,接收1858名学生,是中国教育科学研究院(以下简称“中国教科院”)“未来教育联盟实验校”“STEM教育2029计划领航校”。(图1)

图1　学校鸟瞰图

（二）学校办学理念及培养目标

1. 办学理念："教育成就人生幸福"（幸福教育）

教育家们将教育指向幸福，苏霍姆林斯基认为，理想的教育是培养真正的人，让每个从自己手里培养出来的人都能幸福地度过一生。云海师生在教育中获得的幸福不仅是获得幸福的感受，也是获得追求终身幸福的途径。以"幸福"之名，立幸福之心，赋幸福之能，成幸福之人。

2. 育人目标：五个"学会"，落实学生核心素养

（1）学会做人：做爱国守法的人，做明礼诚信的人，做乐观向上的人，做尊亲敬长的人，做担当有为的人。

（2）学会做事：培养自己的事自己做的习惯，锤炼善始善终的意志，提高与人合作的能力，塑造己所不欲、勿施于人的品质，强化做事有所为、有所不为的原则。

(3)学会学习:培养浓厚的学习兴趣,建立良好的学习习惯,掌握科学的学习方法,懂得劳逸结合的道理,树立终身学习的意识。

(4)学会生活:衣着大方得体,饮食搭配合理,作息早睡早起,出行文明守礼。

(5)学会创新:培养创新意识,强化创新思维,尊重学生质疑,提升科学素养。

(三)学校参与未来项目的历程

1.推进学习方式变革

2017年11月25—27日,以"数据驱动的课堂革命"为主题的第四届中国未来学校大会在北京北大附中举行,中国未来学校联盟暨未来学校创新计划2.0启动,云海学校被授予实验校称号。

2017年12月13—15日,王素教授带领团队到云海学校调研并授牌。

2018年4月16—19日,祁彧教授团队到校调研,听评课。

2018年6月22日,未来学校领航校及实验校2018年度工作会议在中国教科院四楼中厅召开,云海学校副校长曾焕代表学校汇报了课程改革和学习方式变革的进展情况。中国教科院发布了深圳市盐田区云海学校调研报告。

2018年8月下旬,曹培杰博士到云海学校做《面向未来学校的学习方式变革》全员培训。

2018年11月10—12日,以"建设未来学校,培养时代新人"为主题的第五届中国未来学校大会在重庆徐悲鸿中学召开,曾焕副校长、刘力硕团委书记参会,发表主题分享,参与主题论坛并到玉带山小学担任点评嘉宾。

2018年12月,云海学校发布"幸福教育课程体系"2.0版本,与此同时,王素教授到校调研,揭牌云海学校"一中心四研究所"(未来教育研究中心、教育戏剧、思维品质、STEM跨学科学习和语言素养研究所)。

2. 教育戏剧进校园

2018年3月28—29日，“新时代未来教育与项目式学习高级研讨会”在云海分会场举办，云海学校教育戏剧项目式学习暨基于深圳学情的“三融合”备课模式发布。

2019年3月28—30日，刘力硕教师在厦门做《教育戏剧进校园的“五进三融合”策略》分享。

3. 面向深度学习的高阶思维培养实践研究

2018年9月14日，高阶思维教学实施策略培训会在沈阳举行，云海学校教师代表李嘉裕、吴玉勤代表学校参与了培训后，返校开展相关课题实验。祁彧教授拟定了《2018—2020云海学校指导方案》。

2018年11月2日下午，以“面向深度学习的课堂革命”为主题的云海学校新样态高阶思维课堂展示会线上线下同步举行。

2019年6月13日，以“高阶思维暨跨学科学习策略”为主题的综改实验区未来学校菜单项目、领航校及实验校集中研讨活动在昆明举行。

4. 小组合作构建深度课堂

2020年5月20日，云海学校发布《2021—2025年五年发展规划》。

2020年8月26—30日，云海学校开展教师合作学习专题研修活动。

2020年12月15—18日，云海学校以高分高评价顺利通过深圳市义务教育阶段办学水平评估（课堂优良率97.5%）。

5. 项目式学习硕果累累

2019年1月，云海学校制订《STEM教育展示与规划》。

2019年4月19日，以“人工智能与学校变革”为主题的新样态学校2019学术年会暨盐田教育高质量发展论坛在云海举行，《盐田区面向未来教育的学习方式变革行动方案》白皮书发布。

2019年9月26日，云海学校成为“国际StarT项目式学习共同体融合创新实验学校”。

2019年10月18—21日，以“融合的力量——STEM与学科教学”为主题的第三届中国STEM教育发展大会在中国西安召开，云海学校作为领航校代表首次在STEM大会上亮相，展示建设成果。

2019年12月12日，以“创向未来 引领超越”的第四届STEM教育与项目式学习国际学术研讨会暨2019年度项目式学习优秀项目展评活动在云海学校举办。盐田区发布ASR-PBL模式，云海学校项目式学习斩获两项一等奖、一项二等奖。

2020年4月21日，云海学校STEM项目式学习“图书馆保卫计划”入围芬兰LUMA中心大奖前十；6月4日，该项目在芬兰赫尔辛基的国际StarT峰会庆典中，获得全球第二、中国第一的荣誉。

2020年12月10—12日，云海学校项目式学习学生项目“梧桐山山泉水水质研究”获评为全国一等奖，入围中国区入选芬兰参加全球2020年总决选。

2021年1月30日，以“课堂革命中的教师蝶变”为主题的第六届中国未来学校线上大会中，曾焕副校长代表云海学校分享《云海项目式学习的五大保障机制》。

二、学校改进学习方式的目标和思路

（一）理论依据

基于管理学、教育学和组织传播学相关理论，学校的组织与领导是学生发展、学校进步的核心要素之一，做好顶层设计，完善框架制度，是学校发展的重要基础。学校自建校开始，就以课改作为立校之本，以“打造一所理想的学校”为目标，提出了学校管理者要落实的“四化”（管理学角度）——工作设计精细化、工作过程流程化、工作条块项目化、学校管理扁平化。遵循办学规律，紧紧抓住课堂改革这一核心，以课程重构与学习方式变革为具体抓手，充分发挥云海人的工作积极性和主观能动性（教育学角度），管理下沉，以生为本，总结提升，让每一位教职工都能找到成功感、获得感和幸福感。

进而,通过个案探索形成共性策略,再通过以点带面,将先进经验逐步推广,让全校能够形成优秀先行先试、整体步调一致的学校教育生态(组织传播学)。

(二)主要思路和目标

云海学校以"幸福教育课程构建幸福桥梁,以幸福教育课程赋予幸福能力"为理念,秉承"有温度、有态度、有力度、有速度"的教育精神,以深入推进盐田区面向未来教育的学习方式变革为重点,以"一中心四研究所"的建设为突破口,以实践新样态教育为主题,以教育现代化建设为抓手,以"明善德育"引领学生综合素养提升,以"科创教育"为办学特色,办好有云海特色的幸福教育,在学生成长、教师发展、课程教学、管理创新、美丽校园、智慧校园、品牌文化等方面进行重点工程建设,将云海学校努力打造成为"立足中华人文,与城市发展同步,领先教育创变;有幸福感、未来感、生长感"的精品教育品牌。

三、实践路径

学校将以小组合作学习、深度学习为要义的高阶思维课堂,以项目式学习和表现性学习为代表的"GOOD"模式("G" for Group Cooperation,"O" for Higher-Order-Thinking,"O" for Project-Based-Learning,"D" for Drama in Education)作为抓手,结合云海学校学业质量评价改革(Study Evaluation Reform),丰富学习方法变革内涵,保障学习方式的变革有序推进。

(一)小组合作学习

为实现学校国际化一流的教育品质,为学生营造幸福的、和谐的、高效的学习课堂,云海学校特组织开展"云海学校教师小组合作学习研修"活动,帮助教师掌握小组合作学习教学策略,提高学习课堂学习的积极性,培养学生的问题解决能力和批判性思维能力。我校教师在实际的课堂教学中,以学习小组为教学基本组织形式,教师与学生之间、学生与学生之间,彼此通过协调的活动,共同完成学习任务,并以小组总体表现为主要奖励依据,由此形成的教学策略——合作学习,其教学效果明显优于以往常规的教学方式。云海学校的合作学习采用"五步走"的方式,即:确定小组、打造积极向上的小组文化、健全小组机制、形成共同的目标和信仰、开展小组活动。

第一步,确定小组。教师可以先选出几名得力的组长,再由组长和组员之间互选。组长是教师的小助手和代言人,是一组之魂,所以选一名成绩好、责任心强、有一定组织能力的学生担任小组长,负责全组的组织、分工、协调、合作等工作至关重要。小组长,作为小组的"核心人物",应具备三种能力:提问能力、激励能力和分辨能力。教师不仅要善于发现具备这些能力的学生,而且应该培养学生的这些能力,这是培养学生领导才能的一个起点。教师定期集中培训小组长,除了了解反馈信息、作业专门指导外,还要倾听他们的意见和想法,让他们畅所欲言,相互交流,相互启发,以利于使他们领导的小组既有一定的共性,又有鲜明的个性。

第二步,打造积极向上的小组文化。教师可以让每组成员集思广益、共同磋商,为小组取一个积极向上、富有新意的、响亮的名字,这有利于凝聚人心,形成小组目标和团队精神。小组内成员既是一个整体,也包含了几个个体,为每一个组员定一个编号,或者定好分工,让学生从被管理者变为自我管理者、小组管理者,有利于在进行小组活动时有序、平等。每个小组中,需要包含组长、记录员、操作员、汇报员等,组织架构的原则就是人人有岗位,每个人有自己的角色和分工,每次活动的任务角色可以互换。像内向不想发言、不会发言的孩子,或者学习不够投入的孩子,没有关系,让他先做记录,先让他学会听再学会思考,再学会表达,可以一步一步来,这就需要教师在小组长培训上下功夫,指导小组长进行安排。

第三步,健全小组活动机制。小组合作学习机制的设计原则是分享性,小组成员共同分享与任务达成有关的所有信息。沟通渠道畅通无阻,各位小组成员能充分地自我表达，即要做到整体性、平等性、互助性、竞争性。整体性，就是要依靠团队与组织的力量，不是个人英雄主义，全员参与，共同进步。平等性，即组内成员虽分工不同，但人人地位平等，公平竞争，平等沟通，培养每个人发表意见的勇气。互助性，就是要尊重多元，鼓励从不同的视角看问题，培养更全面的思维。竞争性，小组作为一个组织与其他组织间进行竞争，培养个人与团队的合作意识，懂得合作带来共赢。在具体的小组合作学习的操作中，由教师确定大方向和标准，也要允许和接纳学生的意见，鼓励学生通过修正和改正，形成自己更加完善的思维方式和行为方式，这都是一种教育和培养。

第四步，形成共同的目标和信仰。进行小组建设不是单纯拉开桌子，把学生以小组的形式围聚在一起，给小组取个名字就能产生效果，而是要把小组的共同目标和信仰，以组名、组徽和小组公约等外显文化形式的解读，烙印在每位成员心上，成为小组成员共同的信仰，这样才能产生真正的学习组织。每一个小组的文化组成班级的文化，班级的文化组成学校的文化。当教师给出共同目标时，小组才能齐步向前。

第五步，开展小组活动。在小组准备就绪后，活动开始。有了分工明确的小组、机制健全的规则、共同面对的目标，教师先设计一个有利于学生相互之间展开合作研讨的活动情境，以此为学生提供合作探究的机会，让学生产生与同伴合作交流的心理需要。然后明确合作学习任务，让学生明确即将进行的合作学习将围绕着什么主题进行、合作学习将采用什么方式进行、最后达到什么样的学习目标和要求等问题，以此为后面的合作探究提出正确的目标导向。明确学习任务以后，教师组织学生围绕活动主题展开合作探究，教师在学生活动过程中发挥穿针引线打结的作用，通过一些游戏、奖励等激发学生的积极性。最后是评价与反思，在广泛交流的基础上，师生共同对各小组学习效果做出评价，学生对照他人的学习情况对自己的学习活动进行反思，通过总结评价提高学生合作学习的效果。

小组合作学习成效明显。在云海学校的课堂中，教师成为“导游”，而学生提出问题，讨论问题，解决问题，按照自己的计划快乐地攀登。学生的评价不仅来自教师，还来自同班的小伙伴。课堂从“传递中心”变成了“对话中心”，从“记忆风暴”转变为“思维风暴”。在此基础上再结合各学科特点，如数学课上可以通过设置课前预习单、课上学习单，或者设计一个探究活动，让学生通过动手画一画、摆一摆，动脑想一想，动口说一说，合力解决一个数学问题；而语文和英语课中可以让学生进行角色扮演、分工合作，共同促进对文段句子的理解。

通过合作学习，不少性格内向、平时不敢举手发言的孩子，在“机会均等”的小组发言机制中，慢慢能放开自我，展现自我。思维活跃的孩子，在合作交流中锻炼语言表达能力，提升自信心，同时也带动了其他反应较慢、基础较弱的学生，总体成绩得以提高。这种学习方式使得课堂教学不再单一、枯燥，改变了以往课堂上师生互动的单一现象，增强了生生互动。同时，该学习方式也增强了学生的学习动力，锻炼和提升了学生的与人交往能力、对问题的辨析能力等。其效果还体现在：在实现知识增长的同时，也提升了学生的学习能力；实现了教学目的，提高了课堂效率，又充分发挥了学生的主观能动性，促进学生综合素质的发展。

小组学习不仅限于课内，还可以发生在课外。假期，云海学校的学生以小组为单位，在教师的指导下开展项目式学习、小组互助学习。云海学校三年级5班的50名学生，在假期分成了12个小组：银河队、王者队、飞鸟队、星空队、探险队……几位任课教师和学生一起评选出各小组的组长，努力使各个小组的组员间能力保持均衡，各小组间开展学习竞赛。为了方便相互促进，每两个小组又成立一个大组，一个大组内的两个小组之间相互监督、相互帮助，共同完成每日的学习任务。小组内还建起了微信群，当遇到不懂的问题时，组员间相互帮助，共同成长。最初默默无闻的小组长，现在说起话来已迥然是小教师的模样；全班学生假期作业的完成度和质量水平也有了显著提高。

（二）高阶思维课堂

1.面向深度学习的高阶思维课堂

2018年，《盐田区云海学校中小学学业质量评价指导意见（征求意见稿）》和《云海新样态未来学校三年规划（征求意见稿）》出台，以配套学校的课程改革。《盐田区教育局整体推进“课堂革命”的改革指南》中强调：“改进教学方式和学习方式，变革教学组织形式，创新教学手段，改革学生评价方式。”云海学校“面向深度学习的课堂革命”，担负着推进深度教学和深度学习的双重使命，旨在提升学生思维品质，推进学习的进阶和知识的迁移运用。

云海学校专注于在国家课程与校本课程中培养学生思维品质，致力于探索行之有效的、可供推广的教学策略，推动学生思维能力提升途径的落地。

云海学校高阶思维进课堂主要体现在“三进”。一是让思维品质进驻课堂：借助高阶的教学目标和富有挑战性的问题设计，帮助学生提升思维水平，努力打造兼备扎实严谨、主动建构，融深度与广度于一体的课堂。二是让思维品质进驻课程：结合学科教学，彰显学科知识在教育形态下的独特魅力，形成独具特色的“思维力课程”（数学）、“可视化阅读课程”（语文）、“自主表达范式”（英语）……让孩子乐于思考，敢于表达创见。三是让思维品质进驻人心：形成以骨干教师、科组长、青年教师为一体的研究团队，在专家教授的引领下学习积淀、积极实践，让理念深入人心，转变观念，指导教学行为的改变。

具体来说，我们的思路是点线面结合展开的。这个点就是我们新引进的一名特级教师，通过特级教师的引领作用，带动团队，进而辐射全校。

我们通过一系列前期培训、启动学科、氛围营造，才有了这场面向深度学习的课堂革命（思维课堂）专题研讨，同时向中国教科院、深圳大学心理学教授、思维力课程姐妹学校、盐田区工作室联盟借力，不断以“点线面”推进的方式完善云海学校高阶思维课堂。

当然，思维课堂的推进是需要群策群力的，我们借助主题培训、工作坊、课例研讨、专家报告、读书沙龙的方式，进一步获得全校教职工的认可和支持，并借助学科组的力量，各学科开设思维可视化与阅读课程，学科思维力课程，思维表达范式、创造力激发课程等。

2.基于人工智能的高阶思维课堂

人工智能背景下，全校师生探索基于开发者立场、运用者视角和普及者情怀的教育教学应用场景。在新样态学校2019学术年会暨盐田教育高质量发展高峰论坛云海学校分会场上，云海学校骨干教师，曾焕名师工作室学员张睿教师带来的七年级社团课*France Is Calling*以全英式教学，情景式、场景化的教学构建，精准化、个性化的人工智能教学辅助，为在座的与会嘉宾呈现出了一节数字化全景课堂。全景课堂利用移动终端开展泛在学习、无边界学习和项目式探究学习，集协同备课、互动分层教学、游戏学习、即时反馈、资源推送、在线答疑、实时分享、实时诊断等功能为一体，重构课堂的学与教模式，突出数字化学习方式的变革，让学习过程可见即可分享、可见即可生成新数据（新任务、新问题、新作业、新习题等），是切合了新样态学习的"新平台"。（图2）

图2 高阶思维进校园

云海学校进行了一系列的AI教育场景化构建尝试，我们在这里也进行“五个构建”，具体体现在以下方面。

(1)构建基于人工智能技术的课堂教学环境

我们按照区教育局的相关部署，先行先试，在中小学试点建设了教学行为分析系统，运用人脸识别技术、录播、行为分析技术，实时捕捉学生的上课考勤、互动率、听课情绪等情况，对教师的教学组织、教学设计、教学工具运用、教学过程进行分析，教师根据情况及时进行教学调整，提升教学效率和教师教学水平。

(2)构建基于人工智能技术的个性化学习方式

我校小海机器人以及走廊上的这些机器人是常态化的体验和互动机器人，实体智能机器人在学生学习过程中的运用，可以实现学生随时随地咨询学习、在线答疑测验，把重复性学习变为针对性学习，把“教为主体”变为“学为主体”。

(3)构建基于新兴技术的智能教育课程体系

我校未来教室以现代化的科学技术为支撑，通过物联网实现交互管理，构建了一个开放灵活的学习环境。自动感应的“未来太空舱门”连接4间教室，依次向我们打开每一间未来教室的大门。这里有学生兴趣十足的STEM课程体系、满足个性化表达的3D打印编程语言支持的“智能机械臂”“开源机器人”，以及种类丰富的教学工具箱，打破了传统的工厂式教室布局，将千篇一律的教室变成灵动的学习空间，把单调乏味的学校建筑打造成温馨宜人的育人环境。

(4)构建基于人工智能技术的学习管理平台

学校深入实施智慧校园工程，逐步试点推行课堂和会议人脸点名系统，实现信息及时反馈，把学校、教师管理，逐步过渡到学生自我管理，使学生养成良好的学习和行为习惯。大家在学校大门口和一些教室能看到这些应用。

(5)构建基于人工智能技术的学业评价系统

我们推出了小学"631"、中学"811"的学业质量评价制度,并试点对中学终结性评价。结合大数据分析等技术应用,精准了解全校、全班和个人的学习情况,针对集体、个人来进行学业质量评价,让教师、学生和家长能精确了解学生的学习水平、错漏点、学习优势,找到最适合的学习方法。

在人工智能与学校变革方面,年轻的云海人一直在路上。未来,我们将一如既往,向走在前列的各兄弟学校学习;发挥AI技术的教育作用,用工匠精神建设未来学校,培育时代新人。

(三)基于3SE模式的项目式学习

云海学校项目式学习紧密围绕中国学生发展核心素养以及盐田区STEM课程的实施框架——3SE模式。主要通过改变学生的学习方式,利用情境导入(Scenario)—职业体验(Experience)—科学探究(Science)—工程实践(Engineering)—汇报展示(Showcase)—评价反思(Evaluation)这六个步骤,变被动学习为主动学习,促进学生的实践能力、创新能力和合作精神,培养适应未来需要的创新型人才。

1.多举措推进项目式学习落地

(1)学校成立"一中心四研究所"。即:以未来教育研究为中心,建立了思维品质、STEM跨学科学习、教育戏剧和语言素养四大研究所。在经费投入、制度建设、师资培训、舆论宣传等方面提供保障,确保项目式变革行动有效稳步推进。

(2)在学校课程建设的保障方面,我们将学校课程与学校文化相结合,同时重视顶层设计,在反复完善中进一步促进课程建设的融合,以保证课程结构的均衡性、综合性和层次性,达到促进学生综合素养全面发展的目的。

(3)建设一支高素质的教师队伍,建立完善的培训体系。针对教师在项目式开展方面所存在的不足与缺陷,采取合理的方式进行培训,从而加深教师对于项目式学习的认知与理解，为项目式学习模式的完善打下基础、提供保障。为此学校应定期开展培训，邀请高品质的专家助力。

2.项目式学习（含家庭项目式学习）成果

经过五年的实践，云海学校的项目式学习开展取得了一定成绩。

（1）我校十分重视项目式学习的开展，项目式学习作为一种新型的学习方式，其对于培养学生的探索能力、创新意识，提高学生的协作水平都起到了积极的促进作用。项目式学习，能够让学生切身参与到实践体验当中，加深学生对于知识的认知和理解，能让学生更积极地学习。

（2）我们的“图书馆保卫计划”项目获得由芬兰LUMA中心组织的2020国际StarT项目评选全球第二名；根据盐田3SE模式出版教师手册和学生手册，在家庭项目式学习中，整理并印刷了《家庭项目式学习案例集》，在家长、兄弟学校中获得很好反响；校本课程“我们的自然博物馆”获盐田区基于3SE模式的STEM教育校本课程评选二等奖；校本课程“环境湿度监测气象站”获盐田区基于3SE模式的STEM教育校本课程评选三等奖；项目式学习案例“特别的流动红旗”获2019年年度最佳项目。“梧桐山山泉水水质研究”荣获2020年美好盐田项目式评选一等奖。

（3）云海学校开办以来，特别重视学生的全面发展。学校一直致力于学习方式变革的探究，特别重视STEM教育和项目式学习的开展。目前，我校已成为“中国教科院STEM教育2029计划领航学校”“深圳市创意文化示范学校”和第五届深圳教育改革创新大奖之“年度STEM教育典范学校”，学生的科创素养大幅提升，学校的美誉度得到社会的高度认可。

（四）基于教育戏剧的表现性学习改革

教育戏剧是我校在打造未来学校，践行项目式学习和表现性学习方式变革的其中一个主要抓手。戏剧项目是以学生的表现为中心的学习方式，强调“学以致用”。因为，教育人都知道，儿童是天生的表现者，教师是表现的促进者。该学习方式强调让学生在民主、宽松的氛围中自我表现，尊重并借助儿童天生的表现欲来达成创造力的培养。

表现性学习方式强调在有限资源的校园环境中为学生选择可操作性强的表现手段、表现方式，创造出真实的学习情境，引导学生按照自己喜欢且擅长的方式，如发布、发表、宣传、扮演、描述、介绍、争论、艺术活动等，向他人、小组、班级直接或间接地交流自己或小组所学和所生成的内容与结果。

云海学校以戏剧作为载体，寓教于“戏”，将戏剧方法与戏剧元素应用于日常教育教学活动。教师根据学生的年龄、能力、兴趣等因素，在教学过程中借助经过设计的戏剧活动，让学生之间建立互动关系，引导他们在戏剧活动中发挥能动性、合作精神、创造力等。教育戏剧契合了人的认知规律，真正以学生为主体，具备学科统整的教学形式，实现了学生的新样态发展，让知识学习与生命审美兼备，将思维创意与现实表达衔接。云海学校成立之初，就将教育戏剧课程探索、戏剧进课堂，作为云海人探索未来教育、追寻未来课堂的一个撬动能量的支点。教育戏剧在云海学校持续发热，有条不紊地进行着。(图3)

图3　教育戏剧课堂

教育戏剧进校园的“五进三融合”模式具体如下。

在这一过程中，我们逐渐认识到，戏剧学习，本质上是一种表现性学习，是区别于接受性学习、探究性学习和设计性学习的学习形式。我们在探索某一学科融入戏剧元素、跨学科间的无边界融合过程中发现，戏剧创设的过程性情境，成为一条不可或缺的纽带，而教室则成为重塑师生关系的舞台。借助学生社团的戏剧项目，为学生的想象力提供了一双翅膀，唤起了学生创意的热忱，加深了团队合作的默契，夯实了我校学生的人文素养。

1.进文化

校园文化部分：硬件布置中以剧场（报告厅）、舞蹈教室、音乐教室为主要实施阵地，班级文化布置（教育戏剧专栏）渗透戏剧元素，走廊地贴为氛围营造阵地。

2.进课程

做法一：制订《教育戏剧课程实施纲要》，整理系列讲座内容、工作坊体验方案、教育戏剧剧本、热身游戏内容、学科深度融合教案、无边界戏剧融合课指引等，初步拟定《云海学校教育戏剧评价指南》。

做法二：成立云海学校教育戏剧研究所，由校级领导领衔，课程发展中心牵头，人文学科教师为主要参与人，高校专家和教研员成为智力支持。

做法三：申报教育戏剧进校园（借助中国教科院未来学校项目，计划申报国家级课题）；申报教育戏剧进课堂（市、区级课题）与重庆第二师范学院外国语言文学学院课程研究院合作，成立平行课题组，探究“教育戏剧与思维发展”。

3.进师训

这属于教师队伍理念认同做法的一个举措。引进英国、美国、爱尔兰和本国专家，通过专题培训（工作坊体验）读书沙龙分享，集体备课与研磨，形成“专家+教研员+校长+中层+教育戏剧团队教师”合力的局面。教师招聘的时候，我们就采用教育戏剧的角色扮演方式，来考察求职教师现场解决问题的能力。

4. 进社团

以英语基础、舞台表现力为主要指标的云海大使中，海选组建云海小学、中学戏剧社，通过合作编写剧本、排练、制作舞台服装和道具，配合舞台灯光、音响，形成两部具有一定水平的学生戏剧作品 *Where Is My Mum* 和《九色鹿》。

5. 进课堂——三融合模式

融合一：部分教育戏剧元素与学科教学相融合，如戏剧热身游戏。

融合二：人文学科深度融合戏剧，如英语学科根据课本文本改编的课本剧、历史学科的历史剧、语文学科的角色扮演、道德与法治学科的场景再现、音乐学科的趣味演唱等。

融合三：学科间的无边界戏剧融合课，如在以“四个太阳”为代表的过程戏剧框架下，融合语文、美术、英语学科的跨学科无边界学习方式课。

三年来，我们的学生更大方了。我们的教师，能更好地切换师生的主配角角色了。我们的戏剧，通过“五进”策略成为云海的一张名片。经过三年多“三融合”课堂实践，我们发现，它契合师生的认知规律，以生为本，具备了学科统整的内容与形式，促进了教师和学生的新样态发展，推动了学习方式的变革，并取得了阶段性成果。

四、成效

（一）办学效益日渐显著

作为诞生于盐田区提升教育品质过程中的新学校，我校从一开始就以高标准建设成就发展的高起点。办学仅两年，我校就成为中国教科院“未来教育联盟实验校”“STEM 教育 2029 计划领航校”，并获评“年度最具未来特色学校”，被教育部授予“校本课程实验校”称号。2019 年 12 月，我校被深圳市政府评为“深圳市创意文化示范学校”。2020 年 4 月，我校报送的“图书馆保卫计划"荣获全球StarT学生项目第二名,这是中国代表团自2018年参加这个活动以来获得的最高奖项,也是盐田区学生项目式学习首次斩获国际大奖。学校物联网设备设施配备到位,STEM课程体系构建完成,成功承办"新样态学校建设专场展示活动",并先后通过论坛及研讨会,面向全国呈现学校开展教育戏剧、高阶思维课堂和跨学科项目式学习等大量阶段性成果。

(二)幸福课程百花齐放

学校目前形成了由三大课程分类、四大课程目标、四大课程序列构成的"幸福教育"课程体系。当前我校正逐步完善"云海100"校本课程,包括基础学习力课程、创造力课程、意志品质课程、艺术情感课程、成长课程等,学生可以结合自己的兴趣、特长和发展需求,进行自主选课,在玩中学,学中乐,体验学习的幸福。

(三)科研引领成效初现

我校重视科研引领,校长、副校长、名师、骨干教师带头做课题。建校两年多,我校已是教育部全国教育科学规划领导小组办公室课题实验校,拥有省级课题2项、市级课题7项、区级课题4项、校级课题12项。我校构建了以教师共同体为形式的"未来教育研究中心"以及下属的教育戏剧、思维品质、语言素养和STEM跨学科学习四个研究所,开发完成了与科创教育相关的学科课程共20多门。

(四)科创教育特色突出

我校以科技立校,云海师生在创客教育、CBA课程实施方式创新方面收获诸多国家级、省市区级奖项。在盐田区2019年第二十一届科技节荣获第一名;在深圳会展中心举办的2019年教育装备展中,"云海智造"成为最闪亮的学校名片,获得深圳市2018年创客机器人项目一等奖、深圳市2019年电脑机器人一等奖等;学生分别获得全国青少年电子信息智能创新大赛全国三等奖、广东省一等奖。

（五）智慧学府逐步探索

我校拥有一流的教育教学设施、配备齐全的多功能现代化教室，未来教室数量全区最多。为打造“安全云海”，学校采取全天候封闭式管理，黑科技为孩子们的安全保驾护航，人脸识别系统将孩子们上下学的信息与照片实时同步到家长的手机中；人脸测温和红外线测温系统为孩子们出入校园安全提供双重保障。

（六）师资队伍活力十足

我校广纳贤才，已培养一支契合云海教育发展理念的高素质教师队伍。目前我校有176名教职工，其中各硕士学位教师人数占40%，30%毕业于985、211双一流院校。我校的中层骨干管理干部及学科骨干教师均是从区内外引进的教育精英和业务骨干，综合素质高，执行能力强。未来三到五年将会从国内外名校不断引进优秀教师，确保学校持续发挥人才优势。

五、未来展望

1.师生成长目标：聚焦“幸福成长”的综合能力

学生成长目标方面，围绕“幸福教育”理念，以“明善德育”为引领，进一步探索与研究“五个学会”育人目标落实的工作路径。通过德育“明善”系统、项目式学习和跨文化学习、社团课程品牌化、劳动教育体系化等“五育并举”措施提升学生的综合素养，使学生具备“幸福生活”的综合能力。教师成长目标方面，落实中办、国办《关于全面深化新时代教师队伍建设改革的意见》对新时代教师的能力素养要求，立足学校实际，以“正、爱、精、高”作为教师行为准则，以专业、共进、创见的教风为指导，积极开展教师培训，构建教师梯队培训课程体系，完善教师管理制度，营造教师科研氛围，塑造教师文化，打造一支从经验型向智慧型、学者型、专家型发展的“幸福生长”教师团队。

2.校园文化目标:优化升级“幸福教育”品牌文化

在已有的“幸福教育”课程体系基础上,进一步优化与升级。将学校的育人目标与课程目标进一步结合,通过“五个学会”在课程中的落实,培养学生“五种生活”能力,提升学生核心素养。探索小组合作学习和项目式学习的纵深发展,推进小学“631”和中学“811”学业质量评价制度的落实,构建具有云海学校特色的深度学习路径和高阶思维课堂。以“幸福教育”文化理念为统率,从物质文化、制度文化、精神文化和课程文化等方面构建我校的文化体系,对我校已形成的多个文化主干进行统筹整合,为我校文化建立起统一、完整的文化逻辑、文化表达、文化战略,打造并推广高品位的云海学校文化品牌。

3.创新管理目标:构建现代学校治理体系

以现代学校制度建设为统领,以学校治理体系构建为目标,以调整组织架构和创新管理方式为抓手,以精细化、流程化、项目化为实施原则,引入信息技术手段提升管理效率,实行“一校两部”管理模式。对“五四分段”进行布局和规划,体现递进性和延续性,进一步提升学校管理组织效能,保障学校育人目标稳步实现。

4.智慧校园目标:搭建智能、运转高效的校园系统

对智慧校园进行前瞻性统一规划,分阶段建设。通过智慧教学、智慧管理、智慧教务、智慧生活、智慧环境“五个智慧化”和“一站式服务”,最终建成完整统一、技术先进,覆盖全面、应用深入,高效稳定、安全可靠的智慧校园。抓住我校即将动工的云海学校二期工程机遇,结合一期建设经验进行科学布局和软硬件升级,强化课程空间观念,大力开展空间挖潜,塑造和丰富课程空间,从教学场地式空间和文化展示型空间上升到学习方式适应性空间、学习生活场景性空间,营造处处皆学、可学的泛在学习环境和处处皆教育的育人环境。

5.课堂改革目标:持续推进"GOOD",探索未来教育教学新模式

(1)促进教与学方式转变。积极推动"课堂革命",促进"教与学"方式的转变,探索未来教育教学新模式。开展基于体验的学习、基于表达的学习、基于问题的学习、基于项目的学习和基于创建的学习,落实到各学科教学。组织多层次的理论学习和培训,使广大教师深刻领会"未来教育"的意义和内涵,力求教与学的方式发生大的转变。各学科教师均深入研究"未来教育"理念,加强校本教研,形成教改合力,推动学习方式变革的实施。从研究学情、提高教学设计水平着手,着力规范教师课堂教学行为。以常规性的听课、评课、教学检查促进教师课堂教学行为转变。以"研课"的形式,发挥名师引领、行政推动的作用,促进学习方式转变。定期召开专题研讨会,通过开展公开课、示范课等活动,反思、总结、借鉴、推广"学习方式变革"的经验做法。将教师实施"学习方式变革"的表现作为考核评价教师工作成效的重要指标,对在实施"学习方式变革"中涌现出来的教师进行表彰。

(2)深化高阶思维课堂建设,云海学校将在此前课题研究取得的阶段性成果基础上,加强课题研究的实施与管理,及时反思交流,不断完善分阶段、分类型系统梳理的研究成果,并且探索出适合中小学各学科课堂的高阶思维能力培养策略,依托思维品质研究所,逐步向各个学科进行推广,形成各个学科课堂"变式"。

【案例点评】

深圳市盐田区云海学校始建于2017年,是一所九年一贯制学校,也是中国教科院"未来教育联盟实验校""STEM教育2029计划领航校",并获评"年度最具未来特色学校",被教育部授予"校本课程实验校"称号,被深圳市政府评为"深圳市创意文化示范学校"。学校物联网设备设施配备到位,STEM课程体系构建完成,并成功承办"新样态学校建设专场展示活动"。学校从顶层设计出发,推行学习方式变革的实施路径具有明显的样本意义和较强的辐射影响力,对于新建未来学校,具有极强的借鉴意义。

云海学校在构建幸福课程体系的探索过程中积累了丰富经验，办学效益显著。具体体现在：第一，采用“五步走”的方式探究小组合作学习。课堂从“传递中心”变成了“对话中心”，从“记忆风暴”转变为“思维风暴”，发挥学生主观能动性，促进学生综合素质的发展。第二，探索建设面向深度学习的高阶思维课堂。推动学生思维能力提升途径的落地，实现让思维品质进驻课堂、进驻课程、进驻人心。基于人工智能(AI)，该校进行了AI教育场景化“五个构建”的尝试，发挥AI技术的教育作用，用工匠精神建设未来学校，培育时代新人。第三，探索“3SE模式”项目式学习。主要通过改变学生的学习方式，利用情境导入(Scenario)—职业体验(Experience)—科学探究(Science)—工程实践(Engineering)—汇报展示(Showcase)—评价反思(Evaluation)六个步骤，变被动学习为主动学习，促进学生的实践能力、创新能力和合作精神，培养适应未来需要的创新型人才。该校成立“一中心四研究所”，即以未来教育为中心，建立了思维品质、STEM跨学科学习、教育戏剧和语言素养四大研究所，确保项目式变革行动有效稳步推进。第四，探索教育戏剧进校园的“五进三融合”模式。以戏剧作为载体的表现性学习改革，寓教于“戏”，将戏剧方法与戏剧元素应用于日常教育教学活动。教育戏剧统整了教学形式，促进学生的新样态发展。第五，形成“幸福教育”课程体系，完善“云海100”校本课程。科研引领初见成效，科创教育特色突出，云海师生在创客教育、CBA课程实施方式创新等方面收获诸多奖项。智慧学府逐步建立，师资队伍活力十足。

云海学校在学习方式变革、高阶思维课堂和项目式学习等方面取得了丰硕成果。在未来的建设中，还可以在以下方面做出努力：第一，优化升级“幸福教育”课程体系。将育人目标与课程目标进一步结合，探索小组合作学习和项目式学习的纵深发展。第二，深化高阶思维课堂建设。进一步探究高阶思维能力培养策略，形成各个学科课堂“变式”。第三，促进教与学方式转变。加强校本教研，形成教改合力，推动学习方式变革的实施。第四，打造“幸福教育”品牌文化。统筹整合已形成的多个文化主干，构建学校文化体系，推广高品位云海学校文化品牌。

（点评人：赵震谣，正高级教师，北京中学特级教师）

主题型项目式统整课程实践与探索

◎广州市荔湾区花地中学 罗艳芬 张光怡 邓秋 卢碧云 马少薇

摘要

学校在未来学校建设探索中侧重以“未来学习方式变革”为核心，着重加大“学习空间”“STEM课程”“整合学习”“深度学习”等维度建设。同时，利用学校小班教育的优势，创建基于主题的项目式统整课程。课程以学科融合为统领，围绕大主题，以学科项目主题为依托，形成以“主题+项目”“学科+融合”“导师+学员”“导学+研学”“必修+自选”“体验拓展+综合展示”的全学科、全员推进模式，包括学科内统整、跨学科统整。

一、小班教育 走向未来

（一）千年花乡 珠水环绕

广州市荔湾区花地中学地处广州市重点打造的新地标“鹅潭湾CBD”核心地带，北邻珠江河畔，西靠花地河堤，学校所处地带通称为“花地”。花地，自明代起便有居民在此河滩草坦开荒植花，初名“花埭”，后渐称花地，千年花乡，珠水环绕。

花地中学为隶属于广州市荔湾区教育局的公办初级中学，是广东省标准化学校、广东省首家小班教育改革试点学校。学校始建于1978年，校园环境颇具岭南庭院特色，小巧雅致。目前，学校有18个教学班，学生516人，教职工76人。（图1）

图1　富有岭南园林特色的校园

(二)小班教育　走向未来

蔡元培说:“教育者,非为已往,非为现在,而专为将来。”我们认为,要把孩子带入未来,需要打造基于脑科学的学习环境,构建以学习者为中心的统整式、跨学科的项目课程体系,打造高素质的教师队伍,以全新的学习科学理论为引领,从而促进学校教育的深度革新。(图2)

图2　“翠林”美术工作室

2017年11月,学校成为中国教育科学研究院(以下简称“中国教科院”)未来学校联盟实验校、首批重点项目建设学校,学校被认定为广州市STEM教育试点学校,学校的“基于综合实践活动开发STEM课程的研究”也成为市级立项研究课题。作为广东省首家小班改革试点学校,我们以跨学科的项目型课程统领课程改革,以项目式学习为支撑促进学习变革,用未来的视角培养学生面向未来的关键技能与素养,用新的理念、新的技术、新的行动引领学校教育的创新发展。

2017年底,中国教科院未来学校实验室专家组对学校进行未来学校实验校的调研和个案指导。在对学校教育理念、教育改革、课程研发、学科整合等方面全面诊断的基础上,结合学校现状提出发展建议:一是结合目前校本化的CPA课程进行学科知识的深度链接;二是将在现有自主研发的课程上进行STEM、传统文化、文化对比等整合性课程分类；三是对目前多头实验的项目进行目标引导，提高实验的实效性和针对性；四是在整合性研究上延续从“融合”到“整合”拓展至“统整”的研究思路，等等。

在专家研评和指导下，也基于学校前期的小班课改以及后续开展的“跨越式研究”“新样态学校”“智慧校园”“STEM课题研究”等一系列的研究，学校在研究和探索未来学校建设中侧重以“未来学习方式变革”为核心推进项目建设，着重加大“学习空间”“STEM课程”“整合学习”“深度学习”等几个维度建设。

二、花香水秀映桃李　地杰人灵育英才

（一）自然生长　幸福成长

学校小班课改以来，学校秉持“细节见精神”的校训，以“满足生命需求，提升生命品质，让孩子自然生长”为办学宗旨，以“自然生长·幸福成长”为核心价值，培育“八品”素养（“品”“学”“言”“礼”“技”“艺”“书”“生”），砥砺前行，并创建了学校特色品牌——“花埭·幸福园”。

花地中学小班课改多元并举，学校的教育质量取得了跨越式的发展。学校教学业绩在区毕业班评估中名列全区前茅，连续多年荣获荔湾区“全面育人奖”，成为荔湾区综合培养能力最强的学校之一，成为荔湾教育教学改革的窗口学校，更为广东省小班教育改革提供了一个成功的范本。

（二）一个中心　“八品”建设

“花埭课程”以追求“幸福成长”为核心价值，通过系列的优化整合构建起具有学校特色的课程体系——“八系”课程和“八品”素养（见图3）。

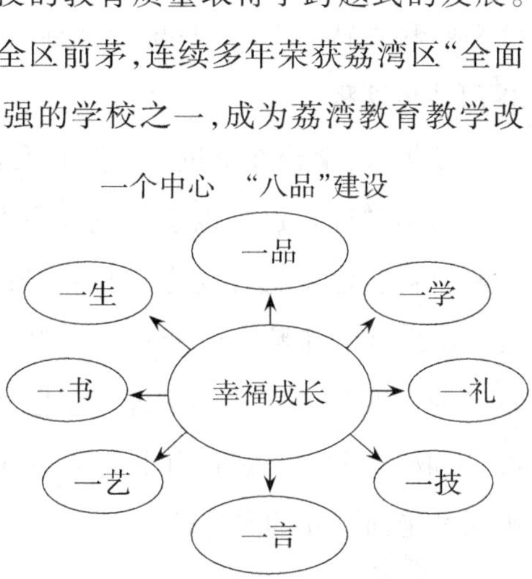

图3　学生“八品”素养

一品：养成好习惯，突出好人品。

一学：学习意识、学习习惯与学习能力乃至终身学习。

一言：语言文字交流能力与技巧，写一手工整汉字，说一口标准普通话，讲一口流利粤语，有一定的外语交流能力。

一礼：守礼谦让，精练熟悉一种活动的规则。

一技：掌握一种技能（最好达到熟练程度），主要是培养科、体、艺、卫方面的技能与特长。

一艺：基于花香茶韵的地缘文化，掌握一定的园艺、茶艺（最好达到熟练程度）。

一书：时时保持有一本书在读。

一生：应该用一生去延续以上的技能和品行。

（三）地缘文化 “花埭”课程

国家课程（八个学习模块）：语言与文学学习、数学学习、社会科学学习、自然科学学习、技术学习、体育与健身学习、艺术学习、地方特色学习。

地方与校本课程（八个项目体系）：“茂香·地缘文化”“翠林·艺术课程”“群芳·课堂模式”“纫香·班级文化”“新长春·智慧校园”“两宜·体育特色”“醉观·科技特色”“合记·星章计划（评价）”。二、三级课程中研发和开设了38门特色课程。

近年来，学校在推进“花埭”课程校本特色化中，坚持“课堂教学以学生学习为本”“课程设置以学生成长为本”“教育全程以学生成长为本”的原则不断研耕。通过融合地缘、挖掘物象，熔汇文化、提升意象，熔炼特色、形成气象的路径和策略，在“合作学习”“选课走班”“项目研修”等方面也形成了较好的实践基础。尤其是进行主题式的校本统整课程研创，通过项目式学习，采取“自上而下”与“自下而上”双向而行的融合策略，使单一的程序化校本课程走向多元的融合性课程。

三、课程的开发设计——以《可爱的中国》为例

近年来,学校借鉴深圳南方科技大学附属学校的"基于大阅读整合课程"和北京师范大学第二附属中学的"科学探究项目"等成功做法和优秀案例,结合"校情"和"生情",在研创统整课程上主要进行了四个方面的探索:一是学科内统整,对同一问题或项目由教师引导学生从不同学科的角度去认知探索;二是基于主题的跨学科教学,就一个课题,课堂教学中用不同的学科表达方式进行表达;三是跨学科统整,以某一个学科主题为切入点,进行多学科的统整;四是超越学科的主题统整,就共同的主题,各学科用各学科的方式探索,聚焦核心素养。实践显示:这几种方式会经常交织出现和存在,并不是单一形式存在。

我们在摸索统整课程项目学习中,有几个关键点:一是突出主题的统整,融合推进;二是项目式学习(PBL),纵深拓展;三是学习面向生活,开放领域。通过这种统整的、项目的、综合的、跨界的学习方式,允许学生有不同的学习形态,多元智能,以取得更优的学习效果。

(一)确定课程主题

把主题作为设计课程和激发学习的组织中心是课程统整的有效途径。因而,拟定一个具有一定广度和深度的、融合性较高的"主题"是最关键的步骤,使不同的学科都能找到切入的"基点"和延伸的"触角",有了有故事、有温度、有人性、有美感的主题,后续就"顺理成章"。

2019年伊始,广州市为了进一步加强历史文化保护,突出地方特色,注重文明传承、文化延续,注重人居环境改善,通过微改造,用"绣花"功夫,让城市留下记忆,让人们记住乡愁。微改造后的广州市荔湾区西关历史文化街区的永庆坊就是一张耀眼的名片,一展老城市新活力!同时,2019年广州市城市热点不断升温,创建全国文明城市、世界《财富》全球论坛盛会,更重要的是普天同庆新中国成立70周年,华章盛世催人奋进……也是厚植家国情怀不可多得的机会。

2019学年伊始,学校经过反复研究决定本学期开展《可爱的中国》项目式统整课程学习。全员参与,学科统整,学生自主选择,教师全员导学;混龄学习,小组合作,研学体验;自上而下,自下而上,贯穿全学期。激励师生启“知”,感“意”,成“行”。

(二)建构课程框架

《可爱的中国》项目式统整课程主要包括三个系列:第一系列——2019年4月—5月进行的《红色基因　薪火相传》全校党员、团员主题党团日红色教育系列活动;第二系列——2019年8月—2020年2月的《从〈可爱的中国〉认识“可爱的中国”》学科统整的德育课程;第三系列——2020年9月—11月的《我和我的……(祖国、家乡、家庭、家人……)》。每一个系列都是以《可爱的中国》为核心课程板块。《可爱的中国》课程架构如图4

相对于学校顶层设计面上的“大主题”,各学科项目组的主题则是点上的“精挑细选”,既要贴合学科特点又融合跨界内容。在推进的过程中,我们有两个策略:第一,自上而下,从学校层面出发,全学期一个主题,顶层设计,规划统整项目课程;第二,自下而上,发展教师的“草根化”,激活每一位教师的创造力,让每位教师都参与到设计中去探索和创新。

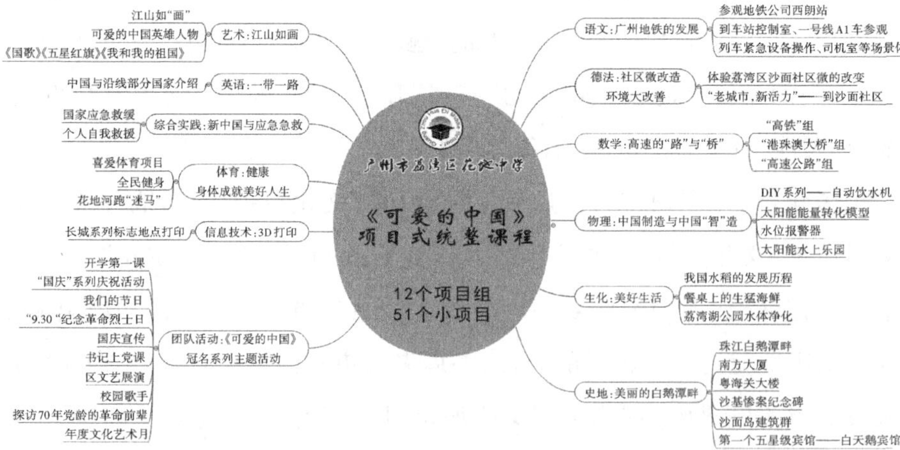

图4　《可爱的中国》课程架构

四、课程的具体实施

探求事物的意义(即追求我们所经历事情的真相)是人类大脑遗传下来的最基本的特征。当学习在有意义和熟悉的情境下发生时,学生会通过理解来学习。因此,任何课程在具体实施时都必须为学生提供一种稳定的、熟悉的学习环境,帮助学生在学习中接触到各种学习材料,为学生更高水平的理解提供支持。

在《可爱的中国》实施中,主要分为七个阶段:确定主题—主题启动—主题阅读—自选主题—主题研学(重点)—主题展示—主题评价。意在为学生提供与“爱”“中国”“发展”相适应的学习环境,鼓励学生在生活情境中探索不同的角度深度认识“中国”、积累“发展”事实,进而形成更深厚“爱”的家国情怀。

(一)主题启动

别开生面的“开学第一课”:2019年8月30日,学校开学第一课题是《从〈可爱的中国〉认识“可爱的中国”》就是一个融合的第一课,由学校党总支书记、校长罗艳芬,史地科科长梁志华,七年级新同学许钤玮共同完成。罗校长以《从〈可爱的中国〉认识“可爱的中国”》为第一课的题目引出全学期的全员项目学习,以“升国旗,唱国歌,向国旗敬礼”引出方志敏烈士的《可爱的中国》,以85年的时光穿越引领师生认识“我们可爱的中国”……然后是梁志华科长做了一个历史短课导学——方志敏烈士和他的遗作《可爱的中国》,红色教育荡涤心灵;其后,七年级新同学许钤玮用真挚的情感,清脆的声音诵读85年前,我们的先驱方志敏烈士在他的遗作《可爱的中国》(精彩文段)中设计的心中新中国的形象。时空穿梭,85载峥嵘岁月,无数先烈抛头颅洒热血换来新中国新世界,70年翻天覆地的变化,强大的中国屹立世界,可爱的中国、伟大的中国人民……伴随着《开学第一课》,学校全员、全学科、统整项目学习《可爱的中国》也正式启动。

(二)主题阅读

基于主题阅读,进行全员深度阅读学习。我们把阅读贯穿作为底层支持之一,本课程从全员学习方志敏烈士《可爱的中国》文本"大"阅读入手,允许不同的学习形态,通过《可爱的中国》认识"可爱的中国"。按照课程计划,史地科和语文科全体教师利用两周时间,在每个班都分别进行了4课时的《可爱的中国》原文全员导学,通读、跳读、精读……多角度阅读,还推荐了十多篇相关资料文本。

同步推进平衡阅读,产生阅读链接。也就是读一篇、带多篇,整本书阅读,还有学科阅读和跨学科阅读,把文本与真实生活相链接,创造多元化的阅读链接,让阅读走向实践。经过综合研评,我们在方志敏烈士《可爱的中国》文本中选定了"核心文段"进行"深度细读",生成"核心索引",将文中描述的内容与今天的建设成就进行"链接",形成鲜明感性的认识。

("核心文段":"到那时,到处都是活跃的创造,到处都是日新月异的进步,欢歌将代替了悲叹,笑脸将代替了哭脸,富裕将代替了贫穷,康健将代替了疾病,智慧将代替了愚昧,友爱将代替了仇恨,生之快乐将代替了死之忧伤,明媚的花园将代替了暗淡的荒地!这时,我们民族就可以无愧色地立在人类的面前,而生育我们的母亲,也会最美丽地装饰起来,与世界上各位母亲平等地携手了。"——摘录自方志敏烈士的《可爱的中国》)

(三)主题研学

这是本课程最重要的环节。有了"核心文段"的"核心索引",奠定了所有学科项目主题研学的起点。我们要求所有学科项目组围绕"新中国70周年建设成就",通过深度阅读原文,尤其是从"核心文段"中找到线索,提炼具有本学科特色的项目主题和分项目主题,并由此开启"可爱的中国"的研学之旅。

1.多学科并行研学

学校《可爱的中国》项目式研学,共12个学科组和部门参与,全体教职员工均要作为"导师"参与研创分科项目,经过3周的调研和讨论,共拟出51个小项目。学校通过原有的网上选课系统公布信息，全体学生作为必修课自主选定项目和导师（学员/导师至少：7/1）。由于项目主题都非常符合“生情”，所有的拟定分项目均达到启动标准，导师共82人次。因此，全校489名学生根据自己的兴趣和对导师的认同进行“网上抢课”。

2.跨学科融合研学

得其要领、终其目标，这是我们本课程的最核心环节。首先是课程重构上，我们将学生和知识置身在一种真实的背景中去学习和应用，让学习面向生活，在开放的学习环境中融会贯通，培养学生面向未来的关键能力、核心思维。其次是不断地调整学习环境、学习技术、信息技术、网络、学习方法等，也就是在实施过程中融入一些简单的技术来丰富学与教的过程，让学习更有智慧。在《可爱的中国》分项目研学中，我们安排分三段（共6课时进行），学科研学中许多线索和材料互为支持和延伸。以下是我们部分学科项目组研学的情况：

语文科的项目主题是“从了解广州地铁1号线看……”。语文科的导师们勇于挑战难题选择了一个充满“工科”色彩的主题，同时又彰显半开放性作文的题目特点。凭借语文教师的细腻风格，他们借力而行，事先与地铁公司联系好，师生一起到地铁公司西朗站进行深度研学，由专业“大咖”进行“助学”。工作人员详细介绍了地铁车站控制室的设备装置，让大家了解到车站控制室如何对地铁进行监视和控制，有哪些设备是如何保障乘客安全的。随后，大家还跟随着工作人员登上了广州地铁一号线A1车，司乘人员介绍了列车的历史和列车紧急设备操作要求，让学员登乘司机室介绍列车驾驶……通过深入地铁神秘的领地，在大开眼界的同时又真实地感觉到“科技为生活提速”，感受到城市的变化与发展。（图5，图6）

图5 统整课程启动仪式

数学项目组主题是“可爱的中国——高速‘路’与‘桥’”。项目组9位导师分别带三个组，分别从“高铁”“路网”“港珠澳大桥”的小主题带领学员进行研学，观看视频《新中国发展——面对面》，查找相关资料，还有从数学学科的角度对一些数据进行收集和对比等，有的制作传统手抄报，有的制作电子板报、有的制作微视频、美篇等，通过这些活动师生都能从更具体的案例中认识到“高速”发展的中国。

物理项目组的主题是“科技改变生活，我们一起DIY”。导师带着学员们开展环保科技小制作项目式学习，4个小项目组，都是从利用物理知识解决生活中的问题入手，传达发明改变命运，智慧创造财富，科技兴国的理念。学员协同合作分别完成了DIY自动饮水机、太阳能能量转化模型、水位报警器、太阳能水上乐园。所有成功作品都要在全校进行公开展示并邀请师生“试验”。制作一小步，创新一大步，通过动手创作，体现中国制造、中国“智”制。

英语项目组“蹭热度”带领学员走“一带一路”。46名导师和学员的第一步是走进区图书馆，“浸泡”了半天，收获满满，然后大家又发挥我们学校BYOD的学习模式，在导师的指导下，整理“一带一路”沿线国家的资料，学员们以小组为单位选定自己喜欢的国家，把这些国家与中国在“一带一路”建设中共商、共建、共享的不同成果，如数家珍地用中英文展现在一幅幅手抄报和思维导图上，特色鲜明、图文并茂。

道德与法治的导师结合学科特点，抓住“老城市、新活力”和“城市微改造”热点，确定了“社区微改造，环境大改善——荔湾区沙面社区微改造”为主题。通过沙面岛——广州市最经典的城市名牌之一，在2019年下半年，经过“城市微改造”后，焕发出亮丽的光彩。导师与学生通过前期一起观看视频《航拍——沙面绿道：在欧陆风情的街巷中品味异国情调》，看《美了美了！沙面岛变通透大花园，西堤夜间亮起灯》等影视资料和历史溯源。10月29日、30日，导师带着学员一起来到沙面，把前期了解到的一个个画面和特色标志逐一回放到现实场景中，感受历史的厚重、文化的精髓、发展的重要，研学中还深入地融合了本学科“时政题”的背景进行分析，相得益彰。

体育科的主题是“全民健身与生活质量”。全体导师带领45个学生并将其分成4个小组，通过前期网上收集到的“市民最爱的体育活动项目”数据，分成羽毛球组、足球组、篮球组和跑步组，分别到学校附近的市民健身中心和运动场地进行实地调查。有的到了“花力会”健身中心，对正在参加体育锻炼的市民进行访谈，尤其是关注他们对国家发展、生活改善与国民身体素质提升的愿景和期盼；而跑步组则是身体力行表达身为“花地人”必到“花地河”的地缘情结，到“花地河”沿岸跑“迷马”，感受“河长制”带来的水清景美，感悟“绿水青山就是金山银山”的发展理念。

图6 《可爱的中国》主题研学1

艺术科的项目主题是“江山如‘画’”，他们带领学员用心去找“画”（歌颂祖国的影视画面、美术画作，然后写“推文”）；用情去画画（用不同手法画烈士方志敏像、画美好生活等），用声去歌唱（全体师生齐唱《国歌》《五星红旗》《我和我的祖国》）。9月30日，还带领全校师生进行了《我和我的祖国》“快闪”活动，营造了非常有声势的宣传氛围。

3. 课程生成与延展

任何“以学生为中心”的课程实施都不可能按图索骥，而应该注重学生的深度参与、情感体验和即时生成。教师必须密切关注学生，围绕学生“就近发展区”进行课程的适度调整、拓展延伸。（图7）

例1.史地科项目组“美丽的白鹅潭畔”中就有“第一个五星级宾馆——白天鹅宾馆”的分项目，学员们进入白天鹅宾馆研学时，导师就顺势统整了“霍英东先生与白天鹅”改革开放大潮、宾馆主题场景命名“故乡水”的赤子情怀、“室内植物种养”、馆藏艺术品、文化产物价值，书中有事、事中有意。

图7 “可爱的中国”主题研学2

例2.生化科“我国水稻的发展”项目组导师为了让学员更真切地认知“水稻”，特意带领孩子们去到全市最接地气的“中市农贸市场”看看真实的“谷子”，并进行了题外拓展，外加了“谷子+脱壳(物理)+谷糠(饲料)+大米价格+家庭支出(经济学:价值规律、恩格尔系数)”等内容的“一条龙”跨界融合学习，贴近生活的场景、收获生活应有的常识和知识。本项目学员们所制作的成果展板被评定“全校最优秀的作品”。

例3.冠名活动提升课程项目的认知度。由于“可爱的中国”课程项目推出的“时节点”恰如其分，2019学年上学期学校各线的活动都纷纷“靠拢”中心主题“冠名”活动。全学期“可爱的中国”冠名系列主题活动，包括“开学第一课”“庆国庆”宣传活动、“我们的节日”“9.30纪念革命烈士日”“区文艺展演”“书记上党课”“校园歌手”“探访70年党龄的革命前辈”，就连每年大伤脑筋的“年度文化艺术月”主题都直接冠名“可爱的中国——2019学年文化艺术月”。可谓“天时”“地利”“人和”。

纵观整个课程的实施过程，导师团队既进行了学科内的统整，包括横向的跨章节的统整和纵向的跨年级的统整；也进行了跨学科统整，数学、语文、英语、美术、科学、体育等各个学科共同参与课程的开发和实施，并注重了课程的动态生成。

五、课程的多元评价

在学习中，允许学生有不同的学习形态，多元智能，由要求“知道什么”转向“能做什么”，以学生的兴趣与投入状态、研学过程和参与作品制作及成品水平等，形成过程性、表现性及内化习得上多元化评价体系。同时，基于2018年颁布的广州“新中考”方案的要求，将学生在学习中的综合评价融入“新综合素质评价”体系中，发挥评价的教育功能，培养学生的成长型思维模式。

（一）兴趣投入 参与展现

情感是“建构模型”的关键，学生的感受和态度对学习会产生影响，并对学习起着决定性作用。就“可爱的中国”统整课程而言，让学生由“兴趣驱动”选课、选导师、选“同学”，主动深化研学，外在于“兴趣”，内化于“融会”，由此，学生对于“有自主情感选择”的主题研学态度可见一斑。

（二）深度研学 过程评价

1. 过程性评价。整个“可爱的中国”统整课程贯穿了2019学年第一学期，对学员的评价我们更注重激发潜能、激励前行为主。我们的过程性评价因为每个学员的能力、性格、表达都有所不同而以“主题阅读”“主题研学”“学习展示”等三个不同的学习阶段来进行评价。形式有自评、学员推荐、导师观察等，大概每阶段从6—7个学员评出1个“优秀学员”。

2. 成果性评价。本课程的第二个评价是作品成果评定，优秀作品的评定包括了项目组全员评选、全校“人气投票”等，数量不限。收到近百个成果作品，包括实物类：如手抄报、照片展、PPT、模型、3D打印等；电子类：如美篇、微电影、主题歌唱（如抖音、小视频）等。每个作品都必须是小组合作完成的，评出的优秀作品经教导处审核，12月6日开始进行了实物展出，电子类作品由办公室审核后统一上挂学校微信公众号。

六、课程的管理与保障

在过去的几年时间里，我们学校的教师团队在统整课程项目学习推进中取得了一些成功的经验，最为关键的三点是：一是甄选的主题与不同学科的契合度要高；二是对课程纵深融合与各项目团队导师的建设要有要求；三是技术支撑与融合拓展的关联要密切。

（一）研创统整　融合为重

一是学科内统整，对同一问题或项目由教师引导学生从不同学科的角度去认知探索。

二是基于主题的跨学科教学，就一个课题，课堂教学中用不同的学科表达方式进行表达。

三是跨学科统整，以某一个学科主题为切入点，进行多学科的统整。

四是超越学科的主题统整，就共同的主题，各学科用各学科的方式进行探索，聚焦核心素养。实践显示：这几种方式会经常交织出现和存在，并不是单一形式存在的。

（二）信息技术　智慧支撑

“互联网+”时代，作为教育一线实践者，我们“互联网+教育”认为应该是：教育在前，互联网在后。在校本化统整课程中更应借助互联网的思想，将信息技术作为“沟通媒介”和“脚手架”促使教和学的学习方式变革。

从2014年开始，学校全面实现BYOD，学生能熟练运用思维导图工作、图片视频工具、网络交流平台开展可视化学习、个性化学习。信息数字作为智慧支撑，主要用于优化课程结构、课程推送、自主选课、问卷星调查、记录学习过程、设计和创作学习作品等，充分利用互联网及时交流分享。

七、课程发展展望

(一)点、线、面　联动研究

学校进行主题式学科融合课程研究,从2014学年"点"上启动,到2018学年"线"上的联动,再到2019学年"面"上的总动,拾级而上,成果显著。统整课程之所以超越学科课程,在于它所注重的是学科的融合,着眼的是统整的活动,同时也就是通过主题的链接打破学科的界限,学生在跨学科主题学习中建立各学科知识之间的联系,建构跨学科的知识网络,形成内心初步的、真正的统整意识和统整观念。

2014学年,我们尝试"主题式学科融合教学",如史地科的"丝绸之路",英语科+艺术科的"季节",语文科+历史科的"如'诗'的丝绸之路",体育科+艺术科的"运动线条的健与美",地理科+艺术科的"家乡的花"等。

2018学年,我们围绕"节能"主题,研创了"节能浇水装置设计与制作"课程,统整了物理、德法、地理、生物、信息技术五个学科,从STEM班到两个年级、从荔湾到海珠、从广州到贵州、从校内"闭门造课"到"广东省评比一等奖"、从"节能浇水装置设计与制作"(1.0版)到"节能高效浇灌装置设计与制作"(2.0版)。

2019学年,"可爱的中国"统整课程是学校首次全员、全科学同步推进的项目学习课程,尝试让学生在真实的生活情境中积累事实性的知识,为项目结构化学习提供了丰富的生活经验和事实基础,有利于学生理解性学习的开展,有利于学生创造性思维的发生。

2020年,我们的统整课程从1.0版的"可爱的中国"推进到2.0版"强大的中国"。"强大的祖国"由四篇组成:建设成就篇(广州塔、白天鹅宾馆、珠江游、花城广场、地铁博物馆)、优秀文化传承篇(永庆坊、广州市原点、广州博物馆、越秀山五层楼等特色地标)、红色教育篇(农讲所、中山纪念堂、中共三大会址、团一大会址)、青山绿水篇(湿地公园等特色公园、广州生态环境新景点“云路”、城市微改造项目）。通过不同的主题研学提升学生的学习能力，培养家国情怀。

2021年，习近平总书记在庆祝中国共产党成立100周年大会上的讲话中再次强调中国共产党精神谱系，并指出伟大建党精神“是中国共产党的精神之源”。我们的统整课围绕“百年红色精神”大主题，“伟大精神”融入每个项目每个环节，让学生的高阶思维能力从前结构、单点结构推进到多点结构、关联结构、抽象拓展结构，从而感受信仰之光、精神之钙、力量之源，将信念内化于心，外化于行。

例如，受疫情影响延期开学，返校复课第一天，来自中央广播电视总台等8家媒体到校对我们的“‘小’学校‘大’抗疫——开学第一课”系列项目进行采访（省电视台还驻校全天跟拍），当天在央视”新闻联播“播出的评论是：花地中学复课第一课很有特色和很出彩！全体师生用行动诠释了生命至上，举国同心，舍生忘死，尊重科学，命运与共的“抗疫精神”。

又如，2021年中国航天的成就举世瞩目……我们乘势而上以“航天精神”为主题，依托物理科原有的市立项课题，创建了“天宫空间站模型的制作与探究”项目式学习，通过跨学科融合引导学生从物理、道法、数学、语文、历史等多角度了解天宫空间站，关注太空科技发展，通过师生合作自制学习模型（课题要求）和主题展示等，提升对太空科技的研究与应用的理解，体验科技进步对社会发展的影响，对实现中华民族伟大复兴的作用。随后更成功申报为中国教科院STEM教育研究中心立项的研究课题，促进统整课程与时俱进，走新走深。

（二）项目引领　导师发展

“教师即课程”的观点充分说明了教师团队在课程推进中的重要地位，由此也对教师团队在课程意识、合作意识、TPCK素养等各方面提出要求。优秀的教师团队成为统整项目课程推进的关键。

为了打造优秀的导师团队,学校极力建构“专家引领”“校本研修”“借力助学”相融合的研训模式,采用“自下而上”与“自上而下”相融合的课程推进策略,激活每位导师的课程创造力和执行力。

(三)教育帮扶　延伸辐射

经过三年的磨炼,我校的项目式统整课程不断升级拓展,获得2020年度荔湾区中小学、幼儿园德育创新成果一等奖、2021年荔湾区中小学思政课教师教育实践活动案例一等奖、广州市第六届中小学德育创新成果“德育课程类”三等奖、广东省中小学德育创新成果“德育课程设计方案类”三等奖、第十三届全国教育系统教育教学成果大赛二等奖,2021年参加“中国教育科学研究院基础教育研究所全国未来学校实践研究案例征集”,成功通过评审,是荔湾区唯一评上的案例,成为学校近年特色课程的一个鲜活案例。

从2019年11月开始,学校根据教育对口帮扶金沙教育的实际,将统整课程“可爱的中国”中的部分项目,因校制宜地“输出”,分别在鼓场中学和桂花乡中学“落地”,取得了显著的教育效果。鼓场中学主要开展是学科整合的主题研学;桂花中学主要是开展“桂树回龙出 桂花拔萃生”的“一校一品一特色”建设,通过乡土教育,分三级推进“养育·乡土地缘文化”项目、“拔萃·班级花语文化”项目、“热爱·可爱的中国”STEM项目。

2021年12月,根据荔湾区东西部教育协作学校贵州惠水县思源实验学校的实际需要,我校课题组成员来到该校,与该校部分师生共同进行了“天宫空间站模型的制作与探究”项目式学习的同课(题)异构推进,效果显著。

教育面向未来,教育“人”走向未来,我们在期待,更在努力!

【案例点评】

中学阶段的课程统整一直是教育改革的难点,花地中学的项目式统整课程则独具特色。学校自2014年开始探索课程与学科的统整,经过近十年的改革,逐渐建构了较为清晰的学科统整课程体系。学校的课程和教学改革结合小班化的天然优势，体现了较强的学习者为中心的理念，开发了八大类38门地方与校本课程，并且重点建成了“可爱的中国”为主体的项目式学习体系，积累了丰富的课程统整和项目实施的经验。学校的课程改革探索取得了一定的成效，可以为更多的学校参考和借鉴。

花地中学的项目式学科统整改革至少在以下几方面取得了成功：第一，学校的课程改革突出了两条主要的线索——主题式和项目式，从横向和纵向不同层面同时推进。主题式的学习有效地对当前学生真实生活世界和问题解决能力发展进行了回应；项目式学习则能够确保学科统整的操作性和规范性。第二，学校突破了中学阶段分科学习的传统，成功实现了多个层面的学科统整——学科内统整、基于主题的跨学科统整、超越学科的主题统整。这些探索与当前中高考评价改革的思路相契合，有利于培养学生的综合素养。第三，花地中学的课程实施路径比较清晰和成熟。从主题的选择到启动，再结合多学科的主题阅读，学生基于阅读的主题选择研学体验，通过研究性学习之后进行主题展示并评价。课程的起点与终点相互呼应，七个阶段构成了一个学习的闭环，也实现了学习过程中学生多种体验的结合、多种形式的结合、多种资源的结合。第四，花地中学的课程学习变革紧扣社会变革，引导学生有效地利用和使用信息技术进行学习方式的变革，既培养了学生的个性化、自主学习能力，也增加了学习的深度和广度。第五，与学校的课程改革同步的教师专业发展项目确保了改革的顺利进行。

为了培养面向未来的学生，教育改革需要不断地深化。花地中学的项目统整课程在以下几方面可以继续探索：一是学习主题和项目问题的选择，可以更加突显学生的主体地位，大胆突破现有的学科框架，以学生的学习需求、生活问题为核心，注重学生综合素养的提升。二是对小班化的优势利用不足，或者说未能有效地突显小班化的独特优势。可以在今后的研究中继续关注。三是对项目式学科统整课程要素的梳理不足，课程体系的逻辑性有待提升。建议进一步厘清课程要素，进行规律性的概括和提升，使学校的课程更具有推广和借鉴价值。

（点评人：孙艳霞，中国海洋大学教育科学学院副教授）

第七章
学习空间类

技术支持下的多样态学习空间建设

◎山东潍坊未来实验学校　祁彧　于曦晖　吕红

摘要

学习空间建设是未来学校建设中最关键的要素之一,是学习方式能否真正变革的重要影响因素,也是多样化课程构建的重要部分。作为全国首家未来学校的实体样板校,潍坊未来实验学校在近三年的未来学校建设实践中,以技术支持下的多样态学习空间建设为抓手,将学习空间与学校课程建设和学习方式变革相融合,遵循其独创的CLDSA原则,在学习空间构建方面进行了积极的探索,为实现学生的个性化成长和学习生态的建立提供了基础和前提,初步呈现出未来学校以学生成长和智慧为核心的学习样态。

一、学校及未来学校项目参与概况

（一）学校简介

潍坊未来实验学校坐落在山东省潍坊市高新区，是中国教育科学研究院未来学校实验室在全国打造的首家实体样板校，是教科院未来学校实验室的领航学校。（图1）

学校占地246亩，建筑面积16万平方米，是一所致力于未来学校发展的K12制学校。自2019年建校以来，学校秉承未来学校办学宗旨，关注学生的成长与智慧，关注个性化学习和学习生态的建立。

图1　潍坊未来实验学校鸟瞰图

作为全国未来学校的领航校，潍坊未来实验学校拥有灵活开放的学习空间，双螺旋结构的CFS课程，多元个性化的学习方式，以人为本的教育服务理念和让学习真实发生的自然学园。借助中国教育顶层智库的全方位赋能，借力中国教育科学研究院（以下简称“中国教科院”）推荐的专业管理团队的智能化管理，颠覆以往对学校的认知，为孩子们带来一种全新的学习体验。

（二）学校办学理念及培养目标

学校以“让学习真实发生、让思维有序通达、让身心健康成长”为办学理念，充分体现了未来学校对人成长的关注、对学习方式变革的关注。

学校有一条连接六栋主教学楼的通道，我们称之为“星光大道”。之所以称之为“星光大道”，是因为我们希望让教师们认识到，每个孩子都是一颗自身会发光的恒星。其实每颗星星都是会发光的，之所以有的星光我们看不到，并不是因为它不会发光，只是因为它距离我们过于疏远，只要你能用心走近孩子们，就会看到他们每个人身上的光芒。

我们选用了最朴实的校训——“爱、真诚、和谐”，期望这样的校训能让刚刚踏入校园的六岁孩童就能看得懂，当他长大成人离开校园、步入社会，甚至到了耄耋之年，还能有新的理解和感悟。我们希望未来校园里的学生和教师，都能拥有爱的热情和被爱的能力，真诚地对待他人，能融入社会、与社会和谐共生。同时，我们也期望做不掺杂各类杂念的纯粹的教育，让教育回归本真，回归关注人的终身成长的轨道上来。

未来学习者画像关注了学生的终身发展，希望每一个学生都能够成为自我引导者、社会参与者和素养建构者。同时，以此为基准，全面梳理了培养维度和路径。

（三）学校参与未来学校项目的历程

潍坊未来实验学校在立项之初，就与中国教科院未来学校实验室合作，从图纸规划开始就是按照未来学校的样态打造的。回顾整个建校历程，大体包括四个阶段：

第一阶段：规划建筑阶段。

第一阶段始于图纸规划阶段。作为全国首家未来学校的实体样板校，学校在项目规划起始阶段就参与未来学校项目，从图纸规划阶段就是按照未来学校的理念进行整体规划设计的。在设计过程中，得到中国教科院未来学校实验室王素主任团队的大力支持，做到了建筑师与教育者的直接对话。学校规划设计六栋教学楼，每栋教学楼都在传统教室的基础上，增加了大量的非正式学习空间。这些非正式学习空间在整个建筑中占比超过50%，这样就很好地通过空间设计，促进了不同的学习样态和学习行为。整个校园建筑摒弃原有学段的割裂性，以复合化教学单元进行整体规划，同时布局了很多可以彼此贯通的脊柱空间，不仅实现了功能的复合和融合，而且形成了内部街区，这样就为学科和学段的交融和转换提供了更多的可能性。(图2)

图2　楼层布局规划

第二阶段：内涵聚焦阶段。

自2019年9月学校开始招生起，就进入了学校发展的第二阶段，这个阶段大约持续一年。因为这一阶段正值新冠肺炎疫情开始，所以学校的发展主要聚焦在内涵建设阶段。在这个阶段中，我们积极参与未来学校的各项研究工作，逐渐明确了未来学校培养什么样的人，确定了未来学习者画像，梳理完善了双螺旋课程框架，规划了未来学校发展场域，构建了扁平化矩阵式组织管理模型。同时，确定了未来学校实践路径，即空间、课程及学习方式三位一体融合式发展。

第三阶段：空间完善阶段。

2020年7月，疫情形势相对稳定之后，我们开启了未来学校发展的第三阶段，着力打造未来学习空间。学校利用一年时间，梳理了空间与课程建设和学习方式变革之间的关系，先后建设完成了未来科技中心、未来艺术中心、未来学习中心、社会践行中心、生活体验中心。尤其是充分思考了每个楼层的非正式学习区与课程的对接，以及如何利用这些非正式学习区开展学习方式的变革。也是在这个阶段，我们提出了空间建设的CLDSA原则。

CLDSA原则是潍坊未来实验学校在学习空间创建中提炼出来的实践路径，如图3所示。其中第一个字母“C”是课程(Course)英文的首字母，意指学习空间建设要与学校课程进行联结；第二个字母“L”是学习(Learning)英文的首字母，意指学习空间要支持学生的各种学习活动；第三个字母“D”是发展(Development)英文的首字母，意指学习空间要能有助于学生成长和教师的职业发展与提升;第四个字母“S”是学校(School)英文的首字母,意指学习空间要与学校的办学理念、学校文化以及学校发展需求相契合,满足学校的发展需求;最后一个字母“A”是美学(Aesthetics)英文的首字母,意指学习空间建设要有美感,具有艺术气息。

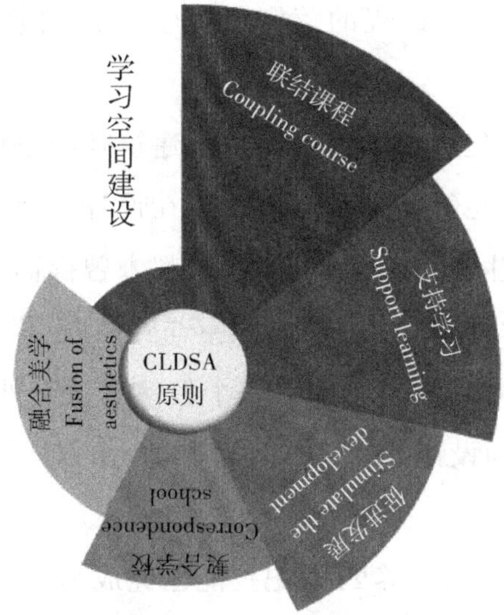

图3 学习空间建设的CLDSA原则

第四阶段:整合发展阶段。

2021年9月开始,在学习空间初见模样之后,学校的空间—课程—学习方式三位一体融合发展的未来学校实践就开始进入整合发展阶段。在这个阶段中,我们着重探索空间课程及学习方式的融合发展模式,丰富完善了双螺旋课程,在项目课程、SEL课程、整合课程、大师课程、电影课程等特色课程方面进行了积极的探索。同时,也在空间的支持下,开始了各种学习方式的变革,如游戏化教学、自适性学习、自身教学、游考等。

二、学习空间重构的理念与目标

在学校教育中,一句经常被引用的瑞典谚语是这样说的:“一个孩子有三个教师——第一个教师是其他孩子,第二个教师是教师,第三个教师是教室。”如何理解这句话呢？第一位教师告诉我们，要以学生为中心，促进同伴的共同成长；第二位教师让我们关注到教师自身素养的提升和课程体系的构建，第三位教师让我们关注到学习空间和学习场景。在未来学习中，学习空间已经不再仅仅是提供了一个学习的场所，它更多的是要参与到学习的过程之中，甚至对学校课程的落实以及学习方式的实施起到至关重要的作用。

中国学校空间建设长期以来一直是建筑师的事情，教育者很少有机会参与其中，即使有，也微乎其微。设计者在设计一所学校时，很少与学校管理者、与教师和学生进行沟通，有的甚至都未曾谋面。因此，大部分学校的空间都是千篇一律，大多被设计为“教室与铃声”这样的结构，学生待在教室里直至铃声响起，然后再移动到另一个教室。教室外的厅廊空间设计也大多为美化、为学校而设计，缺乏与课程、与学生的对话交流，没有从学习需求视角进行审视和设计。

进入21世纪以后，培养21世纪技能已经成为世界各国教育共同关注的话题。更多K12学校开始关注未来学校倡导的“以教师为中心的学习”向“以学生为中心的学习”的转变，因为只有以学生为中心的学习才能更好地培养21世纪所需要的批判性思维、沟通交流能力、团队协作能力、创造能力。以往学校固化的教育空间模型显然不能适应以学生为中心的学习，学习空间的重构势在必行，这是未来学校建设的基础和前提。

学习空间（Learning Spaces），也称学习环境（Learning Environment），它是各级各类学校教育改革和发展极为重要的基础设施。我们谈及的学习空间，既包括由学习的物理空间及其物理空间内部构成所组成的教师的教和学生的学等教育教学活动得以实施的物理学习环境，也包括基于网络的个人学习空间、个人学习网络和群体的网络学习空间，还包括由虚拟现实和增强现实技术构筑的虚拟学习空间。因此，学习空间是一个复杂的、多学科交叉的领域，是未来学校建设中极为重要的领域，也是未来课程建设、未来学习方式变革的基础和前提。

国际研究表明,教育正在进入Edu3.0时代,教育的含义、学校课程、学习方式、学校的建筑与空间、教师的作用都有了新的特征。学校建筑与学习空间作为学校教育的重要载体,其设计理念和空间的呈现形式也必将随之而改变。

"学习空间重构",是近年来教育改革里面出现的热词,也是未来教育发展趋势之一。2018年《地平线报告(高等教育)》中再一次提及"重新设计学习空间"的概念,这是近三年来《地平线报告》对它的第三次提及。不同的是,它已经从2017年的"中期内趋势"成为"短期内趋势",预示着改造学习空间这件事到了决策者们不得不将其提上议程表的时刻了。重新设计学习空间,其宗旨在于,在数字化技术的支撑下,对物理教学空间进行多样化的设计,帮助个体和群体找到更适合自身的学习方式,让环境为学习者的成长注入新的动力。

基于"学习空间重构",国内外高校为方便开展研讨式教学,满足学生个性化学习的需要,开始对教室进行改造,研讨课教室渐成主流教室。2016年,清华大学将三教7间扶手椅教室改造成讨论教室,将桌椅更换为变形桌椅,只要将桌子旁边的副板撑起来,就可以将六张方桌围成一个圆桌展开讨论。2017年,北京大学开始改造教学楼,全楼33间教室中绝大多数被改成研讨教室,这样的改造主要是为了小班教学、小班研讨做环境准备。如果说其他学校的教室改造还是各自独立的话,华中师范大学的教室改造则能看出与学校整体战略的融合。它的智慧教室,体现了"物理空间+资源空间+社区空间"三位一体的概念。

随着不断有高校、中小学关注空间重构,越来越多的教育同仁认识到,重构学习空间,不是重金打造各种智慧教室,或者随意挪动一下教室内的桌椅那么简单,其中更重要的是教育理念的转变。未来学校的格局、教室的布局、校园的环境、各种空间的重构,一定是为了适应未来教育理念和教学方式而打造的,这点不能本末倒置。

《中国未来学校白皮书》中就明确指出,学校建筑与学习空间的设计同学校培养人的目标与方式直接相关。学习空间要符合面向未来的教育理念,要以学生为中心,要能促进学生成长,要能满足多样化学习方式的需求。

在中国未来学校实验室王素主任看来,未来学校建筑的布局应由线性向非线性转变,打破原有的工厂式标准化的模式,以适应数字化时代多样化、个性化的学习需求。而学习场所的变化也会打破正式学习与非正式学习的界限,将教室转化为学习空间。

朱永新教授认为,未来学校将会变成学习中心,学习空间不再是一个孤岛,而是彼此连接的环岛,是一个开放体系。

原本的教室设计将被抛弃,讲台没有了,桌椅可以轻松自由地移动,以多种形式摆放,黑板也不见了,学生可以在特殊材质的玻璃墙壁上随写随画……这是中国教科院曹培杰博士对未来学习空间的畅想。他提出,未来学校要打破传统意义的教室概念,让正式学习与非正式学习环境相融合。

综上所述,学习空间的重构是未来学校建设中最为重要的一项内容。我们期望通过学习空间的重构,探索一条空间、课程、学习方式三者相互融合的未来学校发展之路。主要思路如图4所示:

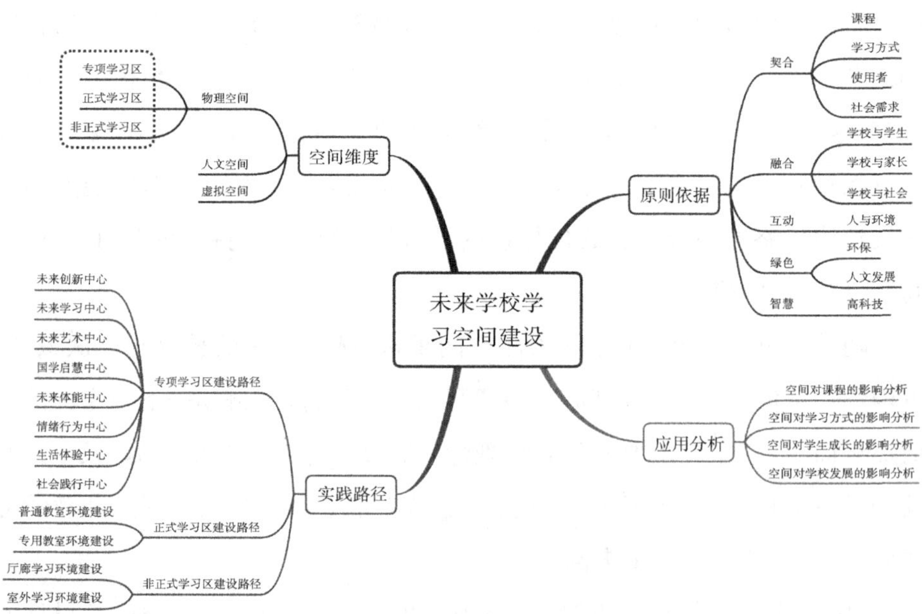

图4　未来学校学习空间建设工作路径

三、实践路径

作为未来学校的全国首家实体样板校，潍坊未来实验学校在建设之初就致力于学习空间的重构，力争打造一所学习型建筑，遵循CLDSA原则，从五个维度为儿童创设技术支持下的多样态学习空间。

（一）联结课程

学校的空间建设不是简单地布置一些墙面，展示一些办学理念、校风校训之类的内容，而是要有用。有用的第一个要素就是要对接课程。在学校空间建设中如何布局、如何规划，也就是说在做顶层设计的时候，首先要考虑的就是对接课程，要满足课程实施的需求。

1.顶层设计中的课程联结

学习空间的顶层设计是指学校空间建设的整体规划和布局设计。顶层设计中与学校课程的联结决定了空间建设的核心内容。也就是说，一所学校要建哪些空间，不是凭空想象的，而是要从课程维度进行思考，学校有哪些课程，这些课程在实施时需要怎样的空间支持。这样设计出来的学习空间才能做到有用。

未来实验学校在做学习空间规划布局时，就紧密结合课程需求，从课程维度对空间进行结构化设计。学校的课程规划中，设计了八大类主题课程，即科技创新类课程、艺术类课程、体能类课程、学科类课程、情绪力课程、生活类课程、社会类课程等。匹配这些课程，在空间建设中就规划建设了八大中心，即未来创新中心、未来艺术中心、未来体能中心、未来学习中心、情绪调节中心、生活体验中心、社会践行中心，同时还集中各类课程中的国学类课程，建设了国学启慧中心。

（1）未来创新中心

主要联结学校的科技创新类的学科课程和项目课程，主要包括建筑工坊、智能工坊、木工坊、结构搭建工坊、PBL实验室等空间，全面支持学校各类科技创新课程的实施。

(2)未来艺术中心

未来艺术中心主要支持学校艺术类课程的有效实施,根据课程需要,目前规划布局了民乐室、器乐室、舞蹈教室、素描教室、国画及书法教室、奥尔夫音乐教室、游唱教室、音乐教室、戏剧教室、造型创意教室、摄影教室等11个艺术学习空间。(图5)

图5

(3)未来体能中心

在体能类课程中,学校除了常规体育课程外,还规划有篮球、足球、排球、羽毛球、乒乓球、网球、游泳、武术、跆拳道、攀岩等专项体育课程。与之联结的学习空间包括两块标准200米和400米的运动场地、专业网球场、室外篮球场、排球场,室内篮球馆、排球馆、羽毛球馆和乒乓球馆、游泳馆、室外攀岩场等场地和运动场馆。

(4)未来学习中心

未来实验的教学楼建筑设计,是按照未来学校对学习空间的需求进行的规划布局,不仅设有未来书院、未来报告厅、TED演讲厅、多媒体学习中心、沉浸式学习中心、学科教室等专门的学习区域,而且在每个楼层都规划设计了大量的厅廊区域,这些区域都成为学生学习的场所。未来学习中心就如同散落在校园内的珍珠,遍布校园中的每个角落,或大或小,契合学生的学习需求。

(5)情绪调节中心

情绪力调节在中小学教育中越来越被摆到重要位置,在未来学校课程维度里，自我情绪调节与管理是重要的一个维度。为此，在学习空间的布局中，我们在学生宿舍专门设立了情绪调节中心，在小学厅廊与朗读亭融合，设置了心理疏导交流室和沙盘室。与此同时，学校大量的厅廊空间中，也布置了很多一对一、一对多的互动交流区，这些区域或开放或私密，满足了不同教师及学生的心理调节需求。

(6)社会践行中心

生活即教育，社会即学校。我们的教育不能脱离生活，不能脱离社会。为此，学校在课程设置中重点关注了PBL课程的设置与实施，引导学生从生活中发现问题，解决真实的社会问题，做真研究，解决真问题。为了适应课程实施的需求，在空间设计中，我们在沉浸式学习区构建了模拟社会——通向未来的云上小镇，还原了一个真实的社会场景，给学生营造了真实的生活体验场。(图6)

图6 通向未来的云上小镇

(7)生活体验中心

在云上小镇中，我们为学生们创设了很多真实的生活场景，孩子们可以在这里动手做沙拉，磨咖啡，乘坐公交车，按斑马线和交通指示灯行走；在未来餐厅，我们还为学生们打造了未来厨房，让孩子们在这里开展食育课程，自己动手研究食物营养，合理膳食搭配，学做面点、家常菜，了解西餐和中餐的区别；在未来创新中心，孩子们会动手制作服装，学习使用各类工具；在未来艺术中心，孩子们会学习拍照、摄影……生活体验中心，让孩子们不只获得知识的丰富，更会获得素养的提升。

(8)国学启慧中心

未来学校,不仅要有面向未来的视角,更需要承担传承中华优秀传统文化的重任,为此我们特意建立了国学启慧中心——非遗工坊,让传统文化根植于学生心中。

2.局部设计中的课程联结

课程与学习空间的联结,不仅体现在宏观的整体布局上,还体现在微观的局部场域的设计之中。如星光大道中的历史长廊,就是融合各个学科的课程内容进行的设计;学科长廊中每一个墙面内容的选择、拼音转盘及游戏设备、运动场地的选择、探究空间的内容……这些都来源于学校课程实施的需求。

星光大道中的历史长廊包含两个部分,一是延伸整个墙面的时间轴,二是利用厅廊中的十根立柱呈现的世界十大博物馆。时间轴以自然科学、人文社会以及科学技术三条轴线为索引,将各学科发展脉络一一呈现。这既是一种学科内知识的梳理,同时更为学生们呈现另一个认识世界的视角,让他们将各学科所学的课程融会贯通,支持了跨学科课程的有效实施。(图7)

图7 星光大道

初中部依据学科课程的需求,设计了学科长廊,遵循学科素养提升的目标,每个楼层的厅廊文化各具特点。二楼翰墨书苑的语文学科空间,重在支持学生语文整体认知的梳理和对话;三楼数形秘境的数学学科空间,重在支持学生数学模型与数学思维的建立,以一种游戏化的形式呈现;四楼经纬天地全面支持地理的学习活动,将遥远、抽象的地理图谱全面地呈现在学生面前;五楼的达·孟书院和思辨空间则是历史和道德与法治课程学习的场所,在这里学生品鉴历史、与历史对话、与成长对话。

再如，在未来创新中心，未来契合小学低年段的项目课程，我们在学习空间中设计了地台式的自由活动区域，孩子们在这里可以自由地选取材料，进行个人及小组的合作学习。

（二）支持学习

“让学习真实发生”是我们的办学目标，也是发展愿景。怎样才是真实的学习？虽然没有明确的解读，但可以肯定的是，真实发生的学习一定不是原先那种仅仅居于教室内的学习，一定不是教师单纯讲授式的学习。真实发生的学习是顺应学生的思维发展，尊重学生的个性特征，打破原有接受式的、整齐划一式的学习，这样的学习既需要个人的思考和内化，同时也需要与同伴协作，需要与真实的社会和生活相融合。

空间设计中先进行这样的认知梳理，其实也是设计思维的一种体现，先做到共情——充分思考学生需要怎样的学习支持，然后再进行设计、测试和修改完善。正是让学习真实发生的需求，引发了学习空间结构化的变革。学习空间布局如图8所示。

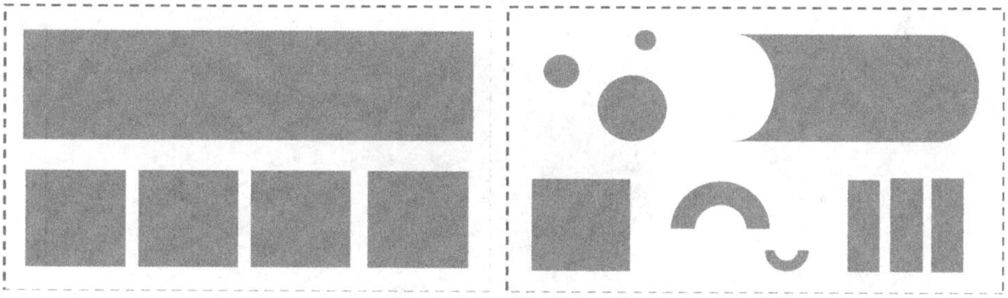

传统学习空间布局　　新型学习空间布局

图8　学习空间布局

空间设计对学习的支持主要体现在以下方面：

1.多场景的学习空间

未来学校的重要特征之一就是学习方式的变革。未来的学习将改变传统的讲授模式，强调更为丰富的学习场景和学习路径，这些都需要空间的支持。

我们将打造四种学习场景：

营火（智者叙事）——吸纳式的礼堂场景，是一对多的学习模式，这种学习场景可以为学习者提供丰富的信息，开启未知领域之门。在这个场景中，我们不仅要做到授之以鱼，更要授之以渔，是知识、方法、技巧、经验的输出，以此帮助学习者完成信息储备。

水源（伙伴同行）——研讨式的咖啡厅场景，是多对多的学习模式。借助工作坊、咖啡吧、学习社区等交流场景，让学习者在讨论交流中学会思考、学会对话，完成思维碰撞。

洞穴（反思感悟）——自修式的阁楼场景，是个体自修的学习模式。学习者需要对所学内容有一个自我消化、自我吸收的过程。在这个场景中，我们会更注重引导学习者进行自我阅读、自我思考，完成内化，促进学习者的认知建构，丰富学习者的元认知系统。

山顶（亲历实践）——实践式的社区场景，是将学习成果融入真实工作实践的学习模式。

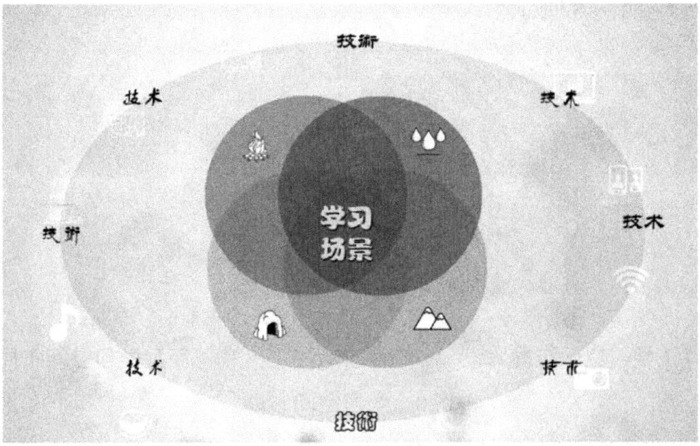

图9　未来学习场景

在我们的学习空间中，这四种场景是复合存在的，满足了师生多样化的学习需求，让学习方式变革成为可能。（图9）

2.体现学科特色的厅廊设计

为了更好地支持学习，我们在初中楼设计了五个主题的学科文化厅廊，这些厅廊文化的设计与学科教室相辅相成，让学习不再局限于教室一隅，而是随时随地都可以发生。（图10）

图10　学校厅廊空间1

3.让游戏融入空间

空间的一个主要功能就是学习。一般来说，学习是指通过阅读、听讲、思考、研究、实践等途径来获得知识或技能的过程。不同的学习主题，获得知识或技能的过程也有着很大的差异。对于儿童，尤其是低年段儿童来说，与其说他们在学习，不如说是在“玩耍”。“玩”不仅可以激发学习的兴趣，还可以通过玩来感知事物、发展思维。所以空间对学习的支持还有一个显著特点，就是将游戏与空间设计结合起来，让学习变得生动而有趣。（图11）

图11　学校厅廊空间2

例如初中数学长廊中，设计了多个数独、规律探寻等互动游戏区；小学的绘本阅读空间设计，就是让每一面墙都能说话，都给予学生不同的阅读指导；拼音游戏区，孩子们的座椅是拼音字母，墙面是拼音转轮，桌上是拼音游戏卡，这样的空间设计，让游戏化教学在学校变为可能；还有我们的走廊，也是按照体育运动的规律和特点，做了游戏化设计，让运动也变得有趣起来。

（三）促进发展

在未来实验学校，教师和学生是学校的核心，空间建设中也要体现双中心原则，要让学生和教师有归属感和自豪感。空间要能促进学生的成长和教师职业的发展提升，而这些需要激发师生发展的内驱力，这样的发展状态才是我们希望的状态。要想实现这些目的，在做空间设计时就要有体验思维的思想，要时刻关注人、价值和可持续性，也就是要关注教师和学生的发展特点和需求，充分思考每一个空间在促进师生发展方面的价值，也就是说学习空间的设计不仅有用，更要有意义。同时，每个空间不能是固化的、“死”的东西，而是要能变化、发展的，要能与教师和学生进行互动和对话，这样的空间才能为学生和教师提供最佳的用户体验。

1. 空间与教师发展

学科教室建设和学科长廊建设的过程，也是年轻教师成长的过程。

设计历史长廊时，教师们跨学科合作、交流，跳出学科教材的狭隘范畴，从整体上感知学科发展。学科教室从 1.0 到 2.0 再到 3.0……这一系列的设计、改造和提升，更是让教师们开始关注细节、关注学科本质、关注学科素养的达成、关注学生的内在需求和自我管理能力的培养，他们开始思考如何为学生提供更好的发展支持。

学校在空间布局中，将教师放置在学校中央，为他们营造了各种美观、舒适的场所，有专门的教师咖啡厅、茶室，有各类规模的研讨室，让教师们能自由交流，在繁忙的工作中能轻松地阅读与自我调节。

图12 未来艺术中心

例如美术组，就充分利用了艺术中心的空间，做了全校的美术项目活动展，并把布展延伸到艺术中心外的厅廊空间。二楼的整个挑空墙面也完全交到教师手里，他们结合学校绘本阅读的空间布局，打造了绿野仙踪的场景。（图12）

2.空间与学生发展

（1）空间要适应年龄特点

儿童在不同发展阶段需要的支持是不同的，空间建设时就要充分考虑到不同年龄段的儿童特点。（图13）例如鉴于小学一年级学生刚刚进入学校，从情感上来看，他们对学校周围的一切都很陌生，又面临着与幼儿园时期完全不同的课程学习，内心难免会有焦虑情绪。从身体发育来看，这个时期很多儿童的身体协调性、灵活性还没有发育好，需要更多的支持以帮助他们快速成长。从自我发展角度来看，这个时期是成长型思维建立的最佳时期，也是自我管理意识建立的最佳时期。基于这样的认知，我们在一年级学生所在空间，设计了一个较大型的类似感统训练的活动区域，同时以“大树人”的形象将成长型思维、自我管

图13 学校厅廊空间3

理等融入空间之中，更好地促进了学生的发展。

(2)空间要有助于激发师生的内驱力

内驱力提升需要抓好三个要素——自主、胜任和关系。在学习空间建设时就要充分思考如何让空间能更好地促进这三个要素的实现，从而提升学生发展的内驱力。

①实现自主

自主就是要引导学生进行自我管理、自我控制和自我调整。在每个学段的空间建设中，我们都设计了学生呈现自我管理效果的荣誉墙，展现学生自我管理的成效。在小学，还结合孩子特点，利用厅廊里的圆柱，设计了大树人，让成长型思维的成果变得可见。还有学生自我阅读进度和内容的呈现也是学生自主性的一种体现。

这里的自主，并非单一的指学生的自主性，还有学校里另一个重要的人群，那就是教师。教师能够有自我发展的机会和平台，也会极大地激发教师们自我发展的动力和热情。“我的教室我做主”“我的厅廊我设计”，把教室和厅廊的规划权交给教师，让他们按照自己的想法和需求进行。每个学科教室、每一层的厅廊设计都渗透着教师对学科教学、对学生发展的关注和支持，渗透着教师对学科教育的认知和理解。

思维Π是八年级数学教师马明姣的教室。她把教室的桌椅摆成了一个大花朵的形式，她希望进到这间教室的学生都能像花儿一样美丽。花心部分由三个桌椅组成了一个等腰直角三角形，似乎告诉进入思维Π的人，不要忘了，这是一间数学教室。教室四周，则按照学生学习生活的动线进行了规划，从教室规则到任务达成，从知识梳理到方法支持，每一处细节都是马教师精雕细刻的结果。

生物学科教室里教师培育了种子和植物，养起了金鱼；物理学科的教室里，教师把教室一角变身成为动手实验操作的场地；地理教师则细心地为学生设计了一个荣誉座椅，还为旅游归来的孩子们布置了一个展示他们带回来的各类矿石标本的场所……教师们说，自己做主的感觉真好。

②展现自信

胶囊礼堂、笑脸墙、手模墙、作品展示区、公告栏等，这些空间的存在，为孩子们提供了提升自信心的平台。

分布在各楼层中的胶囊礼堂，让孩子们随时可以站在舞台的中央，大声演唱、自信表演；手模墙是师生荣誉的象征，是一种成长的留痕，未来十年、二十年、三十年……当他们再返校园时仍能看到当时的自己；作品展示区、公告栏随时可以将孩子们的点滴进步展现在公众的视野里。（图14）

图14 学校厅廊空间5

③营造关系

学校教师与厅廊之间的隔断都是大面的玻璃窗，这样开阔的视野打通了教师与厅廊间的壁垒，让学习置身于被注视的关系场景之中。同时，大量的沉浸式交流区、胶囊礼堂、演讲厅的存在，也让孩子们的学习过程处于大家关注的场景之中。

（四）契合学校

学校空间建设还要与学校整体文化、办学理念和发展愿景相契合，是学校文化的直观表现。

学校大门处的浮雕是学校整体思想的一种表达。“起·承·转·合”的浮雕表现手法，不仅蕴含着对未来学生成长的期望，尊重平等的学生观，同时也表现出了中西文化的交融与发展。（图15）

图15　学校大门浮雕设计图

步入校园后的彩色雕塑，寄予着学校对孩子们校园生活的美好祝愿和培养宗旨“快乐成长”。

星光大道中我们做了学校文化的集中体现，既有校风、学风、教风的呈现，也有未来学校发展模型的系统布局，全面呈现了未来教育场域的教育生态。(图16)

图16　学校厅廊空间4

“生活即教育”作为学校核心价值观的一部分，也巧妙地融入空间设计之中。在艺术中心有一面垃圾桶墙面，这是源于阿里巴巴的企业文化，我们想传递的是一种理念——艺术无处不在，艺术来源于生活，也终将服务于生活。

学校倡导的愿景之一让学习真实发生，要求空间设计不能单纯地为了美观、为了参观而设计，而是要有用，要能与师生对话。所以，在未来实验学校，每一处空间，或与学生，或与教师，都是可以互动、对话和交流的。坐落在星光大道中学生画像和教育场域是与教师的对话；历史长廊和博物馆，就通过二维码的方式与学生对话；语文长廊中的墙面，是与学生就语文整体认知进行的对话……能够随时交流、研讨、书写、张贴的空间更是随处可见，这些设计都充分蕴含了学校的办学理念与文化。

（五）融合美学

空间建设除了要联结课程、支持学习、促进发展和契合学校之外，还有一个重要因素就是要融合美学，要有美的体现，各美其美，这也是美育教育的重要内容，是一所学校气质的外在表现。（图17）

图17　学校广场雕塑

草坪上"成长快乐"的艺术造型以及色彩运用，艺术中心沉浸式博物馆的风格设计，学校荣誉墙、笑脸墙的呈现，还有绘本阅读区等，在赋予其原有功能的同时，都从美学视角呈现设计。

学校的未来艺术中心更是以艺术博物馆的形式呈现在学生面前。漫步其中，世界名画以及学生作品随处可见，每个教室也打造成展示窗的形式，让人犹如在艺术馆参观。

音乐教室旁边的"用音乐记录未来十年"的音乐主题墙，以及国画墙、波普艺术墙等也都散发着美学气息。

在学校教育中，一句经常被引用的瑞典谚语是这样说的："一个孩子有三个教师——第一个教师是其他孩子，第二个教师是教师，第三个教师是教室。"潍坊未来实验学校积极践行的技术支持下的多样态学习空间建设，就是在学校有限的建筑空间里，让这三位"教师"，共同助力学生的全面成长。

四、成效与展望

未来学校的核心是要关注学生的成长与智慧，关注个性化学习和学习生态的建立。要想实现这一目标，必须同时融合空间、课程与学习方式，三者的有效融合、契合，才能做到让学习真实发生，让思维有序通达，让身心健康成长。回顾两年多的未来学校实践之路，我们欣喜地看到非正式学习区与课程对接后的整体布局已经完成，整合空间资源后的新型学习样态亦已显现，我们已经充分感受到空间变革在课程落地和学习变革中的重要作用。看着孩子们每天快乐地穿梭于各个空间场所，参与着丰富多彩的课程，我们真切地感受到未来已来。

"我家小孩每天在学校步行都是2万步以上，不知道这孩子一天天在学校都干了啥"——这是一个家长的反馈。是呀，在未来校园里，孩子们不再拘泥于原来的狭小教室空间，不再被禁锢在自己的座位上，他们可以走出教室，在计算思维空间解读编码的秘密，在舞台上尽情展示，在艺术空间泼墨欢唱，在各个厅廊游戏跳跃；他们可以走出教学楼，在运动中心纵横驰骋，在果园里自由探究，在湖边建桥筑屋……空间的重构，不仅催生着新的学习生态，同时也开阔了教师们的视野，为教学注入了新的生机与活力。

空间支持下的课程与学习方式变革不仅是开启我校未来学校的实践之路，也是我们在未来学校建设探索中的永恒话题，我们将不断丰富和完善双螺旋课程体系，梳理游戏化教学、自适性教学的类型和路径，为未来学校建设提供更多的实践案例，也为学生和教师搭设更好的发展平台。

【案例点评】

潍坊未来实验学校位于山东省潍坊市高新区，是中国教育科学研究院未来学校实验室在全国打造的首家实体样板校，是中国教科院未来学校实验室的领航学校，北京市建筑设计研究院教育建筑与产业发展研究院负责规划设计，是一所能够体现当代先进教育理念的K12全学段高品质实验学校，包含12班幼儿园，24班小学，42班完中(包含6个国际班)。建设用地面积为246亩，总建筑面积16万平方米。

近年来，社会发展伴随着新技术与新观念对人才培养的新需求，世界范围内对教育的思考正经历着新一轮的变革和发展，对基础教育校园设计与建设的实践提出了新的要求。规划设计如何有效地融合先进教育理念是一所校园建设成功的核心。潍坊未来实验学校设计成功的钥匙便是从设计者与教育家办学者的深入沟通与对话开启的。

未来实验学校是围绕社会发展对人的核心素养的培养目标，通过课程、学习方式、学习空间、教育技术和学校组织机构的变革而构建的面向未来的新型学校。设计者紧密围绕学校八大类主题课程(八大中心)需求来进行学习空间的规划布局，以教师、学生教与学的需求为中心，以教学理念、教学模式为导向，着重体现当代和未来教育对学校空间的三个需求：学习场景相互融通，学习方式灵活多元，空间组织结构富有弹性，努力形成校园丰富空间场所形态与教育运营使用模式的最大契合。

促进交流成为校园环境空间设计的着力点。学校的行为模式包含着教学、生活、运动诸多方面，而贯穿学生成长始终伴随的主题就是人与人、人与环境的交流。从咖啡街到阳光书吧，从地铁车厢式的交流角到沉浸式学习中心……整个校园营造出的丰富多样、鼓励孩子们沟通交流的空间场所也成为未来实验学校设计的亮点之一。从单一注重功能空间品质的搭建向更加全方位关注学生生活和情感需求的校园场景也是未来实验学校的设计关注点。校园农家小院非遗工坊的保留与改造设计初衷便来源于此。

潍坊未来实验学校打破了封闭校园的管理模式。规划设计从如何有利于校园设施资源的社会化共享，拓展学校在更广泛的社区和整个社会中扮演积极角色方面也进行了思考。让校园成为地区(社区)居民的文化精神家园和参与自我终身教育的开放场所，使得建设维护校园的巨大社会投入发挥更大更广泛的功效。

“十年树木，百年树人”，教育是一个国家社会发展的基石。面对中国教育和校园规划建设，潍坊未来实验学校的设计者希望能从更高更深的层面来思考和把握两者的关系。建设和经营好一所可以百年树人的校园不是朝夕之事,其间一定浸润着育人者爱心与文化底蕴的不断传承积累。无论是对校园建设的思考还是对教育本身的认知,都将是一个持续投入和变革积累的过程。在"互联网+"背景下校园的发展又将面临怎样的结构性变革,如何通过空间、课程与技术的进一步融合形成多元化的学习支持体系,为每一个学生提供适合自我的教育场景,还有很长的路途需要追赶与跨越!

(点评人:王小工,北京市建筑设计研究院有限公司副总建筑师,教育建筑与产业发展研究院常务副院长,教授级高级建筑师)

多元开放空间成就幸福教育理想

◎深圳市南山区第二外国语学校(集团)学府中学　张红玉　唐帆

【摘要】

教育的本质就是促进人的幸福。学府中学为了给学生创造自由幸福的学习空间,在未来学校建设过程中,大胆创新,建筑设计关注人、自然环境、科学管理及未来发展等因素,在空间设计上体现了人性化、生态化、开放化、智能化等特点。在深圳人口高密度,人均土地面积较少的情况下,学府中学着重思考如何发挥单位面积的最大效能。在学校整体空间的规划中,都将场地的跨学科使用、多种类复用作为设计的关键一环,强调在有限的空间内实现尽可能多的教育内容。

一、办学理念及校园文化

深圳经济特区建立四十余载,始终在变革中持续前进,承担了建设中国特色社会主义先行示范区的重要任务。从“先行先试”到“先行示范”,它的改变绝不仅仅是字面上的两个字。“高质量发展高地,城市文明典范,可持续发展先锋,法治城市示范,民生幸福标杆”这五个方面,不仅是党中央、国务院给深圳的战略定位,也是深圳真正跻身国际一流城市的竞争力所在。

“教育幸福”是“民生幸福”的重要组成,一流的城市必须有一流的教育,建设中国特色社会主义先行示范区的重要任务给深圳基础教育的发展提供了绝佳的时代机遇,并带来了新的挑战。

图1　深圳春茧

深圳市南山区第二外国语学校(集团)学府中学成立于2003年,坐落在美丽的深圳湾畔、后海之滨,地处繁华的南山商业文化中心区腹地,缀连高新科技园与深圳大学,毗邻深圳湾超级总部基地和深圳人才公园(图1,图2)。

图2　学府中学正门

学校现有40个教学班,164名教职员工,办学理念是为学生幸福人生奠基,办学目标是办一所学生学业成绩优、师生幸福指数高的幸福学校。学校占地2.2万平方米,建筑面积1.6万平方米。校园环境古典雅致,将凝重深厚的传统文化与浓郁热烈的现代文明完美融合。除了各式运动场馆与标准功能室外，学校还有校园电视台、创客实验室、数字化实验中心、未来教室、地理教室、黑匣子剧场、幸福大讲堂等多功能场所，更有环境优美的综合性空间：开放式·无边界阅读空间、书苑长廊、琴韵阁、清心阁、弈趣阁、乐舞台、星光大道、校园文化广场、天台生态园、女子素养中心等。

学府中学建校以来，确立了“学报社稷，府纳百家”的校训，确定了“欣赏他人，超越自我”的校风，以为学生的幸福人生奠基为使命，以促进学生的全面发展、多元发展、可持续发展，努力成全每个学生各不相同的人生目标为追求。

二、空间案例介绍

（一）理念与目标

学府中学认为：教育的根本目标是为了人，人生终极目的是追求幸福，因此教育的本质就是促进人的幸福。为了给学生创造自由幸福的学习空间，学校在未来学校建设过程中，在对功能室改造时，科学决策，大胆创新，建筑设计越来越关注人、自然环境、科学管理及未来发展等因素，在空间设计上体现了人性化、生态化、开放化、智能化等特点。为学生营造了多元的、开放的学习空间，给学生带来最直接的视觉愉悦和最深刻的心灵愉悦，让学生在这样舒适的空间里，自由学习，幸福成长。

现代科技的发展，已经为人们的生活提供了众多的便利，也改变了社会发展对人们工作能力的要求。数字化的教学实验方式整合大量科技与资源，并将个人创意融入教学或学习的全过程中。这种趋势与要求“科学思维”的工作增长趋势相吻合，而数字化实验教学也随着全球对创新人才的强烈需求在K12教育阶段掀起了风潮，初中是K12教育的重要阶段，是进行学生“科学思维”培养的关键时期。学府中学未来学习空间的改造，数字化实验中心的建设，主要目标是让学生体验更多广泛的数字化教学设备，并能够将常规实验课程与数字化实验中心众多的数字化教学设备结合应用。让学生不仅能通过数字化实验中心收获课程标准内要求的知识和技能，更能够使学生充分适应新的数字化时代背景下，知识碎片化、科技多元化、途径多样化的特点，培养学生的科学创新思维让学生始终处于时代发展前沿并获得持续驾驭新科技和新知识的幸福感。（图3）

图3　学府中学校运会

近期，《深圳市第七次全国人口普查公报》发布，通过公报可发现，在我国GDP二十强城市中，深圳的人口密度最大。深圳只有1997平方千米，但是常住人口高达1344万人，人口密度达到每平方千米6700人，远远高于第二名的上海，是临近广州的三倍。

在人口高密度，人均土地面积较少的情况下，如何发挥单位面积的最大效能，不仅是城市规划者，也是校园规划时我们着重思考的问题。

学府中学在全部空间的规划中，都将场地的跨学科使用、多种类复用作为设计的关键一环，强调在有限的空间内提供尽可能多的教育内容。

在面对用地紧张的同时，学府中学作为一个具有传统文化氛围的学校，如何做好传统文化和现代教育的结合，促进教学水平的全面提升，也是我们始终在关注的一个重要问题。我们经常会遇到在一个非常有中华传统文化底蕴的校园氛围中，兴建一个具有现代化功能的公共空间或教学场所，这确实是一个非常棘手的问题，但也是非常引人入胜、让学生为之兴奋的着眼点。现代教学场所如何立足于传统文化环境之中，我们有了一个明确的指导思想，就可以通过一系列手段来实现。如通过空间形式上的神似与形似；空间色彩、体量及材料上的协调；提取学校的核心文化符号，并广泛地运用于各处场所；有时甚至也可采取完全对比的手法，来达到某种特定的效果，使现代教育空间立足于传统文化环境之中。

对于深圳而言，未来学习空间的建设不仅仅意味着深圳基础教育水平的整体提升，具有未来学习空间的中小学还是孕育未来创新的重要载体，承担着为深圳培养创新人才、夯实创新地基、提升远期创新能力、完备创新链条的重要功能。在学府中学所在的南山区，人才集聚效应日益明显，而基础教育正是科技第一生产力和人才第一资源的最早期结合点。一流的城市需要一流的基础教育，我们更为在意和追求的是，努力构建国际化开放式创新型教育体系，将具有特区特色的基础教育打造成为深圳城市发展的新名片，为深圳建设中国特色社会主义先行示范区提供强有力的人才保障、科技支撑、智力支持、文化引领。

（二）基本构成

深圳市南山区第二外国语学校（集团）学府中学秉持以上理念与目标，建设了一系列兼具绿色、智慧、自由、开放特色的创新型未来学习空间。

1.“开放式·无边界”阅读中心（2015年建成）

“开放式·无边界”阅读中心，又名“学府书苑”，是生态化室外图书馆，也是模糊了技术边界的泛在化学习中心。（图4）

图4　学府中学学府书苑

学府书苑总体呈徽派建筑风格，设计素简，布局自由，亭台轩榭散落其中，书苑设有四门：明德、明理、明志、明心。有悠然亭和怡然亭两个书亭，是学生自由阅读的空间。有一间琴韵阁是学生用于音乐艺术阅读及活动的场所。清心阁适合书画艺术阅读及活动，弈趣阁适合学生弈棋和学习活动。所有亭阁皆为花窗、廊道分割，隔而不断，这是一个扩展性、综合性的空间，琴棋书画，尽在其中，正如书苑大门所书联，“一间天地阔，万卷古今香”。

廊道相连，挂满孩子们不断更新的小饰物和幸福卡（感恩卡、拇指卡、福流卡、梦想卡、致歉卡、祝愿卡、逗趣卡、偶像卡、分享卡、静心卡），精美的小饰物，真挚的心愿卡，书苑仿佛成了孩子们的另一个家。只要有闲暇，孩子们都愿意来书苑，这里有家的味道，有阳光和树叶的味道，有氤氲的书香，在这里，可以休憩，可以阅读，更能收获幸福的成长。

2.未来教室（2016年建成）

学府中学未来教室在空间设计上具有未来感，在系统设计上重视兼容现在和未来，随意增减的课桌、多种平台、多个系统提供的资源，虚拟和现实相结合的教学场景，让所有学科都可以在这里进行未来创新教学体验。教室的结构及环境完全服务于各智能化功能模块，而各功能模块的强大功能

也使得教室的各功能辅件具有简约之美，不同的教学主题，可以选择不同的教室环境。（图5）

图5 学府中学未来教室

学府中学未来教室的成功不仅在于其在未来化教学环境上的成功设计和构建，更在于其整个教室能够突破其他学校在传统校企合建教室上的瓶颈，避免资源受限于某一家企业的一个云系统或一个平台。学府中学在未来教室建设过程中，不仅选择的是未来化的教学环境，更是看重超越平台，超越系统，一切以教学需要为中心的未来资源理念，让来自不同开发者的优秀资源产品都能够为教学所用。

3.创客学习中心（2017年建成）

对于创客学习中心来说，一直都有一个看似自相矛盾的目标：要创造一间功能强大能够进行复杂的创造性实验，但又易教易学易上手的学习中心；一间能让学生沉浸于创新进行多样化操作，却交互简单安全无虞的学习中心。学府中学创客学习中心不仅实现了这一切，甚至还超出了诸多传统创客功能。（图6）

图6 学府中学创客中心

学府中学创客学习中心将教师与学生喜爱的各种创客功能，浓缩在一个更为开放而且立体的设计之中。在这具有工业化风格的创客学习中心，教师可以与同学们一起讨论精彩创意，或是轻松搞定脑海中的灵感模型。运用实验室配套的大量软件，从教学思维导图到云教学流程，从进行高清素材展示到虚拟现实建模处理：随时随地，随心所愿。

4.数字化实验中心（2018年建成）

学府中学数字化实验中心以创新的设计和强大的资源配置，同时支持物理、化学、生物三种初中实验课的开展，而非只针对单一学科的数字化实验室，着眼于让学生更多地体验广泛的数字化教学设备，并能够将常规实验课程与数字化实验中心众多的数字化教学设备相结合。（图7）

图7　学府中学数字化实验中心

创新设计的环状学生实验台打破传统的实验室布局，让学生能够以小组的方式围坐或让教师在内环线内便捷地观察各学生的实验过程，并实现在极限状态下最高80位学生同时进行实验课的超大容量。在标准教学状态下，学生可在实验室内选择具有最佳视角的55个座位就座，保证观看全弧面无影教师实验台的最佳视野。全弧面无影教师实验台上方悬挂的多块直播录播屏幕，带来宛若媒体中心般的感受。在进行传统实验时，系统以多个机位角度，直播教师的手部细微操作过程。在进行数字化实验时播放数字化教学资源内容，让所有区域的学生均清晰可见。

这样的设计让学生不仅能通过数字化实验中心收获课程标准内要求的知识和技能，更能够使学生充分适应新的数字化时代背景下，知识碎片化、科技多元化、途径多样化的特点，让学生始终处于时代发展前沿并获得持续驾驭新科技和新知识的幸福感。同时，将学府中学“幸福学校”的办学特色，以数字化实验教学为新的途径，进行更进一步的落实，辐射于学生学习与生活的方方面面。

5.泛在物理实验室(2019年建成)

泛在学习(U-Learning),又名“无缝学习、普适学习”、无处不在地学习等,顾名思义就是指每时每刻地沟通,无处不在地学习。

图8 学府中学泛在物理实验室

学府中学泛在物理实验室的设计重点是能够进行移动化教学、项目化学习、数字化学习等深度学习的同时,打破现有教学环境的边界,重新思考实验室的每一处,将平面升华至立体,将杂乱提升为简约,将单纯的软件工程拉高至软硬件协同的综合设计,并充分考虑实验室与教师和学生的交互,让实验室真正能用、好用、多用。(图8)

学府中学泛在物理实验室在支持数字化实验的同时,了解实验教学改革的要求和现有实验室的不足,以全面创新的设计支持了传统水电经典理化生实验的同场地展开,提高实验教学的效率,并充分考虑初中实验操作考试的要求。

学府中学泛在物理实验室将常规教室完成考试、测验的功能与实验室的实验功能结合,实验室的改造集实践、教学、活动、体验为一体,集常规实验与创新创意活动为一体,将诸多物理实验设备与场地设计相结合,使学生可以与墙面上多种大型物理实验设施发生互动,更清晰直观地看到和理解物理实验的原理和结果。

三、主要功能与特征

“开放式·无边界”阅读中心、未来教室、创客学习中心、数字化实验中心与泛在物理实验室,共同构成深圳市南山区第二外国语学校(集团)学府中学的创新型未来学校空间,组成了一个兼具师生身心愉悦,轻松阅读、常规教学、创新性教学、教研活动等多功能的空间集合。

在这个空间集合中,包含了以下功能和特征:

(一)生态化的空间布局

学府书苑是一座生态园,在这里,游鱼往来翕忽,似与读书少年相乐;人静之时,鹦鹉、鹩哥栖于此,嘤嘤成韵;孔雀展翅,夕阳穿树,翠竹摇曳,给学子们带来无尽的快乐。迂回的亭台轩榭之中,陈列了丰富的图书,亭台轩榭和相连的廊道提供了大量的木质座椅,师生可以随时随地入座,摘取一本好书,在生态美好的书苑内品味书香,享受每一段闲暇时光。

(二)无边界的设计理念

学府书苑既是一座开放式图书馆,更是一个让师生身心自在的地方。空间管理上,变封闭式房间为开放式空间;图书分类上,划分主题式+体验式阅读区域;借阅方式上,变复杂式借阅为简单式取阅;开放方式上,变分段式开放为全天候式开放;管理方式上,变封闭式教师管理为开放式学生自主管理;阅读方式上,变个体型阅读为分享型阅读;阅读目的上,变正阅读为轻阅读。(图9)

图9　学府书苑

在传统的生态空间里，融入的是模糊了技术边界的开放式泛在学习理念。在这里，学习没有边界，孩子们想学就学，纸质图书、电子阅读、笔墨丹青、琴棋书画、动物植物，应有尽有，在轻松愉悦的氛围中，学习于无形中发生。书苑已成学府师生自由幸福的第三空间。

（三）智能互动教学

在目前的教学体系下，教师多数的教学时间依然在传统的教学框架内进行。非实验室教学、非活动型教学依然是院校教学工作的重要内容，也是教师教学工作中的主要组成部分。未来教室在注重承载与拓展自身智能化特色课程的同时，更把智能化的资源体系与传统教学框架相结合，将智能互动教学创新融入更广泛的教学时间内，并将智能技术带来的教学体验提升，最终转化为对日常每一堂标准课程教学质量的提升。

（四）物联网应用模组

未来教室具有领先的技术标准和完整的建设发展规划，未来教室在设计和施工已经预先植入多种物联网控制芯片和程控电路接口，可在长久时间内与国际主流物联网标准兼容并支持未来教室内已有设备的物联网远程控制升级。

未来教室中的主要设备均已嵌入物联网芯片或经过物联网调谐，教师可以轻松完成过去非常复杂的设置操作。无论是开启空调、调暗灯光，还是切换主屏幕的视频信号，均可通过智能平板一键完成。未来教室还可以根据教师使用习惯创建多种情境，只需一个指令，便可调暗灯光、降下窗帘并开启投影仪。（图 10）

图 10　学府中学未来教室

物联网应用模组同时率先将节约集约的思路应用于标准教室的建设，在不舍弃对教学发展与创新需求的同时，全面保护院校既有的教学设备和环境设备。并且在建设与应用的全过程遵循节约理念，通过智能能源需求判别机制，无须人工过多干预，大幅降低无谓的能源浪费，全面达成了资源的再利用与再循环。

（五）工业风格的创客照明系统

创客学习中心具有创新的天花设计，具有创意型工业风格的管线兼具灯光与数据线缆功能，实验室在照明效果与数据分布上均有切实显著的提升。事实上，凭借具独特的 LED 照明通信管路，创客学习中心能够实现对重点区域和特色区域进行 3D 立体照明，利用光线塑造不同区域的氛围特征。不仅如此，由天花沉降与实验室各个区域的 LED 照明通信管路极大地方便

了通信与电力线缆的拓展和升级,这对于需要不时增添功能的创客学习中心来说尤为重要。(图11)

图11　学府创客中心

(六)动态创客成果展示墙

创客学习中心具备展示学生作品,尤其是动态型作品的能力。

独立设置的动态创客成果展示墙,利用虚拟环境系统,在不同的画框内分别展示出不同学生的不同作品,并可根据时间进行自动切换,让实验室内有限的空间不仅用于优秀学生精品作品的展示,更能将每一位学生精心制作的成果展示出来,增强学生的自信心与参与感。(图12)

图12　学府创客中心

（七）可变式数字化实验设计

实验区、加工区、资源区、研讨区、展示区等，可为个性化教学和新型的教学组织形态提供支持。在多数的实验室建设中，这些分区同时出现在同一块场地内，在带来分区多样化的同时，实际上降低了任意分区内的学生数量承载。例如在进行传统的实验教学时，固定的研讨区或加工区没有办法让学生就座，即使勉强入座也无法提供与实验区一样的学习体验。

数字化实验中心的可变式分区不仅是一种简单的分区调整，而是基于可移动设备、多功能设计、多样性的机关和多通道无线环境共同支撑才能达到的全新技术高度。在不同的教学需求下，实验室灵活地增加分区或减少分区。而这在以有线设备为基础的数字实验室中，受线路牵绊的是无法实现的。在可变式分区的实验室中，桌椅、电力系统、灯光系统、供水系统、教学系统、无线系统、存储空间均进行了相应的优化，甚至是全新的设计，真正地打破了传统实验室建设和实验教学的局限。

（八）多机位实时直播与录播系统

数字化实验中心教师实验台上方悬挂的多块直播录播屏幕，带来宛若媒体中心般的感受。在进行传统实验时，系统以多个机位角度，直播教师的手部细微操作过程。在进行数字化实验时播放数字化教学资源内容，让所有区域的学生均清晰可见。

数字化实验中心具有扩频多址无线网络环境，使得教师不仅能在全弧面无影教师实验台上进行实验操作的直播，还可以走到学生前，以无线设备展示每一个学生实验小组的实验操作过程。

（九）泛在化物理实验系列装置——“到墙上做实验”

学府中学泛在物理实验室提出“到墙上做实验”的创新实验室设计，彻底打破平面化实验结构，塑造科学馆般的全方位体验式学习环境，让实验无处不在。室内增加符合生活中的物理原理交互的墙面实验装置设计，通过大型化器材、清晰化实验原理，全面提高学生对实验过程的参与度，使学生真正把实验融入生活，从进入教室的第一刻起就开启对“泛在”全科实验世界的体验。

学府中学泛在物理实验室墙面中配备了创新性的光纤传导实验、磁流体效应实验、DIY灯泡（电学）、DIY风车（马达—扭矩—力学）等大型交互性实验装置。

（十）移动式实验器材存储及运输装置

建设开放便捷的实验空间。打破传统实验室的“保管室+准备室+实验室”的布局，将实验仪器、实验准备设施布局到一个室内，按照开放式管理、个性化教学和项目式学习的要求重新分配教室空间，是新一代实验室设计的方向。

学府中学泛在物理实验室进一步优化了实验室的存储设计，在保持学生实验台下灵活储物空间的同时，在教室四周增设具有移动属性的可推拉储物装置。在传统实验准备流程中，实验准备员需要从准备间内按类别分别提取并转移，并在实验室再次收纳并分类放置。在学府中学泛在物理实验室，实验准备员可根据本节实验室的实验主体，直接抽取对应的随动实验器材存储装置（由可移动置物平台、可移动抽屉、可移动柜体、可移动悬挂功能组件按需构成），向各组直接分发所需实验器材。这种新的实验室储物布局创新，极大地缩短了实验准备的步骤，并节约了宝贵的实验时间。

（十一）具有可移动电源岛的环绕造型桌

学府中学泛在物理实验室具有可移动电源岛的环绕造型桌，呈现科技实验风格的一体化设计，能够进行多样化的布局以承载不同的教学任务，不论是日常的小组教学，还是实验操作考试，其超轻的结构和可移动的设计，使学生能够根据学习需要，灵活地对实验桌进行重新组合和分布。（图13）

根据教学设计，在需要电源的实验中，具有可移动电源岛的环绕造型桌能够灵活地为学生实验提供电力支持，并且完美地解决了传统教室插座预留数不够或者位置不妥，以及由此带来的设备电源线乱糟糟的实验环境等问题，搭配多样化的教室布局，都能方便灵活地为学生实验提供电力支持。

图13　学府中学泛在物理实验室

四、适用范围

（一）图书馆的另外一种形式

学府中学的书苑，以现代科学的理念，充分利用宝贵的校园空间，设计建造出生态优美的学府书苑，以优质阅读为核心，以学生喜闻乐见丰富多样的读书活动为载体，让学校图书馆真正服务学生，最终让学生爱上阅读，爱上学校。气质独特的学府书苑，让学生在舒适的环境中体验阅读，在无边界的环境中学习，让全校师生在浓浓的书香氛围中收获一段幸福的人生。（图14）

图14　学府中学书苑

（二）常规教学

初中阶段教学中，常规教学是学校教学理念、教学模式与人才培养最直观的表现。常规教学作为初中教育开展的主要内容，也承载了为国家培养创新人才储备的使命。

在学府中学创新型空间集合中进行常规教学时，我们始终尊重并明晰在校教师在教学中不可替代的核心作用。学科类课程作为最能体现学校学情的特色化课程，各学科教研组以项目小组的形式，共同参与常规课程的开发。

在相关教研活动中，各项目小组以科学的项目管理机制，对常规课程开发的前、中、后三个阶段进行了有效的管控、监督与评估。

（三）创新性教学

与专业性要求强的高等教育相比，如语文、历史、物理等初中学科的教育或许更能反映教学的本质——教给学生使用理论性知识去解析身边事物变化发展现象的教学方法。以主科、理科与文科分类的初中教育体系，给予学生最大的思维能力、素质能力以及创新能力提升空间，因此，如何挖掘学科内部的知识点，并将其形成系统化的知识体系，对于学校全面提高普通初中学生综合素质具有深远且切实的意义。（图15）

图15 学府中学化学实验室

以学府中学创新型空间集合为承载的创新性教学体系，通过深度整合初中学科背后对应学科或专业的思维，结合西方通识教育的教学经验，从我国初中阶段学生学情、社会市场信息与学校人才培养目标等现实角度出发，利用创新型空间集合先进的科技教学设备，以跨学科融合的教学模式，帮助学生明晰个人学习发展动因，设置学生学期不同科目知识点问题，提升学生学习兴趣，系统性地完成创新性教学的实施。

（四）地区性教学活动

2016年广东省基础教育信息化应用现场会4月28日在深圳市南山区学府中学隆重召开。本次大会由广东省教育厅举办，旨在部署基础教育信息化工作，大力推进信息技术与教育教学深度融合，吸引了省教育厅、各地市教育局领导及千名骨干教师现场参与，近两万名中小学教师场外课堂观摩，共同研讨信息技术在教育领域的新技术、新应用、新发展。

学府中学未来教室作为在广东省基础教育信息化应用现场会的主会场，以学府中学教师李淑榕担任授课教师的跨学科拓展课程*Experience the World*为承载，充分展现了未来教室的多种教育信息化功能和对课程构建的帮助，吸引了全省专家和教师最多的目光。

*Experience the World*课程以“听到不同的世界”“看到不同的世界”“对话不同的世界”为课程主线，带领学生通过多段具有高品质5.1声道的视频去身临其境地聆听自然界真实的声音，通过浮空触控系统动态巡视各个英语系国家，运用3D动态天文学软件等去观察中国计划于2020年一次性完成探索火星的“绕、落、巡”三项任务与美国火星任务的区别，并通过焕觉TM虚拟环境系统，让未来教室呈现澳大利亚悉尼的地标场景。学生在拟真的环境中进行火星人与地球人相遇场景的英语对话表演。

五、特色优势

（一）多样化学习

党的十八届三中全会审议通过的《中共中央关于全面深化改革若干重大问题的决定》中明确提出，随着我国已进入小康社会的决定性阶段，“深化教育领域综合改革是满足人民群众对多样化高质量教育需求的可靠保障”，人民对教育多样化与质量提升的需求，是我国教育发展的目标与方向。

传统的教学资源体系往往表现为一个特定的封闭资源系统，无论是各类习题还是演示图片、视频，资源提供方已经确定了最终的答案与所需要呈现的知识点，致使包括看似动态的视频资源在内的任何资源最终呈现的表意都是固定的。教学资源的固定表意，与教师对创新教学的不断追求，与学生对学习过程的多样化需求形成了突出矛盾。

与学府中学的创新型空间集合相匹配的，是集全校骨干教师、青年教师及通过校企合作方式，共同构建的创新型资源集合。从基础理念开始进行创新，形成了一个具有可供教师与学生共同探索的资源系统。

创新型资源集合包含物理、化学、生物、地理、历史、数学、3D打印等不同门类、不同学科的海量资源包。每个资源包均以全互动形式存在，教师与学生均可通过交互式操作，以探索不同学科不同章节的不同知识点为目的，前往一个或多个资源包进行教学或学习。资源包内的知识点以全开放形式呈现,不限定最终的知识点走向,以3D虚拟全地景插件为例,地理教师可通过悬空手势操作,以鸟瞰视角带领学生们从北美洲穿越太平洋至亚洲,其中的路径由教师与学生共同决定,完成地理与历史两门学科的融通。创新型资源集合使教师拥有了更大的创新教学空间,也使得教师真正从知识的传输者转变为探索知识的领航者,给予学生更多发挥创造性与能动性的课堂时间。

(二)绿色、生态、自由、开放、智慧的环境

学府中学新型的学习空间,注重生态性绿色、生态、自由、开放、智慧的环境,将自然环境与人文气息完美交融,出新不推陈,接纳旧时光。全新的教室和全新的系统并不意味着要将过去的教学资源弃之不用或推倒重来,学府中学的创新型空间集合以更具开放性的标准,最大限度兼容学校既有的教学资源。结合既有教学资源,满足多学科教学需求,也是学府中学的创新型空间集合的预期目标之一。学府中学作为南山区首批建成未来教室的学校,在建设首间未来教室时,就已经考虑到系统、平台、课程等资源的复用。现在,原有未来教室所拥有的具有国际化标准制式的平台、系统和资源,均可平顺升级,无缝地应用于新的数字化实验教学体验中心,并在以后继续兼容新的国际通行数据标准。(图16)

图16　学府中学读书角

学府中学的创新型学习空间集合着眼于未来和可持续发展，不仅是为了建设一个图书馆，一间具有物理、化学、生物等多门类科学实验与教学能力的数字化实验室，更是为了让学生能够在开放多元的学习空间里，塑造健康的身心，培养能够将理论知识与现代资讯和科技发展相结合，以全新的视角将所学所思应用于现代生活中的能力。让学生对求知的过程中产生由衷的幸福感，真正将学府中学"幸福学校"的特色永葆时代活力。

六、展望

(一)学校建筑的发展趋势

当下深圳学校建筑建设装配式建筑技术的优点是建设时间短，便于快速解决教室需求。不足之处有以下几点：①教室面积小，走廊窄，学生学习、活动空间不足；②受位置影响，部分装配式教室通风差；③因楼层低，光线不好；④隔音效果一般；⑤手机网络信号差。

未来学校建议：①增加装配教室的高度，如建6层以上，可考虑加装电梯，这样就可以增加建筑面积。同时，建设一定数量的功能教室，满足学生成长多方面的需求。②建设使用期更长的装配教室，方便学校对教室进行长期的规划和文化环境建设。

从政策出发，学校建筑首先要扩大面积，尤其是建筑面积。深圳教育资源短缺，但在校学生人数逐年增加，学生活动空间因而愈来愈小。可以预见，未来的学校会增加地下层建设，拓宽生均活动场地。其次是未来学校的建筑标准会进一步提高。学校建筑不仅要着眼于当前，也要着眼于学生的未来，所以建筑标准需要有前瞻意识。最后是学校建筑设计感要好。学校应成为学生学习的乐园、各种能力锻炼的场所，是学生德智体美劳全面发展的基地，如果仅关注于智育一端，是不科学、不合理的。

首先，未来校园建设应当注意与科技相结合，既要考虑当下教育发展的需求，也要与未来科技相结合。其次，未来学校要满足不同的教学需求，增强师生、生生之间的互动，打破教室壁垒，教学的延展性强，能够实现教学资源的共享、虚拟空间和现实空间相结合、小班和大班相结合、线上线下相结合等。

（二）未来学校应具备的功能

我们心目中的理想学校应该是这样的：首先教室面积和生均面积大，举架高。有良好的光线和通风条件。设计美观、硬件设施先进。人机交互性强，互动性强，既可以方便个体学习也可以方便集体学习。具备泛在化、远程化学习功能。电子黑板屏幕感光能力强，既保护学生的眼睛，也能实现在不同光线条件下的自动调节。多种学习资源可以及时调用。绿色、生态的教室环境。提供给学生劳动和发展的空间，激发人的创造性，增加人的体验感。可以实现教室中的私人订制，及时录课及智能剪辑功能，智能录像存储，实时数据收集及建议功能，实时师生互动体验功能，学生教师可以回看课堂录像，营造良好的教学情境功能，教室有体验感，学习在真实的情境中发生。具备虚拟现实功能、增强现实功能以及泛在化学习功能等。

【案例点评】

深圳市南山区第二外国语学校（集团）学府中学坐落在美丽的深圳湾畔，校园环境古典雅致；创客实验室、数字化实验中心等教学设施的建成，彰显了传统文化与现代文明的完美融合；在全体师生踔厉奋发的征程上，将“为学生幸福人生奠基”的办学理念落到实处；让“学报社稷，府纳百家”的校训光耀南国；使“欣赏他人，超越自我”的校风代代相传。学府中学经过积累与淬炼，昂首走向了促进学生全面发展、多元发展、可持续发展的内涵发展之路。

学府中学“幸福学校的未来学习空间建设”项目有许多经验值得学习与推广。第一，学校从“促进人的幸福”这个教育本质出发，充分考虑未来学习空间的形式与色彩、材料运用与学校核心符号提取，处处体现对传统文化的崇尚，对人与自然和谐共生的追求。在各类教育功能室的改造过程中，人性化、生态化、开放化、智能化的设计，有利于学生自主学习，幸福成长。第二，数字化实验中心的建设与使用，有利于学生体验新的实验设备、实验方式、实验过程，拓宽学习思路，从而培养学生创新性思维。第三，校园在规划建设中将空间的集约利用作为重要考虑因素，把不同学科多种教学活动的复合应用作为未来学习空间建设的出发点和落脚点，达到有限空间利用效率的最大化。第四，在未来学习空间的建设过程中，紧扣“构建国际化开放式创新型教育体系”的时代脉搏，为深圳建设中国特色社会主义先行示范区奏响文化自信的华彩乐章。从项目构成看，开放式无边界阅读中心投入使用，激发了学生阅读与交流的积极性，促进了学生“明德、明理、明志、明心”的修养升华。未来教室的建设，体现一切以教学需求为中心的未来资源理念，创设虚拟与现实相结合的教学场景，促进学生科学思维能力提升。创客学习中心与数字化实验中心投入使用，让学生始终沿着先进文化的发展方向前进，从而获得持续驾驭新科技和新知识的幸福感。泛在物理实验室充分考虑实验室与教师和学生的交互，极大地提高了实验教学的效率。承担区域性教研活动，发挥了特色校的引领带动作用。

未来学习空间建设，既有项目实施成果，也有对未来学校建设的展望。如何发挥先进理念的引领和现代化教学设施作用？建议：一是全面总结近年来学校建设、管理、设施使用经验，拓展教学方式方法，探索教、学、评一体化之路。二是将学科课程与未来学习空间设施有机结合，使质疑答疑解疑的师生互动与生生互动的学习观落到实处。三是将校外综合实践与未来学习空间建设有机结合，用学生的学习成果扩充原有的教学资源包，发挥生成性资源作用。

（点评人：卢凤琪，北京市特级教师、正高级教师，北京市顺义区教育研究和教师研修中心）

打造一座实抵达云端的“未来小镇”

◎北京市十一学校龙樾实验中学 王海霞 张一名 吴昕

摘要

北京市十一学校龙樾实验中学在践行十一学校教育改革理念的基础上，提出未来学校建设理念。学校着眼于未来学校课程的再造及学习方式与评价方式的变革，广泛开展游戏化教学，致力于培养学生面向未来的能力，建设一所未来学校。基于三年数据和经验的积累，学校在未来学校空间建设方面初有成效——以“未来小镇”为定位，将育人价值、教学变革等融入其中，从小镇场景、百科全书和社区的学校这三个方向进行校园建设。同时，结合“互联网+”的思维，在建设实体空间的同时，逐步搭建相适应的龙樾云空间。

一、学校简介及参与未来学校项目简单过程介绍

（一）学校简介

北京市十一学校龙樾实验中学是海淀区公立初级中学，学校特级教师、骨干教师、博士、硕士的教师数量占98%，均毕业于清华大学、北京大学、北京师范大学、中国科学院大学等著名高等院校。所有创始教师都曾在十一学校本部实岗任教，并全程参与了新学校各项目的研发。学校延续北京十一学校的分层、分类、综合、特需的课程体系，开设百余门学科课程，30门综合实践课程，75个职业考查课程，100多个学生自主管理学院岗位供学生选

择。同时,学校根据北京市最新中考精神及初中特点,对课程进行了升级,打造适合学生的"未来小镇"。学校着力实践十一学校多年探索的课程改革成果、管理机制与用人机制等创新成果,延续十一本部综合教育改革实验学校的成功模式,进一步探索青少年培养模式,创办一所面向未来的学校。

(二)参与未来学校项目沿革

北京市十一学校龙樾实验中学在十一学校教育改革理念的基础上,提出未来学校建设理念,着眼于未来学校课程的再造及学习方式与评价方式的变革,广泛开展游戏化教学,培养学生面向未来的能力,建设一所面向未来的学校。目前,我校已是中国教育科学研究"以下简称中国教科院"未来学校创新联盟领航校、海淀未来学校研究实验校,对于未来学校的研究与实践是龙樾现阶段的核心任务之一,符合龙樾长期发展战略。基于三年数据和经验的积累,我校在未来学校空间建设方面初有成效。

二、学校办学理念及培养目标

(一)学校办学理念

北京市十一学校龙樾实验中学是北京市、区教委为了支援海淀北部新区建设,让十一学校优质教育资源惠及更多百姓,由北京市十一学校承办的一所高规格的初级中学。龙樾中学延续了北京市十一学校扁平化、分布式、联邦型、制衡制的组织结构,通过聘任制、职级制等现代管理机制激发内部活力。为了防止过分的路径依赖,学校让不受条条框框限制的年轻人掌握话语权。优秀教师同力,如何帮助他们每一个人充分发挥潜能、进入自我成长的状态也是学校管理者需要系统思考的。于是,"共创、共筹、共享"成为建校的"中心思想","人人的组织"成为追求目标,"让合适的人去做合适的事"成为人力资源配置的基本准则,"继承与创新"成为基本方法,"师生发展"成为学校发展的根本立足点。

我们提出建设“百年龙樾”,以“创造适合每一位学生发展的教育”为目标,希望能够打造一所“教育学行动研究学院”,一个好玩的“未来小镇”。

(二)学校培养目标

学校的门楣上有一句话:“Hello!(你好),带着你的梦想来。”这是王海霞校长对全体师生的殷殷寄语。在初中阶段,教师们面对的是一群十一二岁到十五六岁的孩子,他们正处在自我觉醒的关键时期,喜欢尝试,想法大胆。他们正处于思维品质发展的特殊阶段,自我意识也在增强。教师们特别希望在这个时候给孩子们一个自由包容的环境,鼓励孩子们敢想敢尝试,培养孩子的批判性思维,发掘孩子无限的创造力。所以教师们就像呵护眼睛一样,来保护孩子的创造力和勇于尝试、勇于突破的意识。(图1)

图1 北京市十一学校龙樾实验中学西门

学校空间和课程上的设计,源于这样的思维原点:我们要培养出一个什么样的人,我们需要给孩子什么样的课程?如果能够给孩子最适合他的课程,那一定能够帮助孩子去找到他的长项潜能。孩子在不断地尝试和探索的过程当中,不断地发现自己,找到真正的自己,成为最好的自己。

北京市十一学校龙樾实验中学十分重视对学生自主学习能力的培养和展现学生的个性化特点，真正让学生的德智体美劳全面发展。为此，龙樾延续了十一学校的分层、分类、综合、特需的课程体系。学校开设百余门学科课程，30门综合实践课程，75个职业考查课程，100多个学生自主管理学院岗位供学生选择。在龙樾，学生入校后便会进行“走班选课”，每个学生开学前会在家长和导师的指引下，根据个人的基础和兴趣，在网上选课，开学前便有了属于自己的一份课表。同时，学校根据北京市最新中考精神及初中特点，学校不断对课程进行迭代升级。

三、学校空间建设理念

品牌、空间和育人这是三个看起来毫无关联的三个词汇。品牌就是商标、空间就是装修、育人就是专属于教育家和教师的工作。但是他们共同构成龙樾空间的建设理念。

在很多教师看来，空间根植于课程，有什么样的课程就有什么样的空间。如加入“品牌视角”，教学空间设计将会迸发出新的灵感。举个例子，沃尔沃汽车和宝马汽车同属于豪华品牌，但这两个品牌有着显著的差别。宝马汽车一直在强调自己拥有驾驶的乐趣。广告文案中说自己是“驾驶者之车”，广告画面也是风驰电掣。而沃尔沃汽车从来不强调这一点。他强调自己是最安全的汽车，驾驶安全，乘坐安全，还有各种安全气囊保护和高科技的辅助。那么宝马汽车就不安全吗？或者，沃尔沃汽车就没有驾驶乐趣吗？答案是否定的。这个级别的豪华品牌通常都拥有均衡的性能。那为什么它们要这样做。把自己包装成一个性能全面的车不是更好。回答很简单。它们都要在竞争中找到自己独特的定位，来占领消费市场。这并不是什么最新的研究成果，这是美国营销大师艾·里斯，杰克·特劳特在2010年出版的《定位》一书中的核心观点。

那么学校需要定位吗？这一点不是很确定。但是从事实上来看，大部分学校做过种很类似的事情,我们习惯称之为“校园文化”。有的时候“校园文化”体现为学校的文脉和传承的校风;有的时候“校园文化”体现为地域或区域特色在学校的展示;有的时候“校园文化”体现为一句校训。我们认为校园文化不但体现学校的育人主张,也应体现学校的品牌定位,它是十一龙樾与其他学校差异化的体现,是自己给自己贴一个方便识别、容易被人接受认同的标签,这种自我标签化的过程就是在塑造自己的品牌。

那么北京市十一学校龙樾实验中学定位的标签是什么?北京市十一学校龙樾实验中学继承了来北京市十一学校全套的教学模式,其中包括走班选课和情境化的课程。我们用两年时间整合所有要素,提出了“未来小镇”的定位。“未来小镇”包含了十一龙樾对教育即生活的理解、对未来创新育人模式的探索、主张学校是学生进入社会之前的社会。我们给这个词设计了方便识别的标志,在不同场合反复解释它,增加它的曝光。强化“十一龙樾”和“未来小镇”之间的关联。想想杜威的名言:教育不是为生活做准备,而是生活本身。龙樾定位“未来小镇”非常贴切。

找到了定位,就要用好这个定位——把学校真的打造成一个小镇。这时品牌的影响开始作用到学校空间的建设上。品牌——空间开始成为一体。

但是“未来小镇”这个定位无法直接指导空间的建设。需要将它明确。接着我们将“未来小镇”分解为可以用于指导空间建设的三个大方向,即小镇场景,百科全书和社区型学校。

“未来小镇”是龙樾学生进入社会之前的社会,它是提供给学生全新的鼓舞人心的学习体验。“未来小镇”践行了教育即生活(打破学习与生活的边界),社会即学校(打破学校与社会的围墙),促进知行合一。“未来小镇”具备以下特征:

- 自主性:促进学生自我管理增强责任感;体验性,可以推进知行合一。
- 生活化:在学校的各方面都是全员、全过程、全方位浸润式的情境。
- 社会化:让学生迎接面对真实问题的挑战。
- 未来性:培养面向未来的能力和创造力。

四、学校空间建设具体成效

(一)小镇场景

把学校当作小镇,不是过家家。而是强化学生未来的公民属性、创设若干真实的教育情境。由“未来小镇”的理念而陆续诞生的龙樾“法庭”、Longyue Cool(杂货店)、小镇农场、HakunaMatata咖啡馆、龙币、龙市、龙樾“商业银行”等正在龙樾发挥着越来重要的教育价值。这些机构也反过来重构龙樾的教育空间。在龙樾小镇,一草一木、一花一树,任何能想到的空间和景致,都成为教育的平台。

图2　Longyue Cool

漫步校园,你可以看到很多小镇的职能机构。学校大门的左侧,有一间无人看守的小商店,这个空间叫Longyue Cool,如图2。它的窗帘上,颇为讲究地绘制了货币的发展史插图:以物换物—汉代的五铢钱—开元通宝—娇子—布雷顿森林体系—数字货币(比特币、以太坊)。那么小店要卖什么呢?卖的是十一龙樾课程的产品。小店和平面设计课程相联合,课上的胸章、帆布袋、手机壳、鼠标垫和杯子,就可以放到小店里去卖。小店和摄影课程联合，摄影课上优秀的摄影作品制作成明信片，也可以放到小店去卖。小店和服装设计课可联合。课上扎染的鼠标垫、扎染的丝巾、学生亲手制作的发卡，也可以放到小店卖。小店反过来又促进了我们的课程，让我们的课程往产品化的方向去发展，而不只是简单地停留在制作出一个作品或电子文件。

龙樾"法庭"，是未来小镇的权力机关。在学校里，时而出现学生告教师的事情。前不久就有一个学生告教师的"案件"，起因是学生认为教师给他开的罚单有问题，要求撤销不合理的罚单。这个事情轰动了整个学校——因为他告教师，"法庭"就要受理，受理就要做出裁判。那么判罚结果可能会影响到教师以后管教学生的"执法"力度，所以同学们都非常关注这个"案件"。

图3 在龙樾博物馆举办学生个展的揭幕仪式

还有一个负责收藏珍贵"文献"和"艺术品"的机构，龙樾博物馆，如图3。十一龙樾很小，并没有一个固定的场所可以放得下我们所有的藏品。所以龙樾博物馆的理念是处处博物馆、弥漫式的博物馆。博物馆收藏的物品包括艺术节、技术节的优秀作品，毕业学生奋斗时使用的旧书包，名家大师捐赠于学校的老照片、海报、古籍。除了技术节、艺术节以外，博物馆还会为学生举办个展，或请专家来赏析优秀作品。

图4　龙樾学生休闲空间

在图书馆旁边有一个叫HakunaMatata咖啡馆，这个咖啡馆是学校图书馆的延伸。我们希望学生在图书馆借到书，再移步咖啡馆去阅读。因为那里的环境更舒适，那里的灯光更能够让他们专心，那里的椅子坐着更舒服，如图4。咖啡馆的布置注重对学生作品的陈列——咖啡馆室内树上就挂着学生在技术课程上利用激光切割的灯具。

地下空间，继续强化我们的小镇场景，几乎为每一个教室都设计了个性化的班牌和独特的门头或班牌。(如图5)

图5 龙樾教室个性化的班牌

（二）百科全书

我们希望龙樾是一本开着的百科全书，到处都是开放性的知识，到处都是可以学习的内容。走进每一个空间都可以学习，并且这些知识是跨界、多样、融合的，它们自然地融入龙樾的每一寸空间里。“崔永元电影海报展”、龙樾博物馆、“荷赛、普利策进校园”、老北京胡同文化长廊都是这一理念生动真实展现。在龙樾大厅使用的灯具、会议室中习以为常的转椅都有可能是历史上工业设计大师的杰作。

我们在建筑之初就考虑所有的空间不吊顶，学生可以看到空调冷热水的走向、新风是怎么吹进来又是如何净化。学生会认为整个建筑跟自己息息相关，而不是仅仅在里面学习，放学之后离开。

在2016年开学时崔永元还捐赠给龙樾了一批中国电影在国外上映的电影海报，这就是我们生动的微电影课程。

在一些空间的标识上，我们尽量采用图形化的设计，比如在每一处直饮水点，我们并没有直接标明是温水、开水或凉水，而是用图形化，小浪花、小太阳和小冰山去表示，同时在旁边写上它们出水温度的摄氏度、华氏度和开尔文这样不同的计量单位。

做设计规划时，我们尽可能不浪费每一面墙的作用。在摄影课的赏析环节，让学生赏析普利策和荷赛的获奖作品，并对每个作品进行分析，选出优秀的作品，悬挂在校园的空间当中。（图6）

图6 “荷赛、普利策进校园”展墙

陶艺课程会请到做紫砂、陶艺的青年设计师，给我们的学生讲这些艺术品的历史和它们制作的工艺。

楼梯台阶我们都没有放过，仍然写上了英文让学生去记忆。在厕所的洗手间，为了告诉学生正确的洗手方法，我们没有直接贴一张纸在旁边，而是找到插画设计师，利用镜子，用丝网印刷的工艺，在玻璃上印了一副关于洗手线描的插画。

在十一龙樾很多角落，可以看到一些老物件，它们称不上古董，但也着实为十一龙樾这个新学校增加了许多厚重的气息。陶艺课程的大门，就是一件民国时期产自山西的老木门。关于它的年代、材质、产地和一些风俗习惯我们都会标注到它的旁边。（图7）

图7 泥房子（陶艺教室）的老木门

(三)社区的学校

这个词经常被人们理解为小区的配套学校。但是龙樾对此有着不同的理解——无论是龙樾的学生还是学生家长,你都是龙樾应该服务的对象。龙樾更像是一个社区的文化高地,不仅引来送往一届一届的学生,还为社区提供必要的文化支持。

从地图上看龙樾周围全部是高楼林立,很少有休闲空间。但是龙樾在建校之初,就致力于做一所开放的没有围墙的学校,我们退让红线。在西侧红线以内并没有立起一堵围墙,而是把本应该是学校的范围和市政空间连为一片,作为一个不是很大,却很实用的小广场。这就是学校的"银杏广场"。这个广场的利用率非常高。这是每天都会发生的场景:上午有爷爷奶奶领着小孙儿、小孙女来到广场,或玩耍,或活动;中午有年轻人坐在这里"偷"得半刻闲暇,或是安静吃饭,或是与伙伴闲聊几句;放学时家长可以在这里一边等自家孩子一边与熟悉的家长聊聊孩子的生活与学习;夜幕降临时还有附近社区的"大妈"放着熟悉的音乐,在这里跳起广场舞锻炼身体。他们在给龙樾免费"守护校门"。

那为何不做一个公益书站?挑选我们的一些图书放到广场上,让那些带着孩子家长、跳广场舞的大爷大妈,能够得空看一看。如果感兴趣他们也可以拿走,但是需要在规定时间内还回来。

这个想法太棒了!我们立即成立了一个项目组,从全校范围内招募有想法的学生与跟学生一起探讨公益书站的执行方案。设计"公益书站"变成了一个项目式学习的课程。教师带领学生从"可行性分析""调查研究"再到"设计方案"。

在开始做"可行性分析"的时候,开始思考实际运行性中的许多问题。比如,书丢了怎么办;虽然是公益行为但是是不是也需要缴税;如果有人藏在书站里做违法的事怎么办;如何避免这种事情的发生;如果公益书站被认定为是摆摊儿的行为,如何应对城管;疫情期间图书被反复借阅,如何为图书消毒;学校因为维护公益书站产生了成本,这些额外的付出可以用怎样的方式平衡。这些问题没有标准答案,也不是简单几句回答可以解决的,它们不属于哪个固定学科的范畴,它们的字面意思是“应用题”。那么这些问题怎么解决?

教师带着学生走出校门,先做调研,再去做实验。调研周边人群喜欢看什么样的书。收集好相应的书籍后,学生做了一个非常简易的书箱,在上面写清楚借书的规则,放在学校外的小广场上,他们非常期待这个图书馆能发挥巨大作用。(图8)

图8　学生调研周边居民

但是仅仅放了一天就发生了意外。我们的一整箱书被人拿走了。监控画面显示,有一位颇足的拾荒老者在凌晨3点拿走了书箱。

没想到的是,面对这个挫折,这个新的困境,学生反而表现得异常兴奋。他们继续想办法,得出很多金点子。甚至有人想到为每一本书上保险,他们想日常为保险公司缴一点儿钱,等书丢了,保险公司就可以赔偿,拿着赔偿金就可以补充新书了。这是一个很好的想法,而且很大胆。教师就鼓励学生给保险公司打电话咨询,他们拨通了所有市面上主流保险公司的电话。保险公司也非常耐心地和我们学生谈业务,如果客服解决不了的问题,他们还会找到自己的业务经理去解决。聊到最后保险公司似乎发现参保的书不是什么了不起的文物古籍,而是几本非常普通的书,他们都不出意外地拒绝了我们的学生。公益书站的事情并没有结束。我们的学生继续想着各种各样的办法。

读书的事情让学生们逐渐产生了设计思路上的分歧,一波学生认为应该设计一个小巧带轮子的公益书站。到了晚上可以推回学校,白天则推出来供大家借阅。这样一方面可以避免丢书。另一方面可以避免被城管追究,减少损失。另一波学生则坚持认为应该设计一个建筑专门用来阅读和借书,至于有可能被城管认定为违章建筑而追究责任的问题,教师鼓励学生查阅法律资料,查找城管的权责边界。以及如何避免公益书站被认定为违章建筑。

结果学生不但查阅了法律资料,还找学校后勤部门要到了学校的建设图纸,明确了学校红线的范围,得出结论。如果公益书站在红线内建设,则城管无权干涉,但有可能被认定为违章建筑。需要先去规划局申报。

所以在接下来的设计阶段,一部分学生设计便携式的公益书站,另一部分学生则开始研究建筑的形态。学校为他们找来了学校旁边科技园的设计师,教学生如何建模,教他们如何做一个书站的建筑结构。

与此同时,来学校参观访问的以色列教育同行,为我们学生贡献了“国外智慧”。我们的学生抓住了机会询问来自以色列的教师,如果遇到公益的书丢失的问题,以色列的学生会有怎样的解决方案呢?这位教师第二天就组织我们的学生用手机连线他在以色列的学生,他们为我们贡献了非常具有创意的想法。

首先,可以将书刷成统一的颜色,包上统一的书皮,设计统一的符号印刷在封面,就像用于公共借阅的共享单车一样。这样一来,这本书具有了特殊性。拿着不还的人也会承担更大的道德负担。

其次,虽然公益书站具有公益属性,但也可以不完全免费的。比如每次借阅将花费一元钱,换书时退还一元钱。如同很多超市,借手推车需要花费一块钱。在归还推车时再将一块钱退还。一块钱虽然不多,但人们总觉得自己破费了，心里就会惦念着，想着归还并退钱。同样的模式可以运用到公益书站的借阅上。人们想着还有一块钱放在这里，就会想着还书的事情。

公益书站是学校的一个重要项目，目前已经与深圳都市实践建筑设计公司合作，龙樾的学生也以更加不同的形式参与书站的设计和建设中。在未来不仅仅有公益书站，学校还计划开放游泳馆、图书馆和体育馆，把更多的空间分享给社区，同时在设计上也会像公益书站一样让学生深度参与其中，让每一处空间发挥育人的价值。

以上的实例展示了北京市十一龙樾实验中学从空间到育人。空间有意思，育人有意义。空间承载了学校的育人，它本身又为学生提供了鼓舞人心的学习体验。如果来到龙樾，你会感觉妙不可言。

（四）校园流行文化

未来小镇的空间形态不仅体现在校园内里，还体现在虚拟空间内。龙樾官方网站设计是其中的典型代表。因为未来小镇是十一龙樾的品牌定位，将这一定位体现在网站设计上非常重要。所以龙樾的网站以地图作为切入点，将网站设计为一个虚拟的地图场景，把学校的建筑和主要空间用插画的形式再现，打造了一个世外桃源般的场景。点击地图当中的不同地点，可以进入到学校的不同空间。这里不仅有公共空间，还有每个教师自己精心布置的教室空间和教师们自己的介绍。

通过学校官网，学校可以举办线上校园开放日。点击可以看到学校的全景照片。官网里面的名称也多以小镇风格命名，如“小镇活动”“小镇生活方式”“镇长寄语”“探访小镇”等。

北京市十一龙樾实验中学非常重视与校友的联系。我们将龙樾的毕业生视为未来小镇的永久居民。在每年毕业典礼上我们会为每一个毕业生颁发专属的校友卡，校友卡正面印有学生的信息。背面则是由学生自己挑选他最喜欢的一处校园空间。龙樾的丰富多彩的空间已经成为校友重要且珍贵的记忆。带着这张校友卡，学校的门卫将永远为校友放行，可以随时回到学校。（图9）

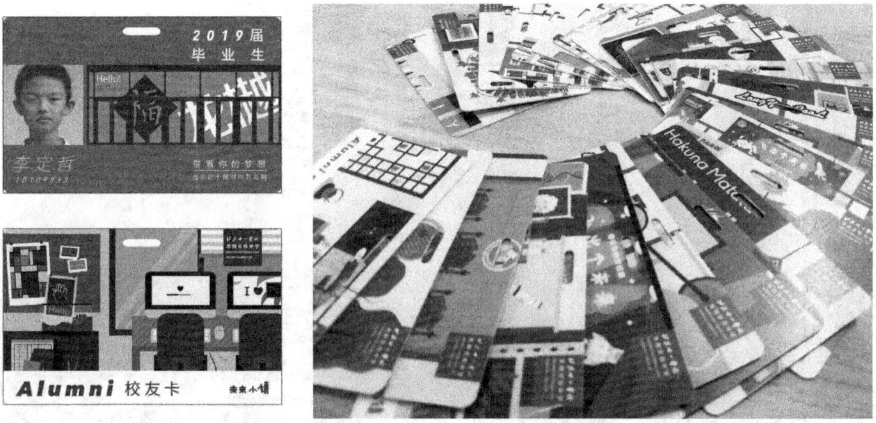

图9 十一龙樾毕业生“校友卡”

北京市十一学校龙樾实验中学为学生搭建了一套未来小镇“世界观”。正如迪士尼宇宙，漫威宇宙和哈利波特宇宙一样。龙樾也有着自己的宇宙体系。从2019年开始。龙樾诞生了第一个吉祥物。我们打造的是一套吉祥物宇宙，所以学校将每年发布一款吉祥物。若干年之后将形成属于龙樾的吉祥物宇宙大家庭。我们的目的是让学生主动创造流行文化。

在2019年8月31日的开学典礼上，张一名教师发布了一段视频，介绍龙樾第一个吉祥物，它叫“国强”，理由是北京十一学校是以国庆节的名字命名的学校，过去在国庆节出生的孩子都会起名如：国庆、国强。所以没有任何学校比十一学校更有资格把自己的吉祥物命名为“国强”。又因为“少年强、则国强；少年富，则国富”，这个名字无比恰当。但是它还没有“姓”，于是在开学典礼上，由上一届龙樾的优秀毕业生在全校师生滚动的人名中抽选出一个学生，由它将自己姓氏“赐姓”给国强，最终抽中了一个陈姓学生。于是龙樾的吉祥物叫作“陈国强”了。

围绕着“陈国强”，学生产生了浓厚的兴趣，首先它的设计符合孩子时下流行的审美，蓝绿色的皮肤搭配紫色的骨板，穿着复古球鞋，还故意露出白色条纹的袜子。其次，学校品牌中心不断造势，设计很多文创周边。很快国强就变得炙手可热，学生在各种各样的场合绘制他的形象。在当年的狂欢节上。学生直接要求校长穿着“陈国强”的皮肤出场。（图10）

图10　开学典礼上身着“陈国强”衣服的王海霞校长宣布“十事实办”

在“陈国强”之后，陆续推出了“片儿片儿”和“块儿块儿”以及“牛大壮”吉祥物形象。它们都有一个共同的特点，从学生中了解需求，符合当时学生的审美喜好。

流行趋势是会变化的，一个吉祥物不可能永远被人们喜欢，不断做出改变和调整才能打造永不过时的吉祥物宇宙。

（五）云空间

正如现实世界中我们可以拿着身份证通行天下一样，龙樾的小镇居民也可以用小镇ID通行云端龙樾的一切，统一的入口，统一的数据。在龙樾小镇，每个居民的信息（教师、学生信息），居民之间关系的信息（教学班、导师班、年级、部门、学科）在云端都有对应的体现和应用。居民之间彼此沟通时，可以直接搜索姓名进行联系，无须额外添加好友。针对每学期可能会变化的教学班，也可以方便地一键建群，更有基于教学班的混合教学、多元评价、班级空间等，方便彼此促进和资源共享。

在云端小镇，有一个自适应的学习社区，方便龙师们互相学习，协同解决教学问题。从协同备课到课前预习、课后学情分析，从听评课到各类教科研活动，等日常全流程都有覆盖，且在此过程中，资源会自动收集沉淀，并可生成龙师们的个性化成长档案，助力龙师的专业发展。

五、学校空间建设对学习方式的变革影响

（一）空间建设促进学生深度学习

“思方”课程旨在鼓励学生独立思考，成为有想法的人。从学校大型活动，到年级、班级的主题活动，都成为学生成长的课堂，学生成为策划者、实施者、组织者，他们在实践中创新，在行动中学有所获。

学校的各处空间全部面向学生开放，学生在进行策划、设计、规划过程中充分利用各处空间，并结合活动内容、空间特点等深度挖掘空间的使用纬度。以狂欢节为例，将开阔露天的操场作为主会场进行开幕仪式，大小剧场上演学生们艺术课的结课演出，西门走廊活跃着小型交易摊位等，学生运用自己的想象力和行动力充分发挥着各处空间的作用。

（二）空间建设带动学生自主规划

实践是检验真理的唯一标准。亲身体验，既是学的过程，也是检验的过程。在龙樾，设置“意诚”课程，通过校内体验岗位设置的方式，为学生提供实践场，让学生在做中学、学中做。

“意诚”课程倡导学生增强文化自信，并诚信做人，突出培养学生作为社会主义接班人的责任意识及为他人、为社会服务的意识。校内岗位分为部门岗位和社会实体岗位两部分。即一方面，每个学期学校各部门开放百余份岗位供学生进行竞争上岗选择，依据岗位职责，学生实践学科知识、学习管理经验、体验沟通技巧，在实践中培养服务社会的意识、感恩的心态、善于

表达自己的想法、追逐梦想、梳理成长目标、协调学习与工作的规划、学会坚持、学会合作、学会解决问题等,全面提升龙娃的核心素养。

同时,校园内设置社会实体岗位,利用学校空间建设,设置龙樾小铺、龙市、创客中心、农场、“法庭”、博物馆、“龙商行”等社会体验场景,供学生进行实践学习和体验,聚焦于不同岗位的专属职能,培养学生的规划意识。以龙樾“法庭”为例:龙樾法庭既是道德与法治课堂的延伸,更是真实法庭的模拟演练。2017年春天,道德与法治课堂,一次模拟少年法庭活动在龙樾实验中学隆重举行,同学们身着法官服和律师服,在法庭上唇枪舌剑,进行着一场关乎公民权利和法律尊严的审判活动。这次庭审活动彻底激发了同学们学习法律、践行法律的热情,他们开始关注并尝试探讨学校中的法律问题和法律现象,比如语言霸凌、同伴冲突、网络侵权等。于是,未来小镇龙樾法庭成立。在道德与法治学科负责人武丽娟教师的带领下,招聘法庭团队成员、讨论形成龙樾法庭的各种规章制度及运行机制、接受校外法官、律师工作人员及教师的岗前培训,龙樾法庭正式启动。它的成立,给予了法律爱好者践行法律、运用法律的机会,更在培养学生依法办事、依法维权等法律意识,以及借助同伴的力量,化解同伴之间、师生之间的矛盾,防止校园欺凌,形成良好的同伴关系、建立大家认可的校园规则、构建和谐校园方面发挥了重要作用。

六、学校发展展望

北京市十一学校龙樾实验中学的办学目标是:创造适合每一位学生发展的教育。除了校园实体空间的建设,学校还大力发展云空间的建设。在这里,智慧教育中心以技术如何更好地满足学生个性化的需求、如何提升学校教育力为核心目标,在科技和教育融合方面进行创新,联合合作伙伴果果科技共同打造了“芝士圈”教师工作发展平台,推广了多项应用实践案例,在教与学的深层次领域帮助教师和学生做到更好。我校云空间的建设,不是单纯通过工具来为师生赋能，而是以人为中心，希望在未来建设的过程中，将线下教学效果与线上教学数据相融合，进一步打通线上线下的所有数据，形成线上线下联动的全场景闭环，实现实体空间与云空间的整体联动。

我校将继续以未来学校建设为指向，以培养学生面向未来的能力为核心，全面提炼未来学校课程顶层设计，发展空间育人作用，推动跨学科课程、项目式课程开发与落地，基于真实情境开展游戏化学习，进一步优化学生的学习体验，提高学校影响力，推动教师队伍培养与成长，形成教育创新的示范效应和辐射能力。

【案例点评】

学校对于现代化学习空间、教育功能和教育价值的最大化利用和提升，是所有学校努力追求的目标，北京市十一学校龙樾实验中学在十一学校教育改革理念的基础上，提出创办建设一所面向未来的学校，秉承“人人发展”的教育理念，目标是“人人的组织”“创造适合每一位学生发展的教育”，创新性打造出适合学生发展的“未来小镇”，实体空间与云空间结合，规划出空间建设的三个主题方向，即小镇场景、百科全书和社区的学校，这些机构的设置将发挥出重要的教育价值，这些机构也反过来重构龙樾的教育空间，成为一个社区的文化高地，这是现代化教育改革突破性的尝试。

“未来小镇”的创办是基于三年数据和经验的积累，在建设实体空间的同时，逐步搭建相适应的龙樾云空间，这是新时代教育变革背景下创新教育形式、实现全面发展的有效举措，改革的成功主要体现在：第一，创办“未来小镇”体现出学校办学的“共创、共筹、共享”的中心思想，“让合适的人去做合适的事”。在这样的理念下打造一个好玩的“未来小镇”，人人参与，共同发展，这也是“学习共同体”的理念，整合所有要素，思想一致、目标一致，塑造出开放共荣的育人品牌。第二，“未来小镇”最大化地开发出学习空间的高效利用，室内与室外结合，实体空间与云空间结合，学校空间与社会空间结合，为学生提供丰富的空间转换的学习环境，极大地提升学生的学习兴趣和学习动力。第三,“未来小镇”是对未来创新育人模式的探索,三个主题式空间使用,融合自然、社会与生活,让每一处空间都发挥出不同的育人价值。从品牌到空间再到育人,有效地促进学生的专题式学习和个性化发展,提升学生自主规划能力、团队合作能力以及创新能力,实现了育人模式的新突破。第四,“未来小镇”与学校“走班选课”的机制完美结合,增加了课程实施的场地和形式,营造出舒适浪漫的学习氛围,符合现代学生的心理和精神追求。

“未来小镇”的整体构思和目标比较清晰,富有创造力,实施过程中要从以下几个方面可以继续关注:一是在“选课走班”方面要做到小镇空间的高效利用,让所有空间为课程服务,满足课程需求。二是要充分发挥出学生的积极参与性、过程创造性和课程活动的价值和意义的体现,积极收集典型的案例,形成相应的系列活动课程成果,可复制推广。三是探索出如何将实体空间与云空间高效结合,以便为其他学校教育提供更好的空间利用的经验借鉴。

(点评人:赵方军,北京市海淀区教育科学研究院美育中心主任)

后记

本书系中国教育科学研究院中央级公益性科研院所基本科研业务费专项资助项目“未来学校发展路径与实践模式研究”(项目批准号:GYI2020013)的研究成果,由中国未来学校实验室王素主任牵头并设定总体框架,苏红作为课题负责人承担了课题的研究实施和组织协调工作。

本书是未来学校实验室核心研究团队和未来学校联盟学校集体智慧的结晶。自2013年启动中国未来学校创新计划,2014年成立未来学校实验室以来,研究团队先后发布《中国未来学校白皮书》(2016)、《中国未来学校2.0:概念框架》(2018)和《中国未来学校创新计划2.0》(2020),为学校创新发展提供理论引领和实践指导。未来学校实验区和联盟学校在未来学校理念的指导下,在学习空间、课程体系、学习方式、组织管理等方面协同探索,互为借鉴,共同推动学校教育创新发展。

全书分为上下篇,上篇未来学校图景的第一、二、三章的主执笔人分别为曹培杰、康建朝和苏红,其他执笔人包括张永军、赵章靖、张晓光和王晓宁;第四章至第七章未来学校探索篇案例执笔人及点评人详见正文。

感谢孙艳霞、王小工、方铭琳、张禹、张爽、李孔珍、唐杰、崔若峰、王威、曹培杰、康建朝、张永军、赵方军、赵震谣等对书稿的贡献,感谢各位执笔人不懈努力,感谢出版社责任编辑张琳女士尽心竭力的付出!全书最后由苏红、张永军统稿、修改,王素定稿。